W0191962

rororo

Über die Herausgeber

Herbert Schnädelbach (Jg. 1936) ist Professor (em.) für Theoretische Philosophie an der Humboldt-Universität zu Berlin.

Heiner Hastedt (Jg. 1958) ist Professor für Praktische Philosophie an der Universität Rostock.

Geert Keil (Jg. 1963) ist Professor für Theoretische Philosophie an der RWTH Aachen.

Herbert Schnädelbach/Heiner Hastedt/Geert Keil (Hg.)

Was können wir wissen, was sollen wir tun?

Zwölf philosophische Antworten

rowohlts enzyklopädie
im Rowohlt Taschenbuch Verlag

rowohlts enzyklopädie

Herausgegeben von Burghard König

Originalausgabe

Veröffentlicht im Rowohlt Taschenbuch Verlag,
Reinbek bei Hamburg, Mai 2009
Copyright © 2009 by Rowohlt Verlag GmbH,
Reinbek bei Hamburg
Umschlaggestaltung any.way, Walter Hellmann
Satz Proforma, TheSans (InDesign)
bei Pinkuin Satz und Datentechnik, Berlin
Druck und Bindung CPI – Clausen & Bosse, Leck
Printed in Germany
ISBN 978 3 499 55704 0

Inhalt

Vorwort   7

Herbert Schnädelbach
1. Was ist Philosophie?   9
Über das Handwerk der Philosophen

Herbert Schnädelbach
2. Ist alles bloß Ansichtssache?   30
Meinen, Glauben und Wissen

Detlef Horster
3. Warum moralisch sein?   50
Rechte und Pflichten, Werte und Normen

Corinna Mieth
4. Ist das gerecht?   69
Fairness als Prinzip

Heiner Hastedt
5. Gibt es Grenzen der Toleranz?   89
Zur Verteidigung von Freiheit und Pluralismus

Anke Thyen
6. Wer sind wir?   107
Zum Streit über das Lebewesen Mensch

Geert Keil
7. Ich und mein Gehirn: Wer steuert wen?   126
Das Geist-Körper-Problem und die Hirnforschung

Geert Keil
8. Muss Strafe sein, auch wenn der Wille unfrei ist?   147
Das Schuldprinzip und die Willensfreiheit

Peter Janich
9. Alles Natur? 168
Die Wissenschaft zwischen Natur und Kultur

Heiner Hastedt
10. Alles Ökonomie? 190
Grenzen des wirtschaftlichen Denkens

Simone Dietz
11. Lügen Bilder? 210
Das Wahrheitsproblem in der Mediengesellschaft

Herbert Schnädelbach
12. Mit oder ohne Gott? 229
Religion im Streit der Meinungen

Über die Verfasser 248

Vorwort

Wer sich getraut zuzugeben, dass er sich beruflich mit Philosophie beschäftigt, trifft meist zunächst auf verwunderte Blicke, dann auf kurzes ehrfürchtiges Schweigen und schließlich auf ein vorsichtiges «Das ist ja eine schwierige Sache». Das einschüchternde Prestige, das man hierzulande mit diesem Fach verbindet, macht offenbar ratlos, wenn es darum geht zu erklären, was das denn sei – die Philosophie. Ziemlich verbreitet ist die Vorstellung, Philosophen seien Leute, die so schwierige Autoren wie Kant, Hegel oder Heidegger lesen können und auch wissen, was dort gesagt wurde; man hält sie für eine besondere Art von Geisteswissenschaftlern. Die Vertreter der Naturwissenschaften hingegen sind eher misstrauisch und neigen dazu, die Philosophie entweder für eine Vorform echter, harter Wissenschaft zu halten oder sie in das Feuilleton zu verweisen. Dort ist sie in der Tat auch präsent, denn in den letzten beiden Jahrzehnten ist das philosophische Interesse ständig gewachsen, was man der großen und weiter zunehmenden Anzahl philosophischer Einführungen entnehmen kann – manche erreichen sogar Plätze auf Bestsellerlisten. Es ist nicht auszuschließen, dass jene Mischung aus Hochachtung und Irritation zu dieser Nachfrage wesentlich beiträgt, weil sie neugierig macht.

Philosophisches Interesse ist aber nicht gleichzusetzen mit einem Interesse an der Philosophie als wissenschaftlichem Fach. Immanuel Kant meinte, die Philosophie betreffe das, «was jedermann notwendig interessiert», aber das bezog er nur auf ihren «Weltbegriff», nicht auf die Philosophie nach dem «Schulbegriff», womit er in unseren Worten ihre verwissenschaftlichte Form meinte. Diese Spannung zwischen Schule und Welt kann man nicht einfach aufheben, erst recht nicht durch noch so gut gemeinte Popularisierungen, in denen der eigentliche Problemgehalt nicht mehr erkennbar ist. Eine alte deutsche Schulmeisterweisheit behauptet, man könne alle komplizierten Dinge auch einfach sagen; in der Philosophie hingegen muss man als Erstes lernen, dass alles noch viel schwieriger ist, als man zuvor gedacht hatte, und dann hat man auch schon etwas gelernt. Natürlich soll damit nicht den zahlreichen

Kommentaren wichtiger Texte das Wort geredet werden, die noch unverständlicher sind als das, was sie angeblich erläutern wollen, und sich dabei höchst wissenschaftlich vorkommen. Philosophische Fragen betreffen das Grundsätzliche unserer Orientierung im Denken und in der Welt, und warum sollte es hier ausgerechnet in der unübersichtlichen Moderne einfache Antworten geben? Das muss niemanden entmutigen, aber es sollte alle an der Philosophie Interessierten daran erinnern, dass die Philosophie eben auch eine Wissenschaft ist. Und das ist gut so, denn es muss auch einen Ort geben, an dem Philosophie professionell betrieben wird; andernfalls würde sie in einer wissenschaftlich-technologischen Zivilisation kein Gehör finden.

Was wir herausbekommen wollen, wenn wir uns philosophische Gedanken machen, hat Kant in vier klassischen Fragen auf den Punkt gebracht: «Was kann ich wissen? Was soll ich tun? Was darf ich hoffen? Was ist der Mensch?» Sie drücken das Bedürfnis aus, sich im Bereich der Prinzipien unseres Denkens, Erkennens und Handelns gedanklich zu orientieren. Die beiden ersten Formulierungen Kants verwenden wir als Titel unseres Buchs, ohne die beiden anderen aus dem Auge zu verlieren, aber in der Wir-Form, um zu betonen, dass das Philosophieren nur im Dialog und nicht allein im privaten Lehnsessel Erfolg verspricht. Um eine Brücke zu schlagen zwischen den persönlichen Orientierungsbedürfnissen, die sich in jenen Fragen ausgedrückt finden, und der philosophischen Expertenkultur versuchen wir das, was nach unserer Überzeugung auch heute noch «jedermann notwendig interessiert», in zwölf Kapiteln anzusprechen. Sie verfolgen jeweils eine Leitfrage, die sich jeder Nachdenkliche sicher schon einmal gestellt hat oder noch stellen wird, und dies vielleicht ohne zu bemerken, dass es sich dabei um eine philosophische Fragestellung handelt. Es soll deutlich werden, dass man es dann mit einer komplexen Problemsituation und einem vielstimmigen Konzert von Meinungen und Argumenten zu tun bekommt, aber dass man sich gleichwohl darin zurechtfinden kann und zugleich ermutigt wird, aus dem Dargestellten seine eigenen Schlüsse zu ziehen. Wir legen kein Lehrbuch vor, sondern ein «Denkbuch», das zum selbständigen Weiterdenken und zur Teilnahme am Gespräch der Philosophie einlädt.

Die Herausgeber

Herbert Schnädelbach
1. Was ist Philosophie?
Über das Handwerk der Philosophen

«Was ist …?»-Fragen setzen voraus, man könne sie durch eine stabile Charakterisierung, wenn nicht gar durch eine Definition beantworten. Bei Natürlichem, dessen «Wesen» schon genau bestimmt ist – wie Wasser, Granit oder Licht –, mag dies angehen, und wenn es sich um bereits Definiertes handelt – wie Dynamit, Laser oder Nylon –, ist es ganz leicht. Die Philosophie hingegen ist kein natürliches, sondern ein kulturelles Phänomen mit langer historischer Vergangenheit und tiefgreifenden Wandlungen, so dass man, um sie wirklich zu erfassen, in Wahrheit eine lange Geschichte erzählen müsste. Im Übrigen hat niemand ein für alle Mal die Philosophie zu definieren vermocht, obwohl es immer wieder versucht wurde, und somit existiert keine Definition der Philosophie, die man nur zu zitieren bräuchte, um ihr gerecht zu werden. Zudem ist der an der Philosophie Interessierte wohl nicht wirklich an einer solchen Definition interessiert, sondern in der Regel möchte er wissen, was jeweils «Philosophie» genannt wurde und was in der Gegenwart unter diesem Titel betrieben wird. Er möchte nicht dabei stehenbleiben, dass dem, wonach er fragt, auf der einen Seite eine fast sprachlose Verehrung als «Königin der Wissenschaften» entgegengebracht wird, um andererseits sich von Managern erklären lassen zu müssen, ihre «Philosophie» sei «Möglichst hohe Gewinne bei möglichst geringen Kosten». Dieses verwirrende Bild, das die Philosophie den meisten Zeitgenossen abgibt, kann man nur historisch erklären.

Kleine Begriffsgeschichte von ‹Philosophie›

Philosophía ist ein griechisches Wort und wird meist mit ‹Liebe zur Weisheit› übersetzt. Aber das hilft uns nicht weiter, denn wer ist heute schon an «Weisheit» interessiert? Dieses altväterliche Wort verdeckt, was ursprünglich mit *sophía* gemeint war – ein Wissen und Können jeder Art, das sich von den vertrauten Fertigkeiten des Alltags abhob und das wir besser mit ‹Bildung› im umfassenden Sinn wiedergeben sollten. So lässt Thukydides den Perikles in einer Rede sagen: «Wir lieben das Schöne *(philokaloûmen)*, ohne verschwenderisch zu sein, und wir streben nach Bildung *(philosophoûmen)*, ohne zu verweichlichen» (Thukydides II. Buch, Abs. 40). Hier wird deutlich, dass schon im klassischen Griechenland die Bildung unter Rechtfertigungsdruck stand, denn sie schien ja den traditionellen sportlichen und militärischen Tugenden des «harten» Mannes entgegenzustehen. Die erste terminologische Festlegung der Philosophie erfolgte durch Platon. Seine Gegner waren die Sophisten, also Leute, die mit dem Anspruch auftraten, über eine bestimmte *sophía* zu verfügen und sie gegen Geld verkaufen zu können. Dabei handelte es sich vor allem um die *sophía* der Redekunst, die einem die Chance eröffnen sollte, seine Angelegenheiten vor der Volksversammlung oder vor Gericht besonders effektiv zu vertreten. Von seinem Lehrer Sokrates hatte Platon gelernt, dass derjenige, der um die Grenzen seines Wissens weiß, weiser ist als der vermeintliche Weise, der unkritisch auf seinem Wissen besteht, und so lässt Platon den Sokrates sagen: «Jemanden einen Weisen *(sophós)* zu nennen dünkt mich etwas Großes zu sein und nur Gott zu gebühren; aber einen Freund der Weisheit *(philósophos)* oder dergleichen etwas möchte ihm selbst angemessener sein und schicklicher» (Phaidr 278 d).

Dieses sokratische Element wurde durch Aristoteles in den Hintergrund gedrängt, denn bei ihm ist *philosophía* dasselbe wie Wissenschaft im Sinne des begründeten und im Idealfall bewiesenen Wissens. Diese Gleichsetzung blieb in unserer Tradition bis ins frühe 19. Jahrhundert verbindlich; so ließ Isaac Newton sein physikalisches Hauptwerk 1687 unter dem Titel *Philosophiae naturalis principia mathematica* erscheinen, und im 18. Jahrhundert gab es in Frankreich sogar eine «Philosophie der Fische». Dem wurde seit der frühen Neuzeit – vor allem durch Descartes – die Forderung nach vollständiger Begründung hinzugefügt, die nur in einem System möglich sei, wobei meist die euklidische Geometrie als methodisches Vorbild diente. So formuliert auch Kant: «Das System aller philosophischen Erkenntnis ist (...) Philosophie» (KrV B 866), und noch Hegel betont: «Philosophie ist wesentlich System» (WW 8, S. 59), wobei sich beide nur dadurch unterscheiden, dass Kant die Philosophie qua vollständige Systemwissenschaft nur als eine Idee versteht, die wahrscheinlich nie realisiert werde, während Hegel für sein eigenes System beansprucht, dass sie in ihm realisiert sei. Erst nach Hegel und dem so genannten Zusammenbruch des Deutschen Idealismus in den Jahren nach 1831 treten Philosophie und Wissenschaft auseinander und erzeugen die bis in unsere Gegenwart andauernde Debatte, wie sich Philosophie und Wissenschaft zueinander verhalten und ob die Philosophie überhaupt eine Wissenschaft ist.

Dieser nachhaltige Traditionsbruch lässt sich aus dem systematischen Konflikt zwischen den statischen und den dynamischen Aspekten im herkömmlichen Wissenschaftskonzept erklären, in dem das Dynamische letztlich die Oberhand gewann. Das sokratische Wissen um das eigene Nichtwissen war nie ganz aus dem Bewusstsein der Philosophen verschwunden, und schon bei Aristoteles findet sich die Bestimmung der wissenschaftlichen Praxis als Forschung *(zétesis);* Forschung aber ist nur dort sinnvoll, wo man weiß, dass es vieles gibt, was man noch nicht weiß. Die Frage war dann, wie sich Wissenschaft als System und als Forschung im Philosophiebegriff miteinander vereinigen lassen. Freilich hätte auch Platon zugestanden, dass es der Forschung bedarf, denn auch ihm zufolge benötigt der Philosoph Erziehung und Bildung *(paideía)*, wie er sie im Höhlengleichnis beschreibt (Resp. 420 ff.), aber er war gleichwohl davon überzeugt, dass wir eigentlich schon alles wissen, weil unsere Seelen in der Präexistenz im Reich der Ideen das Wahre bereits geschaut hätten und es deshalb nur bestimmter Anlässe bedürfe, um uns zur Anstrengung der Wiedererinnerung *(anámnesis)* zu bewegen. Für Aristoteles hingegen stammt all unser Wissen aus der sinnlichen Erfahrung *(empeiría)*, und so wird er trotz seiner These, dass auch auf dieser Basis wissenschaftliches Wissen möglich sei, zum Stammvater der Tradition neuzeitlicher Philosophie, die man ‹Empirismus› nennt und wesentlich durch Francis Bacon und John Locke begründet wurde. Sie wandte sich vor allem gegen die neuzeitliche Wiederauflage der *anámnesis*-Lehre durch Descartes, der die neuzeitlich reformierte Wissenschaft auf die «eingeborenen Ideen» *(ideae innatae)* begründen wollte. Die Tradition des Rationalismus (Malebranche, Spinoza, Leibniz, Christian Wolff u. a.) folgte ihm darin; denn man war davon überzeugt, dass nur die Vorstellungen und Wahrheiten, die nicht aus der wechselhaften Erfahrung stammen, also *a priori* sind, dazu geeignet seien, Philosophie als Wissenschaft im streng systematischen Sinn zu begründen.

Auch Kant hielt daran fest, aber er versuchte angesichts des mächtigen Anwachsens der empirischen Forschung im 18. Jahrhundert, durch das die uns vertrauten «Einzelwissenschaften» entstanden, die traditionelle Einheit von Philosophie und Wissenschaft durch einen salomonischen Schiedsspruch zu retten: «Alle Philosophie (...) ist entweder Erkenntnis aus reiner [erfahrungsunabhängiger – H. S.] Vernunft, oder Vernunfterkenntnis aus empirischen Prinzipien. Die erstere heißt reine, die zweite empirische Philosophie» (KrV B 868). Aber dieses Angebot blieb ohne Folgen. Kant selbst hatte gelehrt, dass die Empirie keine Prinzipien im strikten Wortsinn bereitzustellen vermag, und deswegen kann es in diesem Bereich auch keine Vernunfterkenntnis geben, die diesen Namen verdient. Die Empiriker aller Fächer hingegen verzichteten gern darauf, denn ihnen war weniger an systematischer Begründung als an innovativer Forschung gelegen. Zudem hatten sie für die Bezeichnung ihres wissenschaftlichen Tuns als ‹Philosophie› keine Verwendung mehr und überließen sie gern denjenigen Kollegen, die meinten, über Erkenntnisse aus «reiner», erfahrungsunabhängiger Vernunft zu verfügen. ‹Empirische Philosophie› erschien jetzt wie ein hölzernes Eisen, während die «reine» Philosophie, die im Deutschen Idealismus und den Systemen des heute vergessenen Spätidealismus des 19. Jahrhunderts noch einmal auflebte, zunehmend ins wissenschaftliche Abseits geriet und sich immer nachhaltiger fragen lassen musste, was sie denn überhaupt noch mit Wissenschaft zu tun habe. Nimmt man hinzu, dass noch für Kant die «reine» Philosophie dasselbe war wie die Metaphysik, die seit eh und je als die erste und höchste Form der Wissenschaft galt, so versteht man auch, warum der Ausdruck ‹Metaphysik› inzwischen, wenn nicht gerade zu einem Schimpfwort, so doch zur Bezeichnung eines unklaren, intellektuell verdächtigen oder irrationalen Denkens degenerierte.

So geriet die Philosophie in eine Identitätskrise, aus der sie sich bis in unsere Tage nicht wirklich zu befreien vermochte. (Zum Folgenden vgl. Schnädelbach 1983, S. 118 ff.) Ihr wissenschaftshistorischer Hintergrund ist der Übergang von der traditionellen Systemwissenschaft auf der Grundlage sicherer Prinzipien zur modernen Forschungswissenschaft, die sich demgegenüber durch Methoden und Standards definiert. Für Letztbegründungen durch erfahrungsunabhängige Prinzipien war da kein Raum mehr, und damit verlor die Philosophie auch die Definitionsmacht über das, was Wissenschaft sei und was nicht. Diese Autorität hatte sich vor allen anderen Hegel noch einmal angemaßt, wobei seine herablassenden und manchmal verächtlichen Äußerungen über die jungen Forschungswissenschaften schließlich zur allgemeinen Philosophieverachtung im 19. Jahrhundert beitrugen. Was sollte nun aus der Philosophie werden? Es gab verschiedene Auswege. Zunächst lag es nahe, nach Anna Freuds Modell der «Identifikation mit dem Angreifer» gänzlich zur Gegenseite überzulaufen und zu behaupten, dass die moderne Wissenschaft alle unsere Fragen beantworten könne und wir deswegen die Philosophie nicht mehr benötigten. Wollte man gleichwohl Philosoph bleiben, konnte man sich dem neuen Wissenschaftskonzept fügen und auch in der Philosophie vom System zur Forschung übergehen. Dann konnte man versuchen, sich in ein komplementäres Verhältnis zur Forschungswissenschaft zu setzen, ohne mit ihr im Einzelnen zu konkurrieren. Auch war es möglich, für die Philosophie einen aparten Gegenstandsbereich zu reklamieren, um sich in ihm als selbständige Wissenschaft neu zu formieren. Schließlich bot sich an, den Anspruch der Wissenschaftlichkeit überhaupt fallenzulassen, den Anschluss an die Literatur zu suchen, um dort philosophisch eigene Wege zu gehen.

Dass die Philosophie überflüssig sei, weil wir doch die Wissenschaften hätten, war um die Mitte des 19. Jahrhunderts die herrschende Meinung, und sie wurde seither in immer neuen Varianten vertreten. Natürlich ist auch das eine philosophische Überzeugung, die man Naturalismus nennt und die sicher ist, dass naturwissenschaftliche Methoden ausreichen, um alle traditionellen philosophischen Fragen zu beantworten. So wird auch heute noch vertreten, dass die Evolutionsbiologie genüge, um sämtliche Rätsel des menschlichen Erkennens und Handelns aufzulösen; diesen Anspruch erheben Vertreter der Evolutionären Erkenntnistheorie und Ethik, aber auch die Bestsellerautoren der neuesten Religionskritik (Richard Dawkins oder Daniel D. Dennett). Lange Zeit galt auch empirische Psychologie als ein solches Wundermittel, wobei vor allem an den amerikanischen Behavioristen B. F. Skinner zu erinnern wäre. Seit neuestem übernehmen Neurophysiologen diese Rolle (Lutz Wingert, Gerhard Roth u. a.); sie halten das, was da auf ihren Bildschirmen beobachtet wird, für die definitive Klärung dessen, was tatsächlich bei unserem Erkennen und Handeln abläuft; da ist es kein Wunder, dass nicht nur die Willensfreiheit, sondern auch die Ideen von Verantwortung, Lob und Tadel auf der Strecke bleiben.

Die Naturalisten, die die Naturwissenschaften als die wahre Philosophie präsentieren, gehen in der Regel auch dazu über, deren Ergebnisse zu verallgemeinern und sie zu einem neuen, modernen Weltbild zusammenzufügen. Damit ahmen sie nur nach, was die Forschungswissenschaftler einst dem Systemidealismus vorgeworfen hatten, nämlich sich von der wirklichen Forschungspraxis zu entfernen, sich über die zu erheben, um sie dann «von oben» zu bevormunden. Gleichwohl bedienen die naturalistischen Generalisten bis heute ein verständliches Bedürfnis; denn die einzelnen, sich immer weiter ausdifferenzierenden Wissenschaften schaffen eine ständig anwachsende Unübersichtlichkeit, die immer erneut die Frage provoziert, wie denn alles miteinander zusammenhängt: Das Haus der Wissenschaft mit seinen zahllosen Räumen muss doch auch ein Dach haben, unter dem sich alles vereint findet. Mit dieser Dach-Metapher sieht sich die Philosophie bis heute konfrontiert; von der «Königin der Wissenschaften» wurde ständig erwartet, dass sie das vielgestaltige und disparate wissenschaftliche Wissen zusammenführt und in eine überschaubare Landkarte einträgt. Seit 150 Jahren wird diese Nachfrage weniger von Wissenschaftlern selbst als von Wissenschaftspublizisten befriedigt, die es immer wieder zu kurzlebigen Bestsellern bringen.

Eine Variante dieser Strategie lässt sich anhand einer anderen Metapher beschreiben – der des Fundaments des Wissenschaftsgebäudes. Seit Aristoteles bis zu Kant verstand sich die Metaphysik als die Wissenschaft, die als «Erste Philosophie» die allgemeinsten Prinzipien und Bestimmungen alles Seienden darzustellen habe. Diese Aufgabe wird auch nach dem angeblichen Ende der Metaphysik noch für aktuell gehalten, aber jetzt der wissenschaftlichen Grundlagenforschung zugewiesen. Hatten die Philosophen noch geglaubt, genau sagen zu können, was Raum, Zeit oder Materie sei, so erwartet man dies jetzt nur noch von der Theoretischen Physik. Was ‹Leben› bedeutet, sagen uns die Molekularbiologen, und ‹Geist› die Hirnforscher – und wer sollte etwas dagegen sagen?

Wollte man hingegen das Feld der Philosophie nicht einfach verlassen und zu den Wissenschaften überlaufen, musste man sich fragen, wie in diesem Bereich die Ablösung der System- durch die Forschungswissenschaft möglich ist. Was also konnte ‹Forschung› in der Philosophie bedeuten? Man hat öfter behauptet, die einzelnen Wissenschaften hätten sich von der Philosophie «emanzipiert» und ihr dadurch gar keinen eigenen Erkenntnisbereich übrig gelassen, aber dies beruht auf einer optischen Täuschung. In der Tat waren bis ins 19. Jahrhundert alle freien, d.h. nicht auf Anwendung orientierten Wissenschaften wie die Theologie, Jurisprudenz und Medizin, in einer vierten Fakultät vereint, die im Sinne des aristotelischen *philosophía*-Begriffs als ‹Philosophische Fakultät› bezeichnet wurde. Was wir heute «die Naturwissenschaften» nennen, gehörte bis in die 1860er Jahre ebenfalls dazu, und noch heute gibt es in der Schweiz philosophisch-historische und philosophisch-naturwissenschaftliche Fakultäten. Den Fachphilosophen im engeren Sinn, die in der Regel Professuren für Metaphysik innehatten, billigte man in dieser Fakultät aus Traditionsgründen eine gewisse Führungsrolle zu, weil ‹Metaphysik› eben als «erste», d.h. als Prinzipienwissenschaft galt, aber damit war es nach dem Übergang von der System- zur Forschungswissenschaft zu Ende. Es bedurfte gar keiner Befreiung der «Einzelwissenschaften» aus der Bevormundung der Philosophie als Universalwissenschaft, weil die Forscher die Philosophen nicht länger brauchten, um ihre Forschungsfelder abzustecken oder ihre Wissenschaftlichkeit zu garantieren; das hatten sie schon seit langem selber übernommen, und so überließ man die «reinen» Philosophen gern sich selbst.

Die Naturwissenschaftler hatten sich schon seit dem 17. Jahrhundert kaum noch um die Metaphysik gekümmert und ihre eigenen Methoden und Standards entwickelt; darum war es nur konsequent, dass sie in Deutschland nach 1860 aus der Philosophischen Fakultät auszogen und eine eigene Fakultät gründeten. Im Rest der alten Philosophischen Fakultät aber hatten inzwischen die Historiker und Philologen die Führung übernommen. Was sie betrieben, hatte seit Aristoteles und noch bei Kant als nicht wissenschaftsfähig im Sinne des Systemmodells gegolten, sondern nur als Kunst *(téchne, ars)*. Nach dem Übergang vom System zur Forschung aber bestand kein Grund mehr, diesen «Künsten» den Wissenschaftsstatus vorzuenthalten, wenn man ihn methodologisch zu definieren vermochte, und genau dies geschah z.B. in der Form einer Hermeneutik oder Historik (vgl. Schleiermacher und Droysen), wo die längst praktizierten Forschungs- und Überprüfungsregeln explizit formuliert wurden. Für diese neuen historisch-hermeneutischen Forschungsdisziplinen bürgerte sich vor allem durch Wilhelm Dilthey die Bezeichnung ‹Geisteswissenschaften› ein, und damit eröffnete sich für die Philosophen die Chance, im Rahmen ihrer angestammten Fakultät ebenfalls historisch-hermeneutisch zu forschen und so ihrer Identitätskrise zu begegnen. Dabei entstand die paradoxe Situation, dass bis in die Zeit der Universitätsreformen der 1970er Jahre in Deutschland die Fachphilosophen in der Philosophischen Fakultät nur eine kleine Minderheit unter lauter Historikern und Philologen waren, was die Neigung verstärkte, es in Fragen der Wissenschaftlichkeit dieser starken Mehrheit nach Möglichkeit nachzutun. So entstanden umfangreiche philosophiehistorische Werke und unendlich verdienstvolle kritische Texteditionen der Klassiker der Philosophie, ja man kann sagen, dass wir dieser historisch-hermeneutischen Wende überhaupt erst das sachgemäße und kritisch überprüfbare Bild von der philosophischen Vergangenheit verdanken, ohne das wissenschaftliches Philosophieren heute gar nicht denkbar wäre. Zugleich aber hält sich bis heute zäh das Gerücht, Philosophie sei «Geisteswissenschaft», also nichts anderes als historisch-hermeneutische Forschung; sie bestehe also darin, zu erforschen und zu wissen, was Platon, Aristoteles oder Kant alles gemeint und gesagt haben. Noch bis vor wenigen Jahrzehnten war es an vielen Universitäten besser, bei Promotionen oder Habilitationen umfangreiche Werke über historisches Denken zu präsentieren und dabei eigene Gedanken zu vermeiden, denn die konnten angesichts der großen philosophischen Vergangenheit ja nur unwissenschaftlich sein (vgl. Schnädelbach 1987).

Tatsächlich hatte sich aber die Philosophie der Neuzeit immer primär an den Naturwissenschaften orientiert, wobei sich Descartes und Kant selbst ausdrücklich auch als Naturforscher verstanden hatten und in diesem Bereich Bedeutendes beitrugen. Die Geisteswissenschaften gab es ja erst später, und als man nach der Mitte des 19. Jahrhunderts entdeckte, dass es gute Gründe gibt, die Philosophie zu rehabilitieren, weil die einzelnen Wissenschaften nicht alle unsere Fragen beantworten können, war damit freilich nicht die idealistische Systemphilosophie gemeint. Der Schlachtruf lautete «Zurück zu Kant!», denn der hatte zwar die Metaphysik neu begründen wollen, aber diesem Vorhaben das Projekt einer Untersuchung und Kritik unseres Vernunftvermögens vorangeschickt, das in einer Zeit, in der Wissenschaftler offensichtlich ungerechtfertigte Geltungsansprüche erhoben und sogar damit begannen, weltanschauliche Weltbilder anzubieten, unter dem Titel «Erkenntnistheorie» wieder attraktiv wurde. Die Kantbewegung und der Neukantianismus, der bis in die 20er Jahre des 20. Jahrhunderts an den Universitäten dominierte, propagierten in diesem Sinn ein komplementäres Verhältnis von Philosophie und Wissenschaft, wobei wegen ihrer Nähe zum historischen Kant primär die Mathematik und die Naturwissenschaften gemeint waren; erst Wilhelm Dilthey unternahm später den analogen Versuch für die Geisteswissenschaften. ‹Komplementär› bedeutete dabei, dass sich die Philosophie als Wissenschaft nicht in inhaltliche Fragen der Forschungswissenschaften einmischt, sondern sich auf die logischen, methodologischen und erkenntnistheoretischen Probleme der Forschung als solche konzentriert und ebendadurch zu den Forschungserfolgen beiträgt. So entstand das Konzept der Philosophie als Wissenschaftstheorie, das durch die Zusammenführung mit der Tradition der sprachanalytischen Philosophie seit Russell und Wittgenstein seit den 1930er Jahren begann, die internationale philosophische Szene weitgehend zu prägen. In Deutschland kam dieser Einfluss erst in den 1960ern an, aber auch hier führte er dazu, dass plötzlich fast überall Professuren für Wissenschaftstheorie eingerichtet wurden.

Ein weiterer Ausweg aus der Identitätskrise der Philosophie als Wissenschaft wurde von den Philosophen beschritten, die versuchten, für ihre Forschungen einen selbständigen und von den Wissenschaften nicht betretbaren Bereich abzustecken. Hier ist vor allem Edmund Husserls Konzeption der Philosophie als Phänomenologie zu nennen, die seit dem Beginn des 20. Jahrhunderts deswegen besonders attraktiv war, weil sie in Abgrenzung von der logisch-methodologischen Selbstbegrenzung der Neukantianer ein neues sachhaltiges und dabei zugleich streng wissenschaftliches Philosophieren zu ermöglichen schien (vgl. Husserl 1911). Diese Faszination hat bis heute angehalten, und wenn auch die phänomenologische Tradition inzwischen viele verschiedene Formen ausgebildet hatte – man denke an so unterschiedliche Autoren wie Martin Heidegger, Max Scheler, Helmuth Plessner oder Merleau-Ponty in Frankreich –, so blieb sie doch eine beständige Gegenbewegung gegen den Rückzug der Philosophie auf Wissenschaftstheorie und Sprachanalyse. Sie schien vor allem das Rückgrat der kontinentalen Traditionen abzugeben gegen die Kolonisierung durch das «Angelsächsische». Die Frage war seit den Anfängen nur, wie man das phänomenologische Forschungsfeld gegenüber dem der empirischen Wissenschaft abgrenzen wollte. Husserl vertraute hier auf eine bloße Einstellungsveränderung: eine *epoché*, das bedeutet, die Enthaltung von allen Existenzbehauptungen sollte genügen, um das reine Wesen der Bewusstseinsphänomene beschreibbar zu machen, ohne es damit der Psychologie zu überantworten. Diese Idee einer Wesensphänomenologie als «strenge Wissenschaft» erwies sich zwar als besonders fruchtbar, denn sie regte manche der bedeutendsten philosophischen Werke des vergangenen Jahrhunderts an, aber ihr genauer wissenschaftstheoretischer Status blieb bis heute ungeklärt. Wahrscheinlich war genau diese Unklarheit die Ursache der Faszination, die bis heute vom phänomenologischen «Zu den Sachen!» ausgeht.

Der Gretchenfrage «Philosophie als Wissenschaft?» konnte man schließlich auch dadurch ausweichen, dass man dieses Junktim aufkündigte, den Wissenschaftsanspruch der Philosophie ausdrücklich preisgab, und zwar in der Überzeugung, dass er dem Wesentlichen der Philosophie entgegenstehe. Zu nennen ist hier vor allem Søren Kierkegaard, der im Zeichen des existenziellen, das Individuum in seiner konkreten Lebenssituation betreffenden Denkens der herkömmlichen wissenschaftlichen Philosophie – vor allem Hegel – eine den Menschen irreführende und sein «Eigentliches» verdeckende Objektivierung vorwarf. Karl Jaspers' Konzept der Philosophie als «Existenzerhellung», Martin Heideggers Verdikt «Die Wissenschaft denkt nicht» und der gesamte Existenzialismus haben Kierkegaards Vorschlag angenommen und weitergeführt. Dieser Trend war zudem mächtig verstärkt worden durch den Eindruck, dass die auf Logik und Wissenschaftstheorie sowie auf historisch-hermeneutische Forschung fixierte Universitätsphilosophie nicht das Ganze sein könne, und so waren auch andere bedeutende philosophische Ausbruchsversuche aus dem Wissenschaftsgefängnis zu verzeichnen, für die Friedrich Nietzsche das Vorbild geliefert hatte. Die gesamte Lebensphilosophie (Georg Simmel, Oswald Spengler, Ludwig Klages u. v. a.) ist hier zu nennen, aber auch so starke und nur schwer einzuordnende Autoren wie Ernst Bloch, Walter Benjamin oder Theodor W. Adorno gehören dazu. Der französische Poststrukturalismus hat dann ausdrücklich dafür plädiert, die traditionelle Unterscheidung zwischen Philosophie und Literatur aufzuheben und das Ideal der Wissenschaftlichkeit auf sich beruhen zu lassen; dies fand auch hierzulande Gehör, was man anhand des reichhaltigen Angebots philosophischer Belletristik bestätigt finden mag.

Was Philosophen tun

Nach dieser komplizierten Vorgeschichte bietet das, was heute ‹Philosophie› genannt wird, ein komplexes Bild. Man kann das so ausdrücken: ‹Philosophie› ist ein Plural. Was gegenwärtig unter diesem Titel betrieben wird, reicht von der kritischen Edition philosophischer Texte und deren Interpretation über die System-, Ideen- und Begriffsgeschichte sowie die vielgestaltige Problemdiskussion bis hin zur Publizistik in den Feuilletons und konkreter Lebensberatung in der «philosophischen Praxis». Das alles wird ‹Philosophie› genannt und hat seine eigene Berechtigung. In dieser Situation sind Alleinvertretungsansprüche unangebracht. Die Zeiten, in denen die unentbehrlichen geisteswissenschaftlichen Anteile der Philosophie – also das Historisch-Hermeneutische – als Maßstab der Wissenschaftlichkeit von Philosophie überhaupt galten, sind vorbei. Umgekehrt lässt sich das rein komplementäre Verhältnis von Philosophie und Wissenschaft schon deswegen nicht mehr aufrechterhalten, weil es da an klaren Trennlinien fehlt, und deswegen können die herkömmliche Analytische Philosophie und die Wissenschaftstheorie, die lange Zeit die Wissenschaftlichkeit der Philosophie für sich gepachtet zu haben schien, nicht den gesamten philosophischen Problembereich abdecken. Die Philosophen sind andererseits gut beraten, wenn sie sich nicht gegen die Einsichten der Wissenschaften abschotten und zudem Impulse aus der literarischen Produktion aufnehmen.

Hinzu kommen die wachsenden Ansprüche der Öffentlichkeit an die Philosophie. Das philosophische Interesse hat in den letzten Jahrzehnten ständig zugenommen, vor allem in der Politikberatung, und hier sollten sich die Beteiligten daran erinnern, dass die Philosophie niemals nur ein «Orchideenfach» war, für das es heute vielfach gehalten wird. Seit ihren Anfängen war sie ein wesentlicher Motor der europäischen Aufklärung und eine Produktivkraft der Leitideen, an denen sich unsere moderne Welt immer noch orientiert. Der Öffentlichkeitsanspruch an die Philosophie ist freilich nicht problemlos, denn in unserer wissenschaftlichen Zivilisation findet nur das Gehör, was hieb- und stichfest ist, also nach wissenschaftlichen Standards überprüft werden kann. Deswegen müssen die Philosophen ihr Fach eben auch als Wissenschaft betreiben und dort ihren speziellen und häufig schwierigen Untersuchungen nachgehen, denn nur dann haben sie zu den drängenden Fragen der Zeit etwas zu sagen, was Gewicht und Bestand hat. Die ihrem demokratischen Auftrag verpflichtete Philosophie muss somit im Spannungsfeld zwischen Wissenschaft und Aufklärung operieren, und wenn sie dies verlässt, droht entweder die folgenlose Spezialisierung in einer intellektuellen Subkultur oder das unverbindliche Geschwätz, das den allgemeinen *bullshit* (vgl. Frankfurt) nur noch vermehrt.

Um den Kernbereich der Philosophie abzustecken, muss man versuchen, das Besondere und Eigene der Tätigkeit zu bestimmen, die man ‹Philosophieren› nennt. Es handelt sich dabei um eine besondere Art des Denkens, um Nachdenken, und so kann die Philosophie als eine Kultur der Nachdenklichkeit gelten. ‹Nachdenken› meint dabei, dass wir dabei unseren Gedanken hinterherdenken, sie zum Thema machen, um sie zu klären, zu ordnen und in größere Zusammenhänge einzuordnen. Das Nachdenken ist kein Privileg der Philosophen, denn es geschieht unendlich oft auch im Alltag, und ohne so etwas gäbe es auch keine Wissenschaft. Philosophisch wird dieses Nachdenken, wo es grundsätzlich wird, und wir müssen grundsätzlich werden, wenn wir die Übersicht verloren haben und bemerken, dass wir mit unseren bisherigen Denkweisen in eine Sackgasse geraten sind. In diesem Sinn sagt Ludwig Wittgenstein: «Ein philosophisches Problem hat die Form: ‹Ich kenne mich nicht aus›» (PU § 123). Hier mag man einwenden, die Konfusion könne doch nicht der einzige Anlass für das Philosophieren sein, hatte es nicht Platon mit dem Staunen *(thaumázein)* beginnen lassen und Descartes und seine Nachfolger mit dem Zweifel? Platon selbst beschreibt das Staunen nicht als bloßes ästhetisches Fasziniertsein, sondern als einen Zustand des Schwindels, ja der schmerzhaften Irritation (vgl. Theät 155 c und Menon 80 a), und die cartesianische Zweifelsmethode, die auch Kant befolgt, ist ja auch nichts anderes als eine Antwort auf die Erfahrung, dass die Situation der Philosophie ausweglos ist, wenn man weitermacht wie bisher. Was darum das Philosophieren auf den Weg bringt, sind unabweisbare gedankliche Orientierungsbedürfnisse, die sich im Bereich des Nachdenkens über unsere Gedanken bemerkbar machen und uns nötigen, dieses Nachdenken mit anderen Mitteln und mit verschärften Anforderungen fortzusetzen. Somit kann man das Philosophieren verstehen als den Versuch gedanklicher Orientierung im Bereich der Grundsätze, die unsere gesamte Lebenspraxis bestimmen, also unseres Denkens, Erkennens und Handelns.

Man mag einwenden, diese Bestimmung des Philosophierens als Nachdenken über unsere Gedanken sei zu eng, und wo bleibt die Wirklichkeit? Dazu ist zu sagen, dass es die Aufgabe der Wissenschaften ist, sich direkt der Wirklichkeit zuzuwenden, und dass es wohl unmöglich ist, einen Realitätsbereich auszumachen, den man der Philosophie als ihr *proprium* zuordnen könnte. Die Texte und Ideen der Vergangenheit können es doch nicht sein, denn sonst wäre Philosophie nur eine Art von Literatur- und Geschichtswissenschaft. Die Phänomene der Phänomenologen sind ein ziemlich unsicheres Feld, das sich, wie deren Verfechter selbst zugeben müssen, nur über die gedankliche Zuwendung zu schon Gedachtem überhaupt erschließen lässt. Der Wirklichkeitsbezug der so bestimmten Philosophie ist freilich nicht ausgeschlossen, aber er ist eben nur als indirekter möglich – über den Umweg über unsere Gedanken über die Wirklichkeit. Zudem waren die Versuche grundsätzlicher gedanklicher Orientierung niemals das alleinige Privileg derer, die man als Philosophen bezeichnet; es geschah und geschieht immer wieder gerade in den Wissenschaften selbst. Die folgenreichsten Neuorientierungen unseres Denkens erfolgten in der Moderne eben nicht durch Philosophieprofessoren, sondern durch bedeutende Wissenschaftler wie Charles Darwin, Sigmund Freud oder Albert Einstein, und jede Philosophiegeschichte wäre unvollständig, die diese gedanklichen Leistungen nicht berücksichtigt.

Wenn man damit einräumt, dass das so beschriebene Philosophieren nicht nur in philosophischen Seminaren, sondern auch und gerade in den Wissenschaften erfolgt – und man müsste hier auch bedeutende Literaten hinzunehmen –, dann hat man zwar die Philosophie aus der babylonischen Gefangenschaft der Geisteswissenschaften befreit, aber muss sich sofort die Frage gefallen lassen, warum sie dann, wenn sie ohnehin überall praktiziert werden kann, als selbständiges Universitätsfach existieren muss. Dafür gibt es nur eine pragmatische Rechtfertigung. In der Regel haben die Wissenschaftler keine Zeit für das grundsätzliche Nachdenken, und deswegen ist es vernünftig, in der Wissenschaftslandschaft bestimmte Inseln auszuweisen, auf denen es auf wissenschaftlichem Niveau möglich bleibt. Der Vorteil dieser Regelung ist, dass die Nachdenklichen aus allen Richtungen diese Insel ansteuern können, also nicht nur die Naturwissenschaftler, sondern auch die Vertreter aller übrigen Disziplinen, um hier kompetente Gesprächspartner bei ihren Orientierungsversuchen zu finden. Das beinhaltet umgekehrt die Verpflichtung der Philosophie als Fach, sich nicht nur mit ihren eigenen und häufig selbstproduzierten Problemen zu beschäftigen, sondern für das offen zu sein, was an nachdenklichen Fragen von außen an sie herangetragen wird. Die können die Philosophen sicher nur selten allein beantworten, und so müssen sie sich häufig erst kundig machen, um sie wirklich zu verstehen; sie erfüllen aber ihre Aufgabe, wenn sie das gemeinsame interdisziplinäre Philosophieren zu ermöglichen versuchen und dazu aus eigener Fachkompetenz etwas beitragen.

Philosophische Diskurse

Die Frage ist dann: Welche Möglichkeiten haben die Philosophen denn, zur Lösung unserer grundsätzlichen Orientierungsprobleme beizutragen? Wie kann man das philosophische Nachdenken genauer fassen? Beschreiben lässt es sich nur anhand der sprachlichen Praxis, d. h. der Form der Diskurse, die die Philosophierenden führen, denn in ihre Gehirne können wir nicht hineinschauen. Die Philosophie Platons war bestimmt von dem Erschrecken, was der Fall wäre, wenn die Sophisten mit der These recht hätten, es gäbe keine Wahrheit, sondern bloß Meinungen, und was die Menschen für gerecht hielten, sei immer nur eine Machtfrage. Diese Situation eines unerträglichen *thaumázein* brachte das auf den Weg, was wir bis heute als die grundlegenden Fragestellungen der theoretischen und praktischen Philosophie ansehen: Was ist Wahrheit? Was ist Gerechtigkeit? Akzeptable Antworten können wir nur dann geben, wenn wir zunächst fragen, was die Begriffe ‹Wahrheit› und ‹Gerechtigkeit› bedeuten, und das gelingt nur, wenn wir zunächst untersuchen, wie die jeweiligen Begriffswörter gebraucht werden. Dass sich Begriffe nicht unabhängig von ihrer sprachlichen Verwendung analysieren lassen, hat uns die sprachanalytische Philosophie gelehrt, und daraus folgt, dass die Begriffe nichts anderes sind als die Regeln des für korrekt gehaltenen Gebrauchs der Begriffswörter. Diese Praxis der Begriffsklärung schließt selbstverständlich mit ein, dass man nicht bei der bloßen Konstatierung des jeweils Gemeinten stehenbleibt, sondern auch zu klären versucht, ob jener Gebrauch angemessen ist oder nicht doch zu korrigieren wäre. Man kann dies unter dem Stichwort ‹*explikativer Diskurs*› der Philosophie zusammenfassen, und es gibt gute Gründe, ihm mit Wittgenstein einen methodischen Primat in der wissenschaftlichen Praxis des Philosophierens zuzuweisen.

Mit hinreichend geklärten und korrigierten Begriffen wie ‹Wahrheit› oder ‹Gerechtigkeit› kann man sich aber nicht begnügen, denn wir wollen sie auch anwenden, wenn es strittig ist, ob eine Behauptung wahr oder eine Entscheidung gerecht ist. Jetzt geht es nicht mehr bloß um die Bedeutung von ‹wahr› und ‹gerecht›, sondern um Kriterien des Wahr- und Gerechtseins, und dies nötigt uns, in den *normativen Diskurs* der Philosophie überzuwechseln. Hier geht es um Geltungsfragen, und sie waren es, die die neuzeitliche Philosophie mit dem Zweifel beginnen und sich bei Kant als Kritische Philosophie voll entfalten ließen. Das bedeutet nicht, dass Explikatives dabei keine Rolle spielte; aber es stand nicht im Zentrum der Untersuchungen, weil man in vielen Fällen der traditionellen Begrifflichkeit vertraute. Erst als dieses Vertrauen schwand, trat der explikative Diskurs als grundlegende Aufgabe des Philosophierens deutlich hervor, und sein Medium ist seitdem vor allem anderen die methodische Sprachanalyse, die man mit Wittgenstein auch als ‹Philosophische Grammatik› bezeichnen kann.

Nicht nur Husserl und die Phänomenologen, sondern auch der späte Wittgenstein haben darauf bestanden, dass es auch deskriptive Aufgaben der Philosophie gibt, also auch ein *deskriptiver Diskurs* unentbehrlich sei. Bei Husserl selbst ist unklar, wie buchstäblich sein Bestehen auf der Methode des Beschreibens zu verstehen ist; häufig spricht er in einem Atemzug auch von ‹Analyse›, was nahe legt, dieses Beschreiben als Metapher für die Begriffs- und Gedankenexplikation zu verstehen, und tatsächlich geschieht in seinen Werken hauptsächlich genau dies. Beim späten Wittgenstein der *Philosophischen Untersuchungen* ist auch vom Beschreiben unserer tatsächlichen Redepraxis die Rede, womit sich die Philosophen zu begnügen hätten, aber damit ist keineswegs empirische Linguistik gemeint, sondern die gedankliche Vergegenwärtigung der Regeln, denen wir in unseren «Sprachspielen» jeweils schon folgen. Husserl und Wittgenstein verbindet trotz aller Unterschiede, dass sie das Beschreiben betonen, um alle voreiligen Erklärungsversuche aus der Philosophie auszuschließen. Zunächst soll klarwerden, was tatsächlich in unserem Denken und Sprechen geschieht, ehe man dazu übergeht zu fragen, warum es geschieht und mit welchem Recht. Ob es im gedanklichen Bereich wirklich beschreibbare Sachverhalte gibt, wie die Phänomenologen behaupten, ist sicher umstritten; gleichwohl hat der deskriptive Diskurs in der Philosophie einen unbestreitbaren Platz, denn wir können die explikativen und normativen Probleme nicht angehen, ohne eine Menge über die Wirklichkeit zu wissen und uns dies beim Philosophieren zu vergegenwärtigen.

Die Unterscheidung zwischen dem explikativen, dem normativen und dem deskriptiven Diskurs der Philosophie hat den Vorteil, dass man mit ihrer Hilfe innerphilosophische Konfusionen und methodische Fehler identifizieren und bearbeiten kann. Die gehen häufig auf Diskursvermengungen zurück. Wer glaubt, ein befriedigend geklärter Wahrheitsbegriff tauge deswegen schon als Wahrheitskriterium, erzeugt einen Kurzschluss zwischen dem explikativen und dem normativen Diskurs und geht dadurch in die Irre. Kant schreibt dazu: «Die alte und berühmte Frage, womit man die Logiker in die Enge zu treiben vermeinte, ist diese: *Was ist Wahrheit?*» Die Namenserklärung der Wahrheit, dass sie nämlich die Übereinstimmung der Erkenntnis mit ihrem Gegenstand sei, wird hier geschenkt und vorausgesetzt; man verlangt aber zu wissen, «welches das allgemeine und sichere Kriterium der Wahrheit einer jeden Erkenntnis sei» (KrV B 82). Kant zeigt dann, dass diese berühmte Wahrheitsdefinition als Wahrheitskriterium gerade nicht geeignet ist, weil dies auf einen Zirkel führt, denn man muss ja den Gegenstand schon kennen, um entscheiden zu können, ob unsere Erkenntnis von ihm damit übereinstimmt; also ist bei der Anwendung eines solchen Kriteriums, das über Wahr oder Falsch entscheiden soll, Wahrheit schon vorausgesetzt. – Wer meint, es genüge, etwas genau zu beschreiben, um daraus schließen zu können, was zu tun sei, wechselt unmittelbar vom Deskriptiven ins Normative über und begeht den berühmten naturalistischen Fehlschluss von Sein auf Sollen. – Verbreitet ist auch die Überzeugung, man müsse, um die Bedeutung von Wörtern zu klären, nur angeben, worauf sie sich beziehen, das heißt, die Bedeutung von ‹Baum› sei der Baum, und da brauche man doch nur hinzusehen. Wo es aber nichts zu sehen gibt wie bei nicht mehr existierenden oder abstrakten Gegenständen, hilft das nicht weiter, denn niemand kann einfach auf Napoleon oder den Kapitalismus hinweisen. Die Erklärung der Wortbedeutung durch Hinweis funktioniert also nur in vergleichsweise wenigen Fällen. Das Hinweisen aber ist in der Regel mit Beschreibungen verbunden, und so kann man jene simple Bedeutungstheorie auf die Vermengung des explikativen mit dem deskriptiven Diskurs zurückführen. In fast allen Fällen sind wir bei Begriffsexplikationen darauf angewiesen, die Regeln anzugeben, denen wir beim Gebrauch der Begriffswörter folgen, und so sagt Wittgenstein: «Die Bedeutung eines Wortes ist sein Gebrauch in der Sprache» (PU § 43).

Das Gespräch der Philosophie

Was Beobachter dessen, was Philosophen tun, nachhaltig zu irritieren vermag, sind vor allem drei Besonderheiten: die enge Bindung an die Philosophiegeschichte, das ungewöhnlich hohe Ausmaß des Vergessens und Wiedererinnerns sowie die bemerkenswerte Konstanz einiger weniger Themen. Beim Physikstudium kann man die Geschichte der Physik auf sich beruhen lassen, aber in der Philosophie kommt man ohne deren Geschichte nicht aus. – Bei den meisten Wissenschaften ist es selbstverständlich, dass das neue Wissen auf dem älteren aufbaut, und so sagte Carl Friedrich von Weizsäcker einmal, wer nicht wisse, was die Wissenschaft schon weiß, könne sie auch nicht voranbringen. Die Philosophie bietet da ein gänzlich anderes Bild. Natürlich kommt man dabei ohne ein bestimmtes Grundwissen nicht aus, aber von einem kontinuierlichen Wissensfortschritt kann hier einfach nicht die Rede sein. Vor allem das 20. Jahrhundert zeigt, wie im Diskurs der Philosophie immer wieder neue lebhafte Debatten aufkommen, abebben und dann wieder vergessen werden, wodurch sie nur noch dafür gut sind, dass jemand darüber promoviert. Als Beispiele können gelten: der Werturteilsstreit, die Kontroverse zwischen Martin Heidegger und Ernst Cassirer, der Positivismusstreit, die Debatten über die methodologisch definierte Einheitswissenschaft und die wissenschaftlichen Erklärungen, die Aufregungen um die radikale Vernunftkritik, und der von Neurophysiologen angezettelte Kampf um die Willensfreiheit wird auch bald in diese Reihe gehören. – Was die wenigen hartnäckigen Themen betrifft, so kann man den Philosophen mit gutem Grund vorwerfen: Seit bald 2500 Jahren wollt ihr herausbekommen, was Wahrheit oder Gerechtigkeit sei; ihr seid immer noch dabei, habt also offenbar bisher immer noch nichts Haltbares vorzuweisen. So etwas gibt es in keiner anderen Wissenschaft.

Die Philosophie kann sich hier nur durch den Hinweis rechtfertigen, dass sie ein Gespräch ist (vgl. Schnädelbach 2004). Die gedankliche Orientierung im Bereich unserer theoretischen und praktischen Grundsätze, die ihren Kern ausmacht, ist eine Aufgabe, die die Selbstverständigung unserer gesamten Kultur betrifft, und die ist nur intersubjektiv lösbar. Das Philosophieren gerät dadurch unvermeidlich zu einem vielstimmigen und häufig dissonanten Konzert, in dem es unklug wäre, diejenigen, die ihre Stimmen nicht mehr selbst erheben können, einfach auszuschließen. Das vergangene Denken unserer Tradition muss darum hier notwendig auch zu Wort kommen, und damit dies möglich bleibt, brauchen wir die historisch-hermeneutische Forschung auch in der Philosophie.

Wie in allen Gesprächen wechseln auch in dem der Philosophie die konkreten Gesprächsanlässe, und daraus erklärt sich die wandelbare Aktualität der philosophischen Gesprächsthemen. Häufig stehen hier erbitterte Kontroversen am Anfang, die sich aber meist unter dem Druck von Argumenten und Gegenargumenten wechselseitige Relativierungen gefallen lassen müssen, um schließlich alle polemische Energie einzubüßen, denn der nächste Streitpunkt steht ja schon auf der Tagesordnung.

Und warum die merkwürdige Daueraktualität philosophischer Themen? Tritt die Philosophie nicht dauernd auf der Stelle? Gibt es hier gar keinen Fortschritt? Dazu ist zu sagen, dass trotz allen kulturellen Wandels unsere grundsätzlichen Orientierungsbedürfnisse sich auf die grundlegenden Situationen beziehen, die unser Leben bestimmen, und deswegen gibt es in Wahrheit gar nicht so viele verschiedene philosophische Probleme. Die Stoiker teilten die gesamte Philosophie ein in Logik, Physik und Ethik, und sie folgten dabei der Einsicht, dass es offenbar nur drei Basisbereiche unseres Weltumgangs gibt – der des rationalen, theoretischen und praktischen Weltverhaltens. Wenn sich hier durch kulturellen Wandel Grundlegendes ändert, entstehen Orientierungsbedürfnisse, die sich eben nur im erneuten Rekurs auf die Grundsätze unseres Denkens, Erkennens und Handelns bedienen lassen, und deswegen muss die Philosophie unter veränderten Bedingungen immer wieder auf ihre alten Themen zurückkommen.

Zitierte Literatur

Droysen – J. G. Droysen: Historik. Vorlesungen über Enzyklopädie und Methodik der Geschichte (seit 1857).

Frankfurt – H. G. Frankfurt: Bullshit (aus dem Amerik.). Frankfurt/M. 2006.

KrV – I. Kant: Kritik der reinen Vernunft

Menon – Platon: Menon

Phaidr – Platon: Phaidros

PU – L. Wittgenstein: Philosophische Untersuchungen

Resp – Platon: Der Staat (Politeia)

Schleiermacher – F. D. E. Schleiermacher: Hermeneutik und Kritik (1838)

Schnädelbach 1983 – H. Schnädelbach: Philosophie in Deutschland 1831–1933. Frankfurt/M.

Schnädelbach 1987 – H. S.: Morbus hermeneuticus – Thesen über eine philosophische Krankheit. In: Ders.: Vernunft und Geschichte. Vorträge und Abhandlungen. Frankfurt/M., S. 279 ff.

Schnädelbach 2004 – H. S.: Das Gespräch der Philosophie. Berliner Abschiedsvorlesung (2002); jetzt in: Ders.: Analytische und postanalytische Philosophie. Vorträge und Abhandlungen 4. Frankfurt/M., S. 334 ff.

Thukydides: Geschichte des Peloponnesischen Krieges

Weitere Literatur

Apel, K. O.: Transformation der Philosophie. 2 Bde. Frankfurt/M. 1973.

Brandt, R.: Philosophie: Eine Einführung. Stuttgart 2001.

Detel, W.: Grundkurs Philosophie. 5 Bde. Stuttgart 2007.

Elberfeld, R. (Hg.): Was ist Philosophie? Programmatische Texte von Platon bis Derrida. Stuttgart 2006.

Gloy, K.: Grundlagen der Gegenwartsphilosophie. Eine Einführung. Stuttgart (UTB) 2006.

Habermas, J.: Die Philosophie als Platzhalter und Interpret. In: Ders.: Moralbewußtsein und kommunikatives Handeln. Frankfurt/M. 1983, S. 9 ff.

—: Nachmetaphysisches Denken. Philosophische Aufsätze. Frankfurt/M. 1988.

Liessmann, K. P.: Die großen Philosophen und ihre Probleme. Vorlesungen zur Einführung in die Philosophie. Wiener Universitätsverlag (UTB) 2003.

Nagel, Th.: Was bedeutet das alles ? Eine ganz kurze Einführung in die Philosophie (aus dem Amerik.). Stuttgart 1990.

Nida-Rümelin/Özmen (Hg.): Philosophie der Gegenwart in Einzeldarstellungen von Agamben bis von Wright. Stuttgart 2007 (3. neubearbeitete und aktualisierte Aufl.).

Pieper, A.: Selber denken. Eine Anstiftung zum Philosophieren. Leipzig 2002 (5. Aufl.).

Pieper, A.: Philosophische Disziplinen. Ein Handbuch. Leipzig 1998 (2. Aufl.).

Rosenberg; J. F.: Philosophieren. Ein Handbuch für Anfänger (aus dem Amerik.). Frankfurt/M. 2006 (5. Aufl.).

Salamun, K.: Was ist Philosophie? Neuere Texte zu ihrem Selbstverständnis. Tübingen (UTB) 2001.

Schnädelbach, H.: Artikel «Philosophie». In: E. Martens/H. Schnädelbach (Hg.): Philosophie. Ein Grundkurs. Reinbek bei Hamburg 2004 (7. Aufl.), S. 37 ff.

—: Reflexion und Diskurs. Fragen einer Logik der Philosophie. Frankfurt/M. 1977.

Tetens, H.: Philosophisches Argumentieren? München 2004.

Herbert Schnädelbach
2. Ist alles bloß Ansichtssache?
Meinen, Glauben und Wissen

«Das ist Ansichtssache» – das sagen und hören wir, wenn es geboten
scheint, eine bestimmte Unterhaltung nicht weiter fortzusetzen. Worum
es dabei in der Regel geht, wird deutlich, wenn wir es mit «Das ist Geschmacksache» vergleichen. Beim Geschmack ist fraglich, ob es gefällt
oder nicht, und das betrifft Speisen, Mode, Design, Werbung oder Hobbys
ebenso wie Musik, Kunst und Literatur; auch hier heißt es meist, dass
sich darüber nicht streiten lasse. Bei «Ansichtssachen» hingegen ist es
anders. Auffällig ist, dass wir uns in unseren Tagen nur ungern über Politik oder Religion unterhalten, denn zum einen fürchten wir da einen
nicht endenden, durch Argumente nicht zu schlichtenden Streit, und
im anderen Fall scheuen wir uns, Intimitätsgrenzen zu verletzen, denn
was man glaubt oder nicht, sei doch schließlich Privatsache. Wir würden
aber nicht behaupten, Politik und Religion seien «Geschmacksache» –
jedenfalls nicht in demselben Sinn, in dem es um Gefallen oder Nichtgefallen geht. Diese Differenz wird deutlich, wenn man zunächst zeigt,
worum es bei der Berufung auf den Geschmack oder die jeweilige Ansicht
geht – um das Ausweichen vor einer möglicherweise allgemeingültigen
Beurteilung, und wenn man dann fragt, welche Beurteilungskriterien in
dem einen oder anderen Fall von vornherein außer Kraft gesetzt werden
sollen. Bei «Geschmacksachen» handelt es sich um im weitesten Sinn
ästhetische Kriterien wie ‹angenehm›, ‹schön›, ‹unterhaltsam› etc., deren Anwendung wir lieber jedem selbst überlassen. Bleiben wir bei der
Politik, so geht es hier darum, ob Pläne oder Entscheidungen gut oder
schlecht, vernünftig oder unvernünftig, nützlich oder schädlich oder
moralisch akzeptabel oder nicht sind, und wenn wir dabei zu einem negativen Urteil kommen, handelt es sich sicher nicht nur um schlechten
Geschmack. Was wir somit bei «Ansichtssachen» lieber bleibenlassen,
ist der Versuch einer Einigung im Bereich normativer Beurteilungen. Die
kann man von den bloß ästhetischen dadurch unterscheiden, dass es bei
ihnen offenbar auf Argumente ankommt, während man nicht weiß, was

man sagen soll, wenn jemand meint: «Mozart ist Geschmacksache.» Es ist umstritten, ob es auch ästhetische Normen gibt, aber mit Gründen allein hat man noch niemanden dazu bringen können, etwas schön zu finden.

Was wir mit ‹Ansicht› meinen, gehört in den umfangreichen Bereich der Metaphorik des Gesichtssinns, aus dem wir viele unserer Begriffe für das Denken und Erkennen beziehen: Nicht nur ‹Einsicht›, ‹Evidenz›, ‹Idee› oder ‹Theorie› stammen von dort, sondern auch das Licht der Vernunft und die Aufklärung. So haben wir meist Ansichten dort, wo es gar nichts zu sehen gibt, z. B. beim «Blick» auf die Regierungspolitik. Das Wort ist doppeldeutig, denn es meint sowohl das Aussehen eines Gegenstandes als auch die Art und Weise, ihn anzusehen. Beides hängt miteinander zusammen: Wie etwas aussieht, wenn man es so oder so ansieht – das ist es, was mit ‹Ansichtssache› gemeint ist. Außerdem setzen Ansichten einen Standpunkt voraus, von dem aus man eine Sache betrachtet, und es ist keine Frage, dass sie von einem anderen Standpunkt aus anders aussieht. Was sich von einem Standpunkt zum anderen ändert, ist vor allem der Blickwinkel oder die Perspektive, aber auch die jeweilige Brille, die man trägt, spielt eine Rolle. Standpunkt und Brille verweisen im Bild auf das, was jemand immer schon mitbringt, wenn er sich einer Sache zuwendet, also seine vorgängigen Überzeugungen ebenso wie seine emotionale Gestimmtheit. Angesichts solcher subjektiven Vorbedingungen scheint eine objektive Betrachtung der Dinge gänzlich unmöglich zu sein, und genau dieser Verdacht wird in der Regel mit «Alles ist Ansichtssache» ausgedrückt.

Es stimmt nicht, dass es nichts gibt, was bloß Ansichtssache ist; gerade in modernen, offenen Gesellschaften sind verschiedene Ansichten zugelassen, und dies gehört zu unseren individuellen Freiheitsrechten. Dass es ohne Betrachter keine Ansichten gibt, mag man einräumen, aber ob daraus folgt, dass alles bloß Ansichtssache sei, ist keineswegs ausgemacht. Eine solche These kann man nur im abgeschlossenen Raum philosophischer Seminare verteidigen, aber nicht im wirklichen Leben. Hier geht es ja nicht nur darum, ob etwas angenehm, schön oder wünschenswert ist, sondern um Richtig und Falsch und vor allem um Wahr und Falsch. Vor Gericht, in der Technik oder in der Medizin werden wir eines Besseren belehrt, denn wenn ein Täter überführt wurde, eine Brücke zusammen-stürzt oder ein Patient bei einer Operation stirbt, kann sich niemand dar-auf herausreden, was geschah, sei nur eine Sache der Perspektive. Daran ändert auch die Tatsache nichts, dass in solchen Fällen meist Gutachter herangezogen werden, die ihre Sicht der Dinge präsentieren; irgendwann muss man zu einem Urteil darüber kommen, was Tatsache ist und wie es zu bewerten sei. Dem Skeptiker freilich ist diese pragmatische Auskunft nicht genug; er mag einräumen, dass wir in der Praxis gar nicht anders können, als uns irgendwann festzulegen und zu einer Überzeugung zu gelangen, was Wahrheit und Richtigkeit betrifft, aber er wird hinzuset-zen, dass dies mit reiner Objektivität nichts zu tun habe, zumal Irrtümer und Fehleinschätzungen niemals auszuschließen seien.

Relativismus

Die Position, die mit dem Hinweis auf die subjektive Abhängigkeit aller Beurteilungen behauptet, dass es keine Objektivität gibt, nennt man Relativismus. Die klassische Formulierung dieser Überzeugung findet sich bei dem Sophisten Protagoras (481–411 v. Chr.), von dessen zahlrei-chen Werken fast nur der erste Satz seiner Schrift *Wahrheit oder nieder-werfende [Reden]* überliefert ist: «Der Mensch ist der Maßstab aller Dinge, der seienden, dass sie sind, der nichtseienden, dass sie nicht sind. Sein ist jemandem Erscheinen.» Platon zitiert ihn in seinem Dialog *Theätet* (Theät 152 a), und aus dem Zusammenhang ergibt sich, dass Protagoras meinte, dass nicht der Mensch als Gattungswesen, sondern jeder einzelne Mensch der Maßstab sei, und ferner, dass dies das Dasein der Dinge eben-so betreffe wie ihr Sosein. Wahr sei somit nur das, was jemandem so und nicht anders erscheint, und das ist von Mensch zu Mensch verschieden. Protagoras wurde in Athen wegen Gottlosigkeit angeklagt, weil er ganz im Sinn seiner Sentenz seine Unwissenheit mit Bezug auf die Existenz und die Eigenschaften von Göttern bekannt hatte; der Todesstrafe ent-zog er sich, anders als Sokrates, durch die Flucht. Aber nicht deswegen wendet sich Platon energisch gegen seine Lehre, sondern weil durch sie die Suche nach der Wahrheit gegenstandslos zu werden droht. Das ist freilich nur dann ein Argument, wenn man einen tragfähigen Wahrheitsbegriff für möglich hält, und genau dies hatte Protagoras ja bestritten. So wird berichtet, er habe behauptet, «es seien *sämtliche* Vorstellungen und Meinungen wahr, und die Wahrheit gehöre zu den relativen Dingen, weil alles, was ein Mensch sich vorstellt oder meint, in Hinsicht auf diesen ‹auch› wirklich wahr sei» (Sextus Empiricus VII 60, nach Capelle 327). Der Wahrheitsrelativismus, der das Prädikat ‹… ist wahr› nur mehr im Sinn von ‹… ist wahr für jemanden› verstehen will, hebt damit auch die Differenz zwischen Wahr und Falsch auf, «denn alles, was dem Menschen so vorkommt, ist auch wirklich so; was aber keinem einzigen Menschen erscheint, das ist überhaupt nicht vorhanden» (I 216, Capelle 331). Wo aber die Möglichkeit entfällt, dass ein angeblich Wahres auch falsch sein könnte, ist es müßig, über Wahrheitsansprüche entscheiden zu wollen; was wir in der Regel mit dem Wahrheitsanspruch verbinden, nämlich objektiv und damit für jedermann verbindlich zu sein, entfällt.

Was dann geschieht, deutet der Titel des Protagoras an: In der menschlichen Rede kann es jetzt nicht mehr darum gehen, ob das Gesagte zutrifft, sondern nur noch um den Effekt, also das «Niederwerfen» des anderen im Streit. Genau diese Wirkungen versprach Protagoras als Rhetoriklehrer, wenn man sich von ihm gegen Honorar belehren ließ; da es ohnehin in jeder Angelegenheit verschiedene und meist konträre Ansichten gebe, komme es in der Öffentlichkeit und vor allem vor Gericht nur darauf an, welche sich in der Auseinandersetzung schließlich durchsetzt, und durch Redekunst sei es somit möglich, die schwächere Sache zur stärkeren zu machen. Die Provokation solcher Thesen klingt noch bei Aristoteles nach: «Daher waren die Menschen mit Recht über die Ankündigung des Protagoras ungehalten. Denn das ist eine Lüge und nicht wahr, sondern nur ein Schein von Wahrscheinlichkeit, und das gibt es in keiner anderen Kunst als in der Rhetorik und Eristik [Streitkunst]» (Rhet 1402 a 23 ff.). Wenn Protagoras recht hat mit seiner These, dass jeder über seine eigene Wahrheit verfügt, ist es im Konfliktfall sinnlos, argumentieren und das Gegenüber mit Gründen überzeugen zu wollen, und somit verbleiben nur Rhetorik und Eristik als die Fähigkeiten, jemanden zu überreden oder «niederzuwerfen». Was wir für das bessere Argument oder gar die Wahrheit halten mögen, wird hier zu einer bloßen Frage von

Stärke und Schwäche, und das gilt dann auch für alle anderen Geltungsansprüche, z. B. für das Gute und Gerechte, denn ob das, was wir dafür halten, auch wirklich gut oder gerecht sei, ist jetzt eine sinnlose Frage. So behauptete Trasymachos, «dass die Gerechtigkeit nichts anderes ist als der Nutzen des Stärkeren» (Capelle 369), und was der für nützlich hält und als der Stärkere durchzusetzen vermag, ist dann eben gerecht.

Junge Menschen, die versuchen, intellektuell auf die eigenen Füße zu kommen, sympathisieren häufig mit solchen Gedanken. Ein bekannter Werbeslogan lautet: «BILD dir deine Meinung.» Meinungen sind Überzeugungen, die sich jemand aufgrund seiner subjektiven Ansicht der Dinge gebildet hat; insofern sind auch sie Ansichtssache. Wer im Ernst damit beginnt, entdeckt zunächst, dass alles, von dem er bis dahin überzeugt war, auch nur aus Meinungen bestand – denen der Eltern, Lehrer und anderer Autoritäten, und warum sollte man nun nicht auch seine eigene Meinung haben? Der Gedanke, schließlich sei alles Meinungssache, liegt dann nahe. Mit Recht und Gerechtigkeit ist es genauso; immer liegt der Verdacht nahe, dass alles, was uns mit solchen erhabenen Ansprüchen vorgeschrieben wird, immer nur im Interesse der Mächtigen sei, die über unser Leben zu bestimmen versuchen. Da sie auch die Macht haben, ihre jeweilige Meinung durchzusetzen, wodurch die herrschende Meinung sich als die Meinung der Herrschenden erweist (frei nach Marx), laufen die Thesen von Protagoras und Trasymachos letztlich auf dasselbe hinaus. Was auf den ersten Blick wie ein Freiheitsgewinn für das Subjekt aussieht, weil jetzt jeder seine eigene Meinung haben kann, zeigt bei näherem Hinsehen seine dunkle Seite: Wenn alles Meinungssache ist, ist es immer zugleich eine Machtfrage.

Das ist der Grund, warum Platon und die meisten Philosophen bis heute sich weigern, das Wahrheitsthema auf sich beruhen zu lassen. Sie fragten sich, was es für unser Leben bedeute, wenn in allen Dingen die Macht das letzte Wort behalte. Sie entschiede dann nicht nur über Recht und Moral, sondern auch darüber, was der Fall ist und was nicht. In diesem Sinn versuchen alle totalitären Systeme, die Fakten in die Hand zu bekommen und durch ihre Medienmacht zu definieren, was in Geschichte und Gegenwart der Fall war und ist. Platons Empörung über die Sophisten, die im nicht immer fairen Debattenstil seiner Dialoge deutlich wird, ist nicht einfach aus einem sentimentalen Vorurteil für die Wahrheit zu erklären, sondern letztlich aus einem politischen Erschrecken, das wir vor dem Hintergrund der Erfahrungen des 20. Jahrhunderts sehr wohl nachfühlen können: Wie sähen Staat und Gesellschaft aus als bloße Machtstrukturen? Wollten wir wirklich in Verhältnissen leben, in denen Fakten und normative Ansprüche nicht zählen, weil alles danach entschieden wird, ob es für die Mächtigen opportun ist oder nicht? Wir können das nicht wollen, und selbst wenn wir meinen, zu den Mächtigen zu gehören, müssen wir den Fall fürchten, nicht mehr dazuzugehören. Darum ist auch die Etablierung von Gegenmacht kein Ausweg, denn die führt aus dem Dilemma nicht heraus; vielmehr käme es darauf an, prinzipielle Grenzen der Macht zu ermitteln, was darauf hinausliefe zu zeigen, dass nicht alles Meinungssache und damit eine Machtfrage ist.

Gegenargumente

Für die Griechen war das, was unabhängig von uns existiert, sich bewegt und verändert und deswegen dem menschlichen Zugriff entzogen bleibt, die Natur *(phýsis)*, und so lag es nahe, sich bei der Machtbegrenzung auf die Natur zu berufen. In diesem Sinn entstand die lange Reihe der Naturrechtslehren, die verhindern sollten, dass Recht und Gerechtigkeit nur eine Sache der Mächtigen ist. Wenn wir in Streitfällen mit der «Natur der Sache» argumentieren, und vor allem, wenn wir erwarten, die Naturwissenschaften könnten uns letztlich darüber aufklären, was für den Menschen gut und richtig ist, stehen wir in dieser Tradition. Platon wusste vor dem Hintergrund der Streitigkeiten zwischen den Philosophen vor ihm, insbesondere von seinem Lehrer Sokrates, der bekannt hatte: «Bäume und Sträucher können mich nichts lehren, sondern nur die Menschen in der Stadt» (Phaidros 230 d), dass es aussichtslos ist, sich in philosophischen Zusammenhängen an die Natur zu halten, wie sie vor unseren Augen liegt; sie bietet zudem ein Bild stetigen Wandels, und das Phänomen der Sinnestäuschungen war ja auch eines der stärksten Argumente zugunsten des Satzes des Protagoras. Eine stabile Natur, an die man sich halten kann, wenn es darum geht, ein zuverlässiges Maß aller Dinge zu finden, konnte somit nur eine Über-Natur, eine *hýperphysis* oder *supranatura* sein, und Parmenides hatte gelehrt, dass die ein Seiendes sein müsse, das alles Nichtsein aus sich ausschließt, sei es Nichtsein, Anderssein oder Entstehen und Vergehen. Zugleich war klar, dass ein solches wahres Seiendes nicht mit den Sinnen, sondern nur im reinen Denken fassbar sein könne. Platons Anstrengung, in seiner Ideenlehre einen solchen nur «denkbaren», hyperphysischen oder supranaturalen Bereich des wahren Seienden aufzuweisen, war der Anfang dessen, was wir in unserer Tradition ‹Metaphysik› nennen, und noch Kant definiert: «Sie ist die Wissenschaft, von der Erkenntnis des Sinnlichen zu der des Übersinnlichen durch die Vernunft fortzuschreiten.» (PF A 10 f.)

Im Dialog *Theätet* versucht Platon freilich, nicht direkt eine «metaphysische» Gegenposition zu Protagoras zu verteidigen, sondern sein Agent Sokrates soll zunächst nur versuchen, diesen Gegner immanent zu kritisieren, d. h., ihm Widersprüche und Absurditäten nachzuweisen. Auch wenn wir seine Ideenlehre auf sich beruhen lassen müssen, sind Platons Argumente immer noch interessant, wenn es darum geht, dem Relativismus des «Alles ist Meinungssache» entgegenzutreten. So wird untersucht, wie es denn mit dem Anspruch des Protagoras bestellt ist, mit seiner Lehre Wahrheit zu verbreiten, wie es der Titel seiner Schrift ankündigt. Wenn Sein wirklich nichts anderes ist als das, was jemandem als seiend erscheint, dann ist zunächst die Wahrnehmung der beste Kandidat für Wissen; wahr ist hier immer etwas für jemanden, und das gilt dann auch für Träume, Halluzinationen und Hirngespinste. Angesichts dieses Wissensbegriffs, der ja die Möglichkeit des Irrtums ausschließt, ist aber unverständlich, warum und wie Protagoras glaubt, andere irgendetwas lehren zu können, denn sein so verstandenes Wissen ist ja dann nicht besser als das seiner Schüler: Der Lehrende könne doch nicht im Ernst meinen, alle anderen, entgegengesetzten Ansichten seien ebenso wahr wie seine eigene. Diesem Einwand weicht Protagoras aus mit der These, es ginge ihm gar nicht um Wahr und Falsch, sondern um den praktischen Nutzen seiner Unterweisung, der darin besteht, die Schüler in einen besseren Zustand zu versetzen. Dem kann Sokrates erwidern, es sei ja keineswegs ausgemacht, dass das, was jemand für nützlich zu halten gelehrt worden sei, auch tatsächlich nützt; wenn das Wahre nichts anderes als das Nützliche sein soll, muss es auch wahr sein, dass es das Nützliche ist. Wenn außerdem Sein jemandem bloß Erscheinen ist, bleibt unverständlich, wie es möglich sein soll, dass Menschen miteinander über dasselbe reden, und erst recht, wie Protagoras meint, er könne anderen in seiner Lehre etwas mitteilen, was wirklich der Fall ist. Aristoteles hat später das Argument hinzugefügt, dass im Fall, in dem Protagoras recht hat, eine Behauptung und zugleich ihr kontradiktorisches Gegenteil wahr sind, denn eine Behauptung ist dann ja genauso gut wie jede andere. Damit wäre der Widerspruchssatz, dem zufolge die Aussagen ‹p› und ‹nicht p› nicht gleichzeitig wahr sein können, außer Kraft gesetzt – die elementare Bedingung von Wissen und Kommunikation. (Met 1007 b 18 ff.)

Ein unter Philosophen beliebtes Argument ist das der Selbstanwendung: Wenn alles Meinungssache ist, wie steht es dann mit ebendieser These? Ist es bloße Meinungssache, dass alles Meinungssache ist, oder ist der Satz, dass alles Meinungssache sei, vielleicht doch wahr? Dann wäre dies von dem ‹alles› ja ausgenommen, und die These wäre als falsch erwiesen. Hier sollte man sich nicht zu früh freuen, denn die antiken und neuzeitlichen Skeptiker, deren Behauptung, man könne nichts wissen, auf analoge Weise widerlegt werden sollte, fanden immer die Auskunft zu sagen, sie hätten dies nicht als Wissen behauptet, sondern nur als praktische Maxime, mit angeblichem Wissen umzugehen und es nie unbezweifelt stehenzulassen. In diesem Sinn kann man «Alles ist Meinungssache» als Äußerung eines Generalverdachts präsentieren und versuchen, der Gegenseite die Last des Beweises zuzuschieben, dass es Wissen wirklich gibt. Aber selbst wenn mit jenem Selbstanwendungsargument gezeigt wäre, dass nicht alles Meinungssache sein kann, wäre noch nicht darüber entschieden, was nun tatsächlich Meinungssache ist und was nicht; die bloße Zurückweisung des «alles» hilft da noch nicht weiter. So muss es zunächst darum gehen zu klären, was Ausdrücke wie ‹Meinen› oder ‹Wissen› bedeuten.

Meinen, Glauben, Wissen

Hegel sagt: «Eine Meinung ist eine subjektive Vorstellung, ein beliebiger Gedanke, eine Einbildung, die ich so oder so und ein anderer anders haben kann; – eine Meinung ist *mein*, sie ist nicht ein in sich allgemeiner, an und für sich seiender Gedanke.» Ein solcher Gedanke wäre nach Hegels Terminologie ein wahrer Gedanke, denn «das, was der Meinung gegenübersteht, ist die Wahrheit. Wahrheit ist es, vor der die Meinung erbleicht» (WW, Bd. 18, S. 30). Das Wortspiel «Meinung – mein» betont das Subjektive der Meinungen, die bei jedem anders ausfallen kann, ganz im Sinn des Protagoras. Irritierend ist, dass Hegel Meinungen mit den Begriffen ‹Vorstellung› und ‹Einbildungen› erläutert, denn meine Vorstellung, die ich von einem schönen Haus haben mag, ist ja noch keine Meinung, und das gilt auch, wenn mit ‹Einbildung› ein bestimmtes Bild gemeint ist. Wenn man meint, man könne einfach etwas meinen – z.B. «Ja, dich meine ich!» oder «Freiheit, die ich meine» –, dann verwendet man dieses Wort anders, nämlich im praktischen Sinn des Sich-auf-etwas-Beziehens oder des Intendierens. Sonst folgt man auch hier der Metaphorik des Gesichtssinns, die uns dann dazu verführt, das Meinen von etwas als eine besondere Art des Anstarrens anzusehen. Tatsächlich kann man nur etwas von etwas meinen, also wenn man sich auf etwas als dieses und kein anderes bezieht und dabei meint, es sei so und so. (Auf diese Weise kann ich in der Tat von mir meinen, ich sei Millionär.) Meinungen haben, grammatisch gesehen, immer die Form ganzer Sätze, und das meint auch Hegel, wenn er sie als «beliebige Gedanken» charakterisiert. Nur in dieser Satzgestalt haben sie auch die Möglichkeit, wahr oder falsch zu sein, denn für die Bezeichnungen einfacher Gegenstände trifft dies nicht zu.

Gleichwohl sind die Gedanken, die ich fasse, oder die Sätze, die ich formuliere, als bloß beliebige noch keine Meinungen; ich kann sie im Nachdenken erwägen oder auch nur zitieren und dabei offenlassen, wie ich dazu stehe. Was bei der Meinungsbildung hinzutreten muss, ist ein gewisses Maß an Zustimmung, das man daran ablesen kann, ob jemand bereit ist, seine Meinungen im Gespräch auch zu vertreten; der Maßstab dabei ist, ob und in welchem Maß jemand das, was er meint, für wahr hält. So schreibt Kant: «Das Fürwahrhalten, oder die subjektive Gültigkeit des Urteils, in Beziehung auf die Überzeugung (welche zugleich objektiv gilt), hat folgende drei Stufen: *Meinen*, *Glauben* und *Wissen*. *Meinen* ist ein mit Bewusstsein sowohl subjektiv, als objektiv unzureichendes Fürwahrhalten. Ist das letztere nur subjektiv zureichend und wird zugleich für objektiv unzureichend gehalten, so heißt es *Glauben*. Endlich heißt das sowohl subjektiv als objektiv zureichende Fürwahrhalten das *Wissen*. Die subjektive Zulänglichkeit heißt *Überzeugung* (für mich selbst), die objektive *Gewißheit* (für jedermann)» (KrV B 850). Indem Kant das Fürwahrhalten als die «subjektive Gültigkeit des Urteils» bestimmt, betont auch er den Satzcharakter all dessen, wovon man mehr oder weniger überzeugt sein kann; genau dies besagt die Propositionalitätsthese, der zufolge all unsere epistemischen, das Erkennen betreffenden Ausdrücke wie ‹meinen›, ‹vermuten›, ‹annehmen›, ‹glauben› oder ‹wissen› eine satzartige Ergänzung von der Form ‹… dass p› erfordern.

Wichtig ist ferner die Unterscheidung zwischen ‹Meinen› und ‹Glauben›. In der Tat glaubt man nicht alles, was man meint. Wenn man nur sagt «Das ist meine Meinung», lässt man in der Regel offen, ob man hier ganz sicher ist oder ob, wie Kant formuliert, das Fürwahrhalten wirklich subjektiv zureicht. Dass es dafür auch in objektiver Hinsicht zureicht, hat man ohnehin nicht behauptet, und das gilt auch für das Glauben. Dass das Glauben als «subjektiv zureichendes Fürwahrhalten», das Kant als Überzeugung bezeichnet, stärker ist als das bloße Meinen, kann man daran zeigen, dass wohl noch niemand sein Leben für eine Meinung riskiert hat, aber sehr wohl für einen Glauben. Der ist freilich nicht gleichzusetzen mit dem Glauben im religiösen Sinn; denn die Tatsache, dass wir im Deutschen sprachlich nicht wie die Angelsachsen zwischen *belief* und *faith* unterscheiden können, stiftet immer wieder Verwirrung, bis hin zu Kalauern. Der religiöse Glaube *(fides, faith)* ist etwas anderes als eine Summe von Überzeugungen *(belief)*, ja er ist eine Lebensform im Modus des Sich-auf-etwas-Verlassens, die freilich auch Überzeugungen einschließt; umgekehrt ist niemand, der von etwas überzeugt ist und es in diesem Sinn glaubt, deswegen schon ein religiöser Mensch.

Kant zufolge ist im Fall des Wissens das Fürwahrhalten sowohl subjektiv als auch objektiv zureichend. Was Kant an dieser Stelle nicht sagt,

aber meint, liegt auf der Hand: Ist das Fürwahrhalten objektiv zureichend, muss es sich beim Für-wahr-Gehaltenen um Wahrheit handeln,
denn Wissen gibt es nicht, ohne wahr zu sein. Damit sei der Schritt getan
von der bloß privaten «Überzeugung (für mich selbst)» zur intersubjektiven «Gewissheit (für jedermann)». Das wirft zwei Probleme auf: Was
bedeutet «objektiv zureichend», und wie stellt man dies fest?, und: Ist
das für jedermann Gewisse wahr, weil es gewiss ist, oder ist es gewiss,
weil es wahr ist?

Wissen und Gewissheit

Im Deutschen sind ‹Wissen› und ‹Gewissheit› so nahe miteinander ver-
wandt, dass man meinen könnte, dass das, dessen man gewiss ist, deswegen auch Wissen, also wahr sei. Descartes und die gesamte Philosophie
der Neuzeit bestanden immer auf der Gewissheit der Wahrheit, und dies
nötigte zum kritischen Einsatz des Philosophierens im Sinne des Unter-
scheidens *(krineîn)* zwischen dem Bezweifelbaren und dem, an dem sich
nicht mehr mit Gründen zweifeln ließe – z. B. an dem *Ego cogito, ergo sum*
(Ich denke, also bin ich). Die Vorstellung freilich, dass dasjenige, an dem
zu zweifeln unmöglich ist, auch wahr sein müsse, führt in die Schwierig-
keit, dass ‹Gewissheit› einen subjektiven Zustand meint, in dem man
sich befinden mag oder auch nicht, während wir unter ‹Wissen› einen
nicht bloß privaten, sondern objektiven und damit für alle gültigen
Gedankeninhalt bezeichnen (vgl. Wittgenstein, ÜG §§ 193 ff.). Es gibt
zahllose Beispiele dafür, dass sich vermeintliche Gewissheiten als falsch
erwiesen haben, und umgekehrt gab es immer wieder Wissen, das zunächst keineswegs gewiss war, sondern erst nachträglich zur Gewissheit
wurde. Vielleicht meint man mit ‹gewiss› ja auch gar nichts anderes als
‹sicher›, ‹gut bestätigt› oder gar ‹bewiesen›, und das wäre dann die «objektive Zulänglichkeit» des Fürwahrhaltens, von der Kant spricht. Dann
befänden wir uns freilich wieder in der Nähe von ‹Wissen› und ‹Wahrheit›, und der als bloß subjektiv verdächtige Ausdruck ‹Gewissheit› wäre
vermieden; das damit Gemeinte wäre dann bestenfalls eine psychische
Zutat zum objektiv zulänglichen Fürwahrhalten.

Man mag somit zu dem Ergebnis kommen, dass wir nur an Gewissheiten interessiert sein können, die auf Wissen und Wahrheit beruhen, und nicht umgekehrt. Schwierig ist nur, dass auch hier der Subjektbezug im Spiel ist. Für Meinungen und Glauben gilt in der Tat, dass es sich immer um jemandes Meinungen oder Glauben handeln muss; es gibt keine rein objektiven Meinungen oder Glaubensphänomene, obwohl man die wie in Umfragen auch zu Untersuchungsobjekten machen kann. Wissen hingegen halten wir für objektiv und müssen doch zugeben, dass ‹Wissen› immer auf einen Wissenden und seine Überzeugungen verweist; ein Wissen, das niemand wissen kann, ist ein Unding. Was also heißt hier ‹objektiv› oder «objektive Zulänglichkeit des Fürwahrhaltens»? Es müsste sich um etwas Wahres handeln, aber eben nicht nur um ein «Wahres für ...» oder um ein bloß Für-wahr-Gehaltenes, also um ein objektiv Wahres. Darum kann man Wissen bestimmen als den Inbegriff *wahrer* Überzeugungen. Dies reicht aber nicht, denn meine Überzeugung, dass jetzt gerade in Japan ein Erdbeben stattfindet, könnte ja zutreffen, aber das wäre dann bloßer Zufall; darum müssen gute Gründe hinzukommen, die mich dazu berechtigen, dies anzunehmen. Somit ist jene Charakterisierung zu ergänzen: Wissen ist *gerechtfertigte wahre* Überzeugung, und diese beiden Zusätze sind es, wodurch das Wissen über die bloße Subjektivität des Überzeugtseins hinausgeht. Es kann freilich geschehen, dass nur eine einzige Person etwas weiß – z. B. wo ein Schatz versteckt ist, aber wenn es sich dabei wirklich um Wissen handelt, kann es sich nicht in dem erschöpfen, was dieser Jemand für wahr hält, sondern es muss sich mit Gründen als zutreffend erweisen lassen, auch wenn hier der Grund nur ein Hinweis ist.

Wahrheit

So führt der Wissensbegriff notwendig zum Problem der Wahrheit, das nicht erst seit Pilatus und seiner Frage «Was ist Wahrheit?» die Nachdenklichen beschäftigt. Für die antike Philosophie war Wahrheit primär «das Wahre», das, was in Wahrheit ist, das wahre Seiende. Wenn im Unterschied zu diesem objektiven Wahrheitsbegriff auch im subjektiven

Sinn die Rede war, also von der Eigenschaft bestimmter Überzeugungen oder Urteile, so galt das objektiv Wahre als Leitfaden und Maßstab. In diesem Sinn schildert Platon im Liniengleichnis des *Staat* zuerst den Stufenaufbau der Welt, um dem dann die verschiedenen Wissensstufen zuzuordnen. Er folgt dem Parmenides darin, dass nur die «denkbare», im reinen Denken erfassbare Welt wirkliches Wissen *(epistéme)* zulässt, und die umfasst die Ideen und die reinen geometrischen Figuren, während die «sichtbare», mit den Sinnen zugängliche Welt nur Meinungen *(dóxa)* bereitstellt – also Sinnendinge und Bilder (vgl. Resp 509 d ff.).

Die Philosophie der Neuzeit hingegen kehrt dieses Verhältnis um. Schon die antiken Skeptiker hatten bezweifelt, ob es überhaupt möglich ist, das Sein selbst zu erkennen und seine objektive Struktur zu ermitteln. Sollte dies nicht das letzte Wort der Philosophie sein, musste dieser Verdacht entkräftet werden, aber nicht durch bloße Gegenbehauptungen, sondern durch den Versuch, die Skepsis mit ihren eigenen Waffen zu schlagen und sie so weit zu treiben, dass an dieser Stelle ein weiterer Zweifel nicht mehr sinnvoll wäre. Das dann nicht mehr Bezweifelbare konnte demzufolge als die erste Wahrheit gelten: *Ego cogito, ergo sum.* So wurde subjektive Gewissheit zum Kriterium der Wahrheit, was Descartes methodisch so festlegte: «Die erste Regel war, niemals etwas als wahr anzunehmen, was ich nicht klar als solches erkannte, (...) und nichts mehr in meine Urteile aufzunehmen, als was sich so klar und so distinkt meinem Geist darbieten würde, dass ich keine Veranlassung haben würde, es in Zweifel zu ziehen» (Abh II, § 14). Auf diese Weise wurde die Urteilswahrheit mit ihren Merkmalen der Klarheit, Deutlichkeit und Unbezweifelbarkeit zum Maßstab der Seinswahrheit und nicht mehr umgekehrt wie bei Platon; was diesen Kriterien entspricht, kann demzufolge als Wissen im Sinn wahrer, gerechtfertigter Überzeugungen gelten.

In diesem Wandel blieb freilich der traditionelle Wahrheitsbegriff unverändert, den Thomas von Aquin in freier Abwandlung einer Definition des Aristoteles auf die klassische Formel brachte: Wahrheit ist die «Übereinstimmung zwischen dem denkenden Bewusstsein und der Sache *(adaequatio intellectus et rei)*» (ScG, Kap. 59). In der Tat hatte Descartes behauptet, durch den Nachweis, dass das Denken immer schon die Existenz eines Denkenden voraussetze, eine erste solche Adäquation von

Denken und Sein ermittelt zu haben. Dieses Wahrheitsverständnis entspricht genau unseren Intuitionen; abgesehen von Redewendungen wie «ein wahrer Freund» oder «ein wahrer Skandal» meinen auch wir, dass Wahrheit eine mögliche Eigenschaft von Urteilen oder Behauptungen ist, die dann vorliegt, wenn das in dieser Form Gesagte wirklich der Fall ist – das klassische Beispiel: «Der Satz ‹Der Schnee ist weiß› ist wahr genau dann, wenn der Schnee weiß ist (‹p› ist wahr gdw. p)» (Tarski, insbes. S. 169 f.).

Man spricht hier allgemein von der *Korrespondenz*theorie der Wahrheit; sie ist sehr plausibel und zudem äußerst simpel, denn sie begnügt sich mit der Tilgung von Anführungsstrichen. Gleichwohl ist sie unbefriedigend; dazu Kant: «Die Namenerklärung der Wahrheit, daß sie nämlich die Übereinstimmung der Erkenntnis mit ihrem Gegenstande sei, wird hier geschenkt, und vorausgesetzt; man verlangt aber zu wissen, welches das allgemeine und sichere Kriterium der Wahrheit einer jeden Erkenntnis sei» (KrV B 82). Der Grund dafür, dass dieses Wahrheitsmodell sich nicht als Kriterium eignet, ist das, was Kant eine «elende Diallele» (ebd.) nennt, also einen falschen, zirkelhaften Schluss. Um nämlich feststellen zu können, ob eine Erkenntnis mit ihrem Gegenstand oder ein Satz mit dem gemeinten Sachverhalt übereinstimmt oder nicht, müsste man sich außerhalb des Erkennens und der Sprache aufstellen und von dort aus entscheiden können, ob Übereinstimmung vorliegt oder nicht. Wir können aus diesen Bereichen nicht heraustreten, und darum ist jenes unmittelbar einleuchtende Wahrheitsverständnis unbrauchbar, wenn es um die Feststellung der Wahrheit geht.

Das war auch der Grund, warum Descartes auf seinem subjektiven Wahrheitskriterium bestand; gilt das als wahr, was klar, deutlich und faktisch unbezweifelbar ist, vertritt man eine *Evidenz*theorie der Wahrheit. Vertreten wurde sie von der Phänomenologie Edmund Husserls ebenso wie vom Logischen Positivismus des Wiener Kreises mit seiner Forderung nach empirischer Verifikation durch Protokollsätze, die elementare Beobachtungen notieren. Aber auch dieses Modell hat Schwächen, denn Evidenz ist zunächst nur ein subjektives Erlebnis, von dem zweifelhaft ist, ob und in welchem Maß es verallgemeinerbar ist, aber genau dies erwarten wir doch von der Wahrheit.

Einen Ausweg bietet die Überlegung, bei Wahrheitsproblemen könnten wir nur fragen, ob Überzeugungen oder Behauptungen mit anderen Überzeugungen und Behauptungen verträglich sind, die wir schon als wahr ansehen; dies führt zur *Kohärenz*theorie der Wahrheit (vgl. Rescher): Sie lässt aber fraglich werden, woher die Wahrheit dessen stammt, mit dem das, worum es bei der Wahrheitsfrage geht, verträglich sein soll; zugleich ist nicht auszuschließen, dass es völlig kohärente Überzeugungssysteme gibt, die doch durch und durch wahnhaft sind – man denke an paranoide Phantasien wie den Antisemitismus.

Schließlich ist noch die *Konsens*- oder *Diskurs*theorie zu erwähnen (vgl. Apel, S. 83 ff.), die Wahrheit mit dem gleichsetzt, was der Inhalt eines unter idealen Diskursbedingungen erreichten letzten Konsenses wäre, aber da wir nie sicher sein können, ob diese Bedingungen faktisch erfüllt sind, eignet sich auch dieses Modell nicht als Wahrheitskriterium.

Der philosophische Streit über die Wahrheit ist unentschieden; jede dieser Theorien hat Vor- und Nachteile (vgl. Apel, ebd.). Wenn es um ein Kriterium geht, dann bieten sich Kohärenz- und Diskurstheorie deswegen an, weil wir in Auseinandersetzungen über Wahrheit und Irrtum immer auf Gründe angewiesen sind; denn eine Korrespondenz, die niemand beobachten kann, ist ebenso wenig ein Argument wie ein subjektives Evidenzerlebnis. Diese beiden zunächst ausgeschlossenen Modelle aber sind geeignet, uns immer daran zu erinnern, dass Wahrheit mehr sein muss als das, was wir begründen können, denn das ist immer vorläufig und möglicherweise irrig. Somit brauchen wir einen begründungstranszendenten Wahrheitsbegriff, denn da die Differenz zwischen Wahrheit und Irrtum selbst noch in den Bereich der Gründe fällt, brauchten wir einen externen Bezug auf etwas, was dann über Wahr und Falsch entscheidet.

Also doch: ‹Ansichtssache›?

Wenn es so um die Wahrheit steht, dass wir über kein «wasserdichtes» Wahrheitskriterium verfügen, scheinen Wahrheitsfragen gänzlich unentscheidbar zu sein, und der Relativismus bliebe damit das letzte Wort.

Das Korrespondenzmodell vermag immerhin die Intuition auszudrücken, dass die Wahrheit nicht nur von uns und unseren Argumenten abhängt, sondern dass noch etwas hinzutreten muss: «*It takes two to make a truth*» (Austin, S. 124); aber das nützt uns nichts, wenn es darum geht zu zeigen, dass etwas auch wirklich wahr ist. In der Praxis verwenden wir aber hier niemals nur ein einziges Kriterium. In vielen Fällen begnügen wir uns in der Tat mit der Evidenz im Bereich der sinnlichen Wahrnehmung, wenn es etwa darum geht, ob es wahr ist, dass gerade eine Mondfinsternis stattfindet, und wir verlassen uns auf den Arzt, wenn er über Hautausschlag sagt: «Ja, das sind Röteln.» Diese Art erfahrungsgestützter Bestätigung verstand der Empirismus als die Grundlage all unseres Wissens und glaubte, alle Wahrheiten auf in diesem Sinn empirische Verifikation zurückführen zu können. Dem stand aber immer die zentrale These des Pragmatismus entgegen, dass wir uns im Alltag und in der Wissenschaft gar nicht nur auf unsere Wahrnehmungen verlassen, sondern unsere Vermutungen auch praktisch auf die Probe stellen; dann geht es um experimentelle Erfahrung, deren Kriterium nicht bloß sinnliche Erlebnisse, sondern Handlungserfolge und -misserfolge sind. In anderen Situationen geben wir uns zufrieden, wenn eine Behauptung in einen von uns als vertrauenswürdig angesehenen Aussagezusammenhang hineinpasst, und erst recht lassen wir uns dabei zuweilen durch Argumente, die eine fragliche These stützen, von ihrer Wahrheit überzeugen. Zugleich aber meinen wir damit in der Regel immer einen tatsächlichen Überschuss über solche Kontexte hinaus, und das allein eröffnet dann überhaupt erst die Möglichkeit, Evidenzerlebnisse, praktische Erfahrungen, Aussagen- und Argumentkomplexe zu kritisieren und sie einer weiteren Prüfung auszusetzen.

Die philosophische Position, die vertritt, dass es prinzipiell unmöglich sei, Wahrheit in diesem objektiven Sinn nachzuweisen, ist der Skeptizismus. Ihm zufolge gibt es auch dann kein Wissen, wenn man darunter wahre, gerechtfertigte Überzeugung versteht, denn die Rechtfertigung allein bleibt ja immer im Bereich der Intersubjektivität, die eben auch etwas Subjektives ist. Etwas anderes ist die skeptische Methode, die darauf aus ist, nichts als wahr zu akzeptieren, was man nicht selbst als wahr einsehen kann; sie war der Leitfaden der Aufklärungstradition seit

Descartes und vor allem der kritischen Philosophie Kants. Das Ziel der skeptischen Methode ist aber gerade nicht der Skeptizismus, sondern ein Wissensbegriff, der sich trotz der ständigen Bereitschaft zu zweifeln als vertretbar und belastbar erweisen lässt; dies führt auf den Begriff des fehlbaren Wissens, mit dem die Merkmale der Wahrheit und Begründbarkeit auch dann verbunden bleiben, wenn man offenlässt, dass man sich im konkreten Einzelfall geirrt haben könnte. Diese Differenz zwischen dem Skeptizismus und dem Fallibilismus wird häufig übersehen. Wer den Fallibilismus so versteht, als bestünde er in der These «Alles ist kritisierbar, weil man alles bezweifeln kann», behauptet mehr, als er nachweisen kann, und ist somit einfach zum Skeptizismus zurückgekehrt. Sich einen Zweifel denken zu können ist aber nicht dasselbe, wie wirklich zu zweifeln (vgl. Wittgenstein, PU § 84); denn auch Zweifelsäußerungen verlangen Argumente, und an «witzlosen» Zweifeln sind wir nicht interessiert. Dies bedeutet, dass man sehr vieles als wahr unterstellen muss, um überhaupt einen wirksamen Zweifel vorbringen zu können (vgl. ÜG §§ 115 ff.).

Selbst im Alltag sind wir davon überzeugt, dass es nicht bloß Ansichtssache sein kann, ob etwas wahr oder falsch ist; wenn wir so reden, verwenden wir diese Ausdrücke sinnwidrig, oder wir wollen betrügen. Könnten wir auf ‹wahr/falsch› nicht einfach verzichten? Wie schon Aristoteles wusste, könnten wir dann überhaupt keine Behauptungssätze mehr formulieren, denn die unterscheiden sich von anderen Äußerungen wie «Guten Tag!» oder «Bitte nach Ihnen!» dadurch, dass mit ihnen notwendig ein Wahrheitsanspruch verbunden ist, nämlich dass das Gesagte objektiv so ist, wie es gesagt wurde. Selbst wenn ich sage: «Wahrscheinlich wird es regnen», meine ich doch, dass einiges dafür spricht, dass es regnen wird; das ist keine bloß wahrscheinliche Aussage, sondern sie will wahr sein. (Aussagen über Wahrscheinlichkeiten sind keine bloß wahrscheinlichen Aussagen.) Dass wir gar nicht anders können, als in Behauptungssätzen Wahrheitsansprüche zu erheben, die dann aber prinzipiell zur kritischen Diskussion stehen, können zwei Extremfälle zeigen: Niemand kann p behaupten und zugleich hinzufügen, dass p ebenso gut falsch sein könnte; dann hat er nämlich gar nichts behauptet, sondern nur etwas vermutet. Andererseits kann niemand p behaupten und dann hinzufügen, dass p wahr sei, denn dann hat er nichts hinzugefügt. In demselben Sinn ist es unsinnig, Gründe anzuführen und zugleich wie die antiken Skeptiker zu behaupten, es gebe zu jedem einzelnen Grund Gegengründe, denn dann hat er nichts begründet, sondern die Begründung selbst verweigert. Wer hingegen vertritt, dass es zu den von ihm vorgebrachten Gründen keine Gegengründe geben könne, hat auch nur wieder eine Behauptung aufgestellt, für die man gern Gründe hören möchte.

Vieles mag Ansichtssache sein, aber eben nicht alles. Die Grenzen der Beliebigkeit werden markiert durch die Ansprüche der Wahrheit und Richtigkeit, die wir erheben müssen, um uns erkennend und handelnd in der natürlichen und sozialen Welt orientieren zu können. Man kann zudem zeigen, dass nur unter der Voraussetzung, dass unsere gemeinsam geteilten Überzeugungen im Wesentlichen wahr sind, intersubjektive Verständigung überhaupt möglich ist; diese Wahrheitsunterstellung garantiert den Sinn unserer Rede (vgl. Davidson). Dass es nicht allein von uns abhängt, was richtig ist oder nicht, machen uns bereits die grammatischen Regeln unserer Sprache deutlich, denen wir folgen müssen, um uns in ihr verständlich zu machen; es gibt keine Privatsprache (vgl. PU §§ 243 ff.). Wenn wir meinen, im technischen oder lebenspraktischen Bereich nur dem folgen zu können, was wir ganz privat jeweils für richtig halten, werden wir die Folgen zu spüren bekommen, und deswegen glaubt dies auch niemand im Ernst. Wenn es um Wissen geht, hilft es nichts, hartnäckig zu beteuern, man sei sich einer Sache gewiss, denn die bloß subjektive Sicherheit einer Überzeugung reicht nicht aus, um das zu sichern, worum es im Wissen geht: die Objektivität und Wahrheit des Gewussten. Obwohl Wahrheit und Richtigkeit als Geltungsansprüche auch verschieden sind, hängen sie doch miteinander zusammen: Dass etwas richtig ist, müssen wir als wahr erkennen können, um erfolgreich zu handeln, und dies nennen wir technisches oder praktisches Wissen. Umgekehrt hängt die Wahrheit unseres theoretischen Wissens auch von den Richtigkeiten unseres sprachlichen und praktischen Weltumgangs ab. Aber in beiden Bereichen bleibt ein Überschuss über das bloß Gemeinte, ein Nichtverfügbares, auf das wir aus sind, wenn wir glauben, im theoretischen oder praktischen Bereich noch etwas dazulernen zu können. Genau diese Offenheit ist aber zugleich das Einfallstor des Irrtums, und dass es nicht möglich ist, ihn von vornherein auszuschließen, nehmen die Skeptiker zum Anlass zu behaupten, es gebe halt kein Wissen, sondern bloß Meinungen. Die Möglichkeit des Irrtums ist aber gerade das Beste am Wissen, denn nur weil wir uns irren können, können wir unsere Überzeugungen korrigieren und vervollständigen. Dies wäre nicht der Fall, wenn alles wirklich bloß Ansichtssache wäre.

Zitierte Literatur

Abh – René Descartes: Abhandlung über die Methode

Apel – Karl-Otto Apel: Fallibilismus, Konsenstheorie der Wahrheit und Letztbegründung. In: Ders.: Auseinandersetzungen in Erprobung des transzendentalpragmatischen Ansatzes. Frankfurt/M. 1998.

Austin, J. L., Truth. In: Philosophical Papers. Oxford 1950.

Capelle – Wilhelm Capelle (Hg.): Die Vorsokratiker. Stuttgart 1968.

Davidson – Donald Davidson: Wahrheit und Bedeutung. In: Ders.: Wahrheit und Interpretation (dt. Übers. von J. Schulte). Frankfurt/M. 1986, S. 40 ff.

KrV – Immanuel Kant: Kritik der reinen Vernunft

Met – Aristoteles: Metaphysik

PF – Immanuel Kant: Über die (...) Preisfrage: Welches sind die wirklichen Fortschritte, die die Metaphysik seit Leibnizens und Wolffs Zeiten in Deutschland gemacht hat?

Phaidr – Platon: Phaidros

PU – Ludwig Wittgenstein: Philosophische Untersuchungen

Rescher – Nicolas Rescher: Die Kriterien der Wahrheit. In: Skirbekk (s. u.), S. 337 ff.

Resp – Platon: Der Staat (Politeia)

Rhet – Aristoteles: Rhetorik

ScG – Thomas von Aquin: Summa contra Gentiles

WW – G. W. F. Hegel: Werke in 20 Bänden. Frankfurt/M. 1969 f.

Tarski – Alfred Tarski: Die semantische Konzeption der Wahrheit und die Grundlagen der Semantik. In: Skirbekk 1977, S. 140 ff.

Theät – Platon: Theätet

ÜG – Ludwig Wittgenstein: Über Gewißheit

Ein- und weiterführende Literatur

Barthelborth, Th.: Begründungsstrategien. Ein Weg durch die analytische Erkenntnistheorie. Berlin 1996.

Baumann, P.: Erkenntnistheorie. Stuttgart 2006 (2. Aufl.).

Bieri, P. (Hg.): Analytische Philosophie der Erkenntnis. Frankfurt/M. 1987.

Danto, A. C.: Wege zur Welt. Grundbegriffe der Erkenntnistheorie. München 1996.

Detel, W.: Grundkurs Philosophie, Bd. 4: Erkenntnis- und Wissenschaftstheorie. Stuttgart 2007.

Ernst, G.: Einführung in die Erkenntnistheorie. Darmstadt 2007.

Franzen, W.: Die Bedeutung von ‹wahr› und ‹Wahrheit›. Freiburg 1982.

Gabriel, G.: Grundprobleme der Erkenntnistheorie. Von Descartes bis Wittgenstein. Paderborn 1993.

Grundmann, Th.: Analytische Einführung in die Erkenntnistheorie. Berlin/Wien/New York 2008.

— (Hg.): Erkenntnistheorie. Positionen zwischen Tradition und Gegenwart. Paderborn 2001.

Grundmann/Stüber (Hg.): Philosophie der Skepsis. Paderborn 1996.

Künne, W.: Artikel ‹Wahrheit›. In: E. Martens/H. Schnädelbach (Hg.): Philosophie. Ein Grundkurs. Reinbek bei Hamburg 2003 (7. Aufl.), S. 116 ff.

—: Conceptions of Truth. Oxford 2005.

Lenk, H.: Einführung in die Erkenntnistheorie. München 1998.

Schnädelbach, H.: Erkenntnistheorie zur Einführung. Hamburg 2008 (3. Aufl.).

Schneider, N.: Erkenntnistheorie im 20. Jahrhundert. Klassische Positionen. Stuttgart 2008.

Skirbekk, G. (Hg.): Wahrheitstheorien. Eine Auswahl aus den Diskussionen über Wahrheit im 20. Jahrhundert. Frankfurt/M. 1977.

Vollmer, G.: Was können wir wissen? (2 Bde.). Stuttgart 2003.

Detlef Horster
3. Warum moralisch sein?
Rechte und Pflichten, Werte und Normen

Die Funktion moralischer Regeln

Zunächst wird die Frage des Obertitels beantwortet, bevor in weiteren Schritten die Differenzierungen im Untertitel im Einzelnen dargelegt werden. Warum also moralisch sein? Man kann die Antwort geben, indem man auf die Funktion der Moral hinweist und sich auf Kant bezieht, der der Auffassung war, dass jeder Verstoß gegen moralische Regeln oder jede moralische Pflichtverletzung mit dem kategorischen Imperativ unvereinbar ist und den Sozialvertrag und damit die Grundlage des menschlichen Zusammenlebens gefährdet.

Für die Beschreibung und Erläuterung dessen, was Moral in funktionaler Hinsicht leistet, gehe ich von der Figur der doppelten Kontingenz aus. Da menschliches Handeln heute nicht mehr allein nach einer allgemeinverbindlichen und von allen akzeptierten christlichen Offenbarung ausgerichtet ist, hat jedes Individuum unendlich viele Handlungsalternativen, die weder notwendig noch unmöglich sind (vgl. Luhmann 1984, S. 152). Von den unendlich vielen Möglichkeiten wird *eine* gewählt; es könnte ebenso gut eine andere sein. Die Kontingenz wird verdoppelt, wenn sich zwei oder mehrere Menschen gegenüberstehen, von denen jeder einzelne unendlich viele Handlungsmöglichkeiten hat. Die doppelte Kontingenz ist demnach die beiderseitige Ungewissheit hinsichtlich dessen, was das Gegenüber tun wird. Bliebe das so, wäre die Handlungskoordination höchst unwahrscheinlich, wenn nicht gar unmöglich. Niklas Luhmann erzählte für ein solches Scheitern der Handlungskoordination gern folgendes Beispiel: Er stand in der Post, und vor ihm am Schalter erklärte der Schalterbeamte einer Frau mit hartem östlichem Akzent wieder und wieder das Ausfüllen eines Formulars. Luhmann hatte das längst verstanden und bot der Frau an, ihr zu helfen. Sie gingen zu einem kleinen Tisch, an den er sich setzte, um das Formular auszufüllen. Er wollte das Formular nehmen, doch die Frau riss es an sich und rannte aus der Post. Das ist eine typische Situation der doppelten Kontingenz. Von vielen möglichen Handlungsalternativen haben die beiden jeweils eine gewählt, die vom anderen nicht erwartet wurde.

Welche Lösungen bieten sich in einer so vertrackten Situation von doppelter Kontingenz an? Es muss Regeln geben, auf die man sich in der Interaktion mit anderen verlassen kann, das heißt, es gibt die Erwartung, dass andere sich ebenfalls nach diesen Regeln richten. Die anderen haben wiederum die Erwartung, dass man sich selbst danach richtet. Die Erwartungen und Erwartungserwartungen sind in den Sollensnormen enthalten, deren Summe wir Moral nennen. Das Sollen hat eine funktionale Unersetzlichkeit für die Gesellschaft. Dabei wird die Frage aufgeworfen, welches Sollen gemeint ist: das moralische, das rechtliche oder das traditionelle? Es sind alle drei Sollensformen. Die Funktion von Sollensnormen ist es, für die Interaktion Struktur zu bilden – seien diese Sollensnormen nun traditioneller, moralischer oder rechtlicher Art. Mit Struktur ist ein Netz von Erwartungen und Erwartungserwartungen gemeint. «Höhere und verlässlichere Wahrscheinlichkeiten des Übereinkommens sind nur zu erreichen, wenn man den Erwartungshorizont des je aktuellen Erlebens einbezieht und das Verhalten über Erwartungen koordiniert. Durch Stabilisierung von Verhaltenserwartungen lässt sich die Zahl der aufeinander abstimmbaren und damit die Zahl der überhaupt möglichen Handlungen immens steigern» (Luhmann 2008, S. 28).

Die Erwartungen und Erwartungserwartungen liegen der Normbildung zugrunde. Normen liegen in abstrakter Art vor: Man soll seine Fürsorgepflicht erfüllen, man soll die physische und psychische Integrität von Menschen, die vom Handeln anderer betroffen sind, nicht verletzen. Auf diese Art und Weise wird das Sollen entpersonalisiert und anonymisiert. «Objektivität des Sollens ist mithin ein unentbehrliches Requisit der Erwartungsintegration im einzelnen Subjekt» (S. 33), «denn es hat keinen Sinn, die Befolgung einer Norm zu verlangen, der zuzustimmen man nicht gehalten ist» (S. 111), sondern über die man nochmal reden kann. Damit wendet Luhmann sich gegen die Habermas'sche Konsensus- oder Diskurstheorie der Moral und weist auf deren Unlogik in diesem Punkt hin.

Moralische Regeln nun geben normative Erwartungen und Erwartungserwartungen vor. Ohne sie könnte das soziale Handeln nicht stattfinden. Durch sie werden die Freiheitsspielräume der doppelten Kontingenz eingeschränkt, und man weiß, was man von seinem Gegenüber zu erwarten hat, man hat zu wissen, wie es reagiert. Die vielen Handlungsmöglichkeiten, die jeder Mensch prinzipiell hat und die sich durch doppelte Kontingenz noch enorm vermehren, werden durch moralische Regeln – selbstverständlich auch durch Traditionen und durch das Recht – begrenzt. Dadurch, dass moralische Pflichten die Handlungsmöglichkeiten einschränken, werden die wechselseitigen Erwartungen und Erwartungserwartungen der Menschen erfüllt, und der soziale Friede bleibt erhalten. Darin liegt die Funktion von Moral. Mit ihrer Hilfe darf man erwarten, was man erwartet.

Die Moral hat demnach für die Erhaltung des sozialen Lebens eine nicht zu unterschätzende, ja zentrale funktionale Bedeutung. Jede Interaktion müsste zusammenbrechen, wenn man sich nicht darauf verlassen kann, dass Menschen pflichtgemäß handeln. Man wäre ständig in Unsicherheit, was der andere jetzt tun wird. «Für menschliches Zusammenleben ist es eben nicht gleichgültig, ob es objektive Pflichten gibt» (Kutschera 1994, S. 254). Auch andere Philosophen konstatieren, dass ohne sie soziales Leben unmöglich wäre (vgl. Urmson 1958, S. 209). Das ist die Antwort auf die Frage: Warum moralisch sein?

Die Substanz moralischer Regeln

Die Nonkognitivisten Ayer, Stevenson, Mackie und Hoerster

Damit unser gesellschaftliches Leben funktionieren kann, brauchen wir objektive, für alle Gesellschaftsmitglieder verbindliche moralische Regeln. Damit ist aber noch nicht die Frage beantwortet, ob sich dieses Ergebnis aus substanzieller Sicht bestätigen lässt. Das wird von einer Reihe von Philosophen bestritten. Darum könne man moralisches Wissen auch nicht auf dieselbe Weise erlangen wie Sachwissen, meint Alfred Jules Ayer (1910–1989). Er unterscheidet Wissen, welches aus empirischen Tatsachen hervorgeht, von dem, was auf Wertfragen beruht (vgl. Ayer 1981, S. 135). Darin ist er sich mit Charles Leslie Stevenson (1908–1979), einem anderen ambitionierten Klassiker des Nonkognitivismus, einig.

Er schreibt in diesem Zusammenhang, dass in moralischen Urteilen zwar immer ein deskriptives Element enthalten sei, aber immer auch etwas hinzukomme. Die Figur ist demnach «Deskription +». Das «+» ist für Stevenson das Entscheidende bei moralischen Urteilen: «Die wesentliche Verwendung von Moralurteilen besteht nicht darin, auf Tatsachen zu verweisen, sondern darin, jemanden zu beeinflussen» (1974, S. 121). Die Beeinflussung in Kombination mit deskriptiven Argumenten verläuft nach Stevenson in folgender Weise. Er nimmt zur Erläuterung ein seiner Meinung nach moralanaloges Beispiel: A versucht B zu überzeugen, gemeinsam ins Kino zu gehen. B schlägt hingegen den Besuch eines symphonischen Abends vor. «Das ist eine Divergenz in einem völlig normalen Sinn. Die beiden können sich nicht darüber einigen, wohin sie gehen wollen, und jeder von beiden versucht, die Einstellung des anderen in seine Richtung zu lenken. (...) In der Ethik handelt es sich um Divergenz in den Einstellungen. Wenn C sagt ‹Dies ist gut› und D sagt, ‹Nein, es ist schlecht›, so haben wir einen Fall von Suggestion und Gegen-Suggestion» (S. 132). Nun kommen die deskriptiven Elemente ins Spiel, die bei der Abstützung moralischer Überzeugungen in analoger Weise ins Spiel kämen: «A könnte sagen, ‹Aber hör mal, im Eldorado läuft ein Film mit der Garbo›. Er hofft, dass B – ein Bewunderer der Garbo – den Wunsch bekommt, ins Kino zu gehen, wenn er weiß, was dort für ein Film läuft. B könnte entgegnen, ‹Aber Toscanini ist der Gastdirigent beim heutigen Beethoven-Abend›. Und so weiter. Jeder stützt seinen Imperativ (‹Komm, wir machen das und das›) mit Gründen, die empirisch fundiert sein können» (Stevenson 1974, S. 133). Ethische Ausdrücke sind nach Stevenson nichts anderes als soziale Instrumente, womit man andere von der eigenen Auffassung zu überzeugen sucht (vgl. auch S. 123 und 137). Dazu bringe man dann auch deskriptive Argumente ins Spiel.

Auch für John Leslie Mackie (1917–1981) sind moralische Tatsachen Entitäten von «sehr seltsamer Art» (1981, S. 43), für deren Erkenntnis «wir ein besonderes moralisches Erkenntnis- oder Einsichtsvermögen besitzen [müssten], das sich von allen anderen uns geläufigen Erkenntnisweisen unterschiede» (S. 44). Dass es ein solches Erkenntnisvermögen geben könnte, daran hat Mackie deshalb Zweifel, weil es nach seiner Ansicht keine objektiven Werte und auch keine objektiven moralischen Tatsachen gibt. Es müsste sich bei der Erkenntnis von objektiven moralischen Tatsachen deshalb um eine «eigenartige Eingebung» handeln.

Nicht nur Klassiker sind zu nennen, die diese Position vertreten, sondern auch bedeutende Gegenwartsphilosophen wie Norbert Hoerster (*1937), der sagt, dass man nicht dem Trugschluss erliegen solle, dass «Moralnormen in derselben Realität wie empirische Tatsachen existent und damit auf dieselbe Weise wie diese erkennbar wären» (2008, S. 21 f.).

Der Kognitivist Hilary Putnam

Die Gegenposition zur nonkognitivistischen Auffassung vertritt einer der derzeit bedeutendsten amerikanischen Philosophen, Hilary Putnam (*1926) (vgl. 1982, S. 179 ff.). Dass dem naturwissenschaftlichen Wissen Objektivität bescheinigt würde, dem moralischen aber nicht, beruht nach seiner Ansicht auf einem Irrtum über das, was Objektivität bedeutet. Putnam sieht keinen Unterschied zwischen der Erkenntnisweise deskriptiven und normativen Wissens. Auch wissenschaftliches Wissen ist für ihn und andere Philosophen intrinsisch normativ. Andere Philosophen, wie neuerdings Gerhard Ernst, verfolgen ebenfalls die Strategie, die Objektivität moralischen Wissens nachzuweisen, indem sie die «Analogie zwischen moralischer und wissenschaftlicher Erkenntnis» aufzeigen (2008, S. 212). Putnam zeigt das in sechs Schritten:

1. Die Wissenschaftler wollen ein Weltbild konstruieren, das die Kriterien rationaler Akzeptierbarkeit erfüllt. Die Wahrheit, die das Ziel einer jeden wissenschaftlichen Bemühung ist, empfängt ihr Leben erst durch die Kriterien rationaler Akzeptierbarkeit.

2. Woher aber wissen wir, dass eine Aussage wahr ist? Putnams Antwort lautet: Sie ist dann wahr, wenn wir innerhalb einer wissenschaftlichen Theorie eine Erklärung darüber abgeben können, wie sich aus dem Wechselspiel von Sinnesorganen und Außenwelt Wahrnehmungen ergeben; denn in der Wissenschaft geht es um den Versuch, eine Reprä-

sentation der Welt zu konstruieren. Anders formuliert: Es geht jedem Wissenschaftler darum, ein wahres Bild der Welt zu erzeugen.

3. Dies gelingt nur, wenn man sich von den Kriterien der rationalen Akzeptierbarkeit leiten lässt. Diese sind: Kohärenz, Komplettheit, funktionale Einfachheit und instrumentelle Effizienz. Das sind nach Putnam die Werte der Wissenschaft. Die empirische Welt (Außenwelt) ist von diesen Kriterien der rationalen Akzeptierbarkeit abhängig. Die «wirkliche Welt» hängt demnach von unseren Werten ab.

4. Dass die Wissenschaft nicht «wertneutral» ist, zeigt uns noch nicht, dass ethische Werte objektiv sind oder Ethik eine Wissenschaft ist. Dass Erkenntnis-Tugenden wie «Kohärenz» und «funktionale Einfachheit» Kriterien der rationalen Akzeptierbarkeit sind, zeigt allerdings, dass es Werte sind, die für Eigenschaften von Dingen stehen, und nicht bloße Gefühlsausdrücke. Sie sind Werteigenschaften.

5. Zu den Erkenntnis-Tugenden gehören nach Putnam auch: «gerechtfertigt», «bestätigt», «beste der vorhandenen Erklärungen». Man könne weiterhin nicht leugnen, dass es sich bei «kohärent», «einfach», «gerechtfertigt» um Wertausdrücke handelt, weil sie Wertimplikate haben. Ebenso wie «freundlich», «schön», «gut» würden sie als lobende Ausdrücke verwendet. Putnam kommt zu dem Ergebnis, dass es keine wertneutrale Rationalitätsauffassung gibt.

6. Doch ohne unsere Rationalitätsauffassung hätten wir keine Welt und somit keine Tatsachen. Man muss die erkenntnisbezogenen Werte als Tatsachen ansehen, sonst seien sie willkürlich. Die Maßstäbe rationaler Akzeptierbarkeit sind notwendig, um überhaupt eine Welt zu haben, sei es eine Welt «empirischer Tatsachen» oder eine Welt von «Werttatsachen».

Jürgen Habermas (*1929) fasst die hier dargestellte Auffassung von Hilary Putnam treffend zusammen, ohne sie freilich zu übernehmen: «Putnam behauptet (...) ein Kontinuum zwischen Tatsachen- und Werturteilen. Unserer Sicht auf die Dinge sind Interessen und Wertorientierungen so tief eingeschrieben, daß es ein sinnloses Unterfangen wäre, den wertimprägnierten Tatsachen alles Normative abstreifen zu wollen. Wenn schon empirische Aussagen, an deren Wahrheit wir nicht zweifeln, mit Wertbindungen unauflöslich verflochten sind, ist es – so heißt das zentrale Argument – ebenso sinnlos, den evaluativen Aussagen, die solche Werte explizit zum Ausdruck bringen, zu bestreiten, wahr oder falsch sein zu können» (2002, S. 280). Putnam neige nicht nur in der theoretischen, sondern ebenso in der praktischen Philosophie zum Realismus und verteidige «die Objektivität von Wertorientierungen gegenüber nonkognitivistischen wie gegenüber relativistischen Ansätzen» (S. 281).

Wir sehen, dass es zwei entgegengesetzte Auffassungen über Wertorientierung gibt. Für Nonkognitivisten ist Wissen darüber auf andere Weise zu erlangen als über deskriptives. Für Kognitivisten ist jede Art der Erlangung von Wissen, ob naturwissenschaftliches, soziales oder moralisches, wertgebunden. Und damit wird dem Wissen die Objektivität keineswegs abgesprochen. Kognitivisten machen nicht den Unterschied bei der Erlangung von Wissen, den Nonkognitivisten machen. Kognitivisten wie Hilary Putnam sehen eine Analogie von wissenschaftlicher Erkenntnis und Werteerkenntnis.

Zum Verhältnis von Werten und Normen

So viel zu den Werten. In welchem Verhältnis nun Werte zur Moral stehen, ist in der Moralphilosophie erst im Zuge der Entstehung der materialen Wertethik Max Schelers (1874–1928) und Nicolai Hartmanns (1882–1959) zum zentralen Thema avanciert. Laut Scheler (vgl. 1966, S. 30 f.) besteht der Zusammenhang darin, dass die Normen sich aus den Werten und ihren Kriterien, die Scheler vorgeschlagen hat, ergeben. Werte sind für ihn materiale Qualitäten, die unabhängig davon sind, ob jemand sie als wertvoll erachtet oder nicht: Scheler sagt, dass uns der Wert gegeben ist, «*ohne* dass uns die *Träger* dieses Wertes gegeben sind» (S. 40). Ein Wert ist nach seiner Ansicht umso höher einzustufen, je unabhängiger er vom Träger des Wertes ist. Auch für Nicolai Hartmann (1962, S. 156) bestehen Werte völlig unabhängig davon, ob sie von Menschen als wertvoll erachtet werden oder nicht. Für ihn gibt «es ein an sich bestehendes Reich der Werte». Wie mathematische Entitäten haben Werturteile den Charakter der Allgemeinheit, der Notwendigkeit und der Objektivität. Doch was ist mit dem, der ein abweichendes Werturteil fällt? Es sei, schreibt

Hartmann, «hiermit ebenso wie mit der mathematischen Einsicht. Nicht jeder ist ihrer fähig; nicht jeder hat den Blick, die ethische Reife, das geistige Niveau, den Sachverhalt zu sehen, wie er ist» (1962, S. 155).

Alles Wertvolle soll realisiert werden und alles Wertlose unterlassen bleiben. Die Realisierung wird durch moralische Normen gewährleistet: Man soll das Wertvolle tun (vgl. Scheler 1966, S. 211). So stellt sich der Zusammenhang von Werten und Normen in der materialen Wertethik dar. Der Sache nach sieht Nicolai Hartmann es ebenso; nur dass er von idealem (Wert) und realem (Norm) Seinsollen spricht (vgl. 1962, S. 156).

Für Jürgen Habermas hingegen sind Werte kulturelle Werte, z.B. eine bestimmte lokale Heiratszeremonie. Demgegenüber gelten Normen universell, wie etwa die Pflicht, Grausamkeit zu unterlassen (vgl. Habermas 2002, S. 296). Die objektive Geltung einer universalistischen Moral sei durch die umfassender werdende Weltgemeinschaft gegeben, meint Habermas. Sie würde im Diskurs durch die Zustimmung aller faktisch und potenziell betroffenen Personen gefunden. Habermas verengt die Objektivität von Normen auf deren Generierung im Diskurs. Logischerweise müssten sie demnach als intersubjektive und nicht als objektive Normen bezeichnet werden. Nichtmoralische Werturteile wie Keuschheit verdienten keine allgemeine Zustimmung, sondern nur Anerkennung derjenigen, die einer bestimmten Wertgemeinschaft wie der Kirche angehörten.

Würde man Werte und Normen nicht unterscheiden, gefährdete das die universalistische Auffassung von Moral (vgl. Habermas 2002, S. 299). Diese Unterscheidung mache es erst möglich, universelle Normen zu ermitteln, die nicht von einer bestimmten Kultur abhängig seien, wohingegen gemeinschaftliche Wertvorstellungen wie Keuschheit oder voreheliche Enthaltsamkeit oder Traditionen wie die Heiratszeremonie nicht als universelle Normen tauglich sind.

Dieser Auffassung widerspricht Hans Joas (*1948). Er hält zwar an der Trennung und Unterscheidung von Werten und Normen fest, doch konnotiert er die Begriffe gänzlich anders als Habermas. Synonym für die Begriffe Normen und Werte setzt er die Begriffe das Rechte und das Gute und sagt, es sei «nicht so, als sei die Bestimmung der beiden Begriffe selbst einhellig und nur ihr Verhältnis umstritten; vielmehr hängt schon die Auffassung vom Guten und vom Rechten von weiteren Annahmen anthropologischer oder metaphysischer Art ab» (Joas 1997, S. 258). Für ihn sind Werte das «Attraktiv-Motivierende» und Normen das «Restriktiv-Obligatorische» (S. 288). So wurden sie von den klassischen Pragmatisten bestimmt (vgl. Joas 2002, S. 271). Bei den Werten kommt für Joas eine stark affektive Dimension ins Spiel. Werte sind für ihn nicht so wie für die materialen Wertethiker unabhängig von den Subjekten. Für Joas ist die Aussage Schelers, dass Werte unabhängig davon bestehen, was die Menschen als wertvoll ansehen oder nicht, schlicht falsch. Wir fühlten uns nach Joas' Ansicht «in unserem Leben an bestimmte Werte gebunden. (...) Das heißt, dass wir unsere Wertbindungen nicht plausibel machen und nicht verteidigen können, ohne Geschichten zu erzählen – Geschichten über die Erfahrungen, aus denen unsere Bindungen erwuchsen, Geschichten über Erfahrungen anderer Menschen oder über die Folgen, die eine Verletzung unserer Werte in der Vergangenheit hatte» (2002, S. 277). Wir sehen, dass Joas im Gegensatz zu den Vertretern der materialen Wertethik eine starke Personbindung der Werte vertritt.

Kann es denn dann überhaupt universelle Werte geben? Auch diese Frage beantwortet Joas. Dabei setzt er sich strikt von Habermas ab. Joas schreibt, dass es im Habermas'schen Diskurs nicht nur um das Zuhören geht, sondern um das Überzeugen des Zuhörers. Vom Zuhörer wird für den Fall, dass im Diskurs die Argumente des Gegenübers plausibler und damit stärker sind, erwartet, dass er sich der Auffassung des Gegenübers anschließt. Wenn Ersterer allerdings bessere Gründe vorbringt, wird erwartet, dass umgekehrt sein Gegenüber diese Auffassung übernimmt. Joas hingegen beharrt auf der Resistenz unterschiedlicher kultureller Werte, über die man sich allerdings verständigen könne. Er schreibt:

«Zwar kann ein bestimmter Wert, etwa der Glaube an die jedem Menschen angeborene und unveräußerliche Menschenwürde, als Produkt einer bestimmten Kulturtradition angesehen werden, in diesem Fall etwa der jüdisch-christlichen Tradition, aber das heißt nicht, daß andere Traditionen nicht im Licht dieses Werts reinterpretiert werden könnten oder vielmehr sich selbst reinterpretieren könnten, so daß ihr eigenes Potential zur Artikulation desselben Werts zum Vorschein kommen kann. Eben dies aber setzt voraus, daß eine solche Reinterpretation nicht von der affektiven Gestütztheit einer Tradition abgekoppelt wird» (2002, S. 278).

Hans Joas kommt also trotz der Annahme einer starken kulturellen Kontingenz zur Auffassung der Universalität von Werten.

Zur Objektivität und Universalität von Werten und Normen

Theoretiker des moralischen Realismus wie Hilary Putnam (vgl. 2002), mit dem sich Habermas wie auch Joas auseinandersetzen, vertreten in dreierlei Hinsicht eine gänzlich andere Auffassung. Zum einen zeigen sie, dass wir eben nicht darüber diskutieren und abstimmen oder, wie Habermas meint, diskursiv ermitteln, ob man einer moralischen Regel folgen soll oder nicht. Zum anderen wird im Gegensatz zu Hans Joas gezeigt, dass Werte unabhängig von der Personbindung bestehen. Des Weiteren wird gezeigt, dass es im Gegensatz zu Joas' und Habermas' Auffassung eine enge Verbindung zwischen Werten und Normen gibt. Alle drei Punkte deuteten sich in der Theorie der materialen Wertethik bereits an. Nun zu diesen drei Punkten, die das Spezifische des moralischen Realismus ausmachen:

Erstens: Dass wir Versprechen halten, fair sein und die Wahrheit sagen sollen, sind funktional betrachtet in unserem menschlichen Zusammenleben notwendige Tatsachen. In substanzieller Hinsicht sagen moralische Realisten, dass die Forderung, mit anderen Menschen nicht grausam umzugehen, darin begründet ist, dass es schlecht für sie ist, und das kann nicht erst das Ergebnis eines Diskurses sein. Daraus ergibt sich, was durch die moralische Pflichterfüllung konkret geschützt werden soll: Es ist der Sinn moralischer Normen, Menschen, die vom Handeln anderer betroffen sind, zu schützen.

Dasselbe gilt für Werte. Auch sie sind objektiv und nicht erst diskursiv zu ermitteln. Niklas Luhmann ist davon überzeugt, dass Werte mit der beschriebenen unbezweifelbaren Evidenz bereits in unserer Kommunikation enthalten sind: «Werte ‹gelten› in der Kommunikationsweise der Unterstellung. Man geht davon aus, daß in bezug auf Wertschätzungen Konsens besteht» (2008, S. 241). Werturteile laufen in der Kommunikation mit und werden nicht eigens thematisiert, «ihr Akzeptiertsein wird unterstellt. Wenn man explizit fragt: Bist Du für Frieden?, erweckt das den Verdacht auf Hintergedanken. Wer sich rühmt, Werte zu bejahen oder Unwerte abzulehnen, redet trivial» (2000, S. 359).

Zweitens: In welchem Sinn sind Werte, die uns zu moralischen Handlungen verpflichten, objektiv und nicht personabhängig, und welche Werte können das sein? Es sind solche, die zum Wohlergehen der Menschen beitragen wie Gerechtigkeit, Frieden, Freiheit, Schutz des Lebens, Schutz der physischen und psychischen Integrität. Wenn etwas zum Wohl der Menschen beiträgt, dann *ist* es wertvoll. 81 Prozent der Jugendlichen in Deutschland geben solchen Werten folgende Rangfolge: «1. Eine Welt in Frieden, 2. Familiäre Sicherheit, 3. Innere Harmonie, 4. Wahre Freundschaft, 5. Freiheit» (Merten 1994, S. 234). Ein Vergleich verschiedener Untersuchungen zeigt die völlige Übereinstimmung der 13- bis 29-jährigen ost- und westdeutschen Jugendlichen in ihren Wertorientierungen. Sie bewegen sich «im gängigen Spektrum bürgerlicher Wertorientierungen» (S. 236). Neuere Daten der Shell Jugendstudie von 2006 bestätigen diese Befunde. Die Autoren sind der Auffassung, dass die Jugendlichen ein stabiles Wertesystem haben (vgl. Gensicke 2006, S. 175). Mit hoher Präferenz werden von Jugendlichen zwischen zwölf und 25 Jahren die Werte Freundschaft, Partnerschaft, Familienleben, Eigenverantwortung genannt. Hier passt die Kommentierung, dass neue Werte kurze Beine haben (vgl. Merten 1994, S. 245).

In diesem Zusammenhang ist darauf hinzuweisen, dass man Werte, Moral, Traditionen, Konventionen und Recht unterscheiden muss. Unterscheidet man dies nicht, kommt es unweigerlich zu der Klage über den gegenwärtig zu beobachtenden Werteverlust bei Jugendlichen. «Sicherlich mag festzustellen sein, daß gewisse Formen ‹höflichen Verhaltens› (z. B. das Aufhalten einer Tür, das Freimachen eines Sitzplatzes, usw.) und konventioneller Formen sich zunehmend auflösen (allerdings nicht nur bei Kindern und Jugendlichen), aber von diesem Faktum auf das Verschwinden von Moral, auf den Verlust von Werten zu schließen, wäre ebenso unberechtigt wie falsch» (Merten 1994, S. 244). Man kann nur feststellen, dass sich solche Konventionen ändern und dass selbst diejenigen, die solche Konventionen noch als Kinder und Jugendliche gelernt und für wichtig erachtet haben, solche Verhaltensweisen als übertrieben, unangebracht, affektiert und eben nicht mehr den Konventionen entsprechend betrachten. Das ist aber etwas gänzlich anderes als Werteverlust.

Dass in verschiedenen Kulturen jeweils andere Wege zur Realisierung dieser Werte beschritten werden oder die Menschen in jeweils anderer Weise verpflichten, zeigen drei Beispiele. Wir realisieren den Wert der Achtung gegenüber anderen Menschen durch die moralische Pflicht der Fürsorge, die man gegenüber Babys und den Eltern hat. Sie ist weltweit verbreitet. Wie man ihr allerdings nachkommt, hängt vom kulturellen Brauch ab. In unserer Kultur wird das vierte Gebot dadurch erfüllt, dass wir die Verantwortung für das Wohlergehen, die Pflege und ein würdevolles Leben unserer Eltern übernehmen. Bei den Eskimos – so schildert McNaughton – wird dieses Gebot dadurch erfüllt, dass der Vater mit dem Sohn ein letztes Mal auf die Jagd geht, sich danach von dem Sohn verabschiedet und sich auf eine Eisscholle legt, um zu sterben. «Der Anteil des Sohnes an diesem Ritual sieht wie ein Beispiel aus, wie man seine Eltern ehrt» (2003, S. 236 f.). Franz von Kutschera berichtet: «Bei den Papuas auf Neu-Guinea dient die Kopfjagd dazu, Namen im Sinn von Identitäten für die eigenen Kinder zu beschaffen. Sie glauben, ein Kind könne nur dadurch eine personale Identität erlangen, daß man sie einem Lebenden nimmt. Daher erfüllt ein Familienvater mit der Kopfjagd eine Fürsorgepflicht für seine Kinder» (1999, S. 248). Oder ein anderes Beispiel vom selben Ort: Dem Gebot der Fürsorgepflicht für die Neugeborenen kommen die Eipo, ein Eingeborenenstamm auf Neu-Guinea, in einer Weise nach, die uns völlig fremd ist. Wenn die Versorgung nicht sichergestellt ist, töten sie die Neugeborenen nach der Geburt (vgl. Schiefenhövel 1986, S. 44). – Dass es so aussieht, als basierten die Handlungen auf ganz unterschiedlichen Moralregeln und -auffassungen, liegt daran, dass deren Realisierung kulturell und traditionell anders gehandhabt wird, was häufig zu dem Schluss führt, dass man meint, die Moral sei in allen Kulturen verschieden. Doch sieht man an der moralischen Pflicht der Fürsorge, dass sie weltweit zu finden ist, aber dass man ihr in verschiedenen Kulturen auf je unterschiedliche Weise nachkommt.

Was *ist* aber nun wertvoll? Für den einen Menschen ist es das Bergsteigen, für den anderen ein Glas Rotwein am Abend, für einen weiteren das Bungee-Jumping und für den Wallfahrer die Selbstkasteiung. Was wir vorziehen, hängt von unseren subjektiven Präferenzen ab. Der Wert ist mithin nicht jede dieser Tätigkeiten selbst, sondern die Werteigenschaft ist das «Zum-Wohl-Beitragen» der jeweiligen Aktivität (vgl. Schaber 2000, S. 350). Etwas ist für einen jeden Menschen wertvoll, wenn es zu seinem Wohl beiträgt. Das «Zum-Wohl-Beitragen» des Bergsteigens, des Rotwein-Genusses, des Bungee-Jumping oder der Selbstkasteiung ist objektiv wertvoll und nicht die jeweilige Tätigkeit, die dazu führt.

Wenn es nicht um verschiedene Menschen geht, die Unterschiedliches wertschätzen wie Rotwein, Bergsteigen, Bungee-Jumping oder Selbstkasteiung, sondern um Regierungen, müssen sie sich folglich nicht darüber unterhalten, dass Frieden ein hoher Wert ist; denn er trägt zum Wohl der Menschen bei, sondern nur darüber, wie man ihn am besten realisiert. Staatsmächte streiten darüber, ob Abschreckung oder Abrüstung besser ist. Darüber hinaus können in Bezug auf das, was dieser Wert beinhaltet, andere Sachinformationen vorliegen oder die Folgen entsprechend der jeweils anderen Sachinformationen anders eingeschätzt werden (vgl. Schaber 2000, S. 353). Jedenfalls ist die Werteigenschaft des Friedens das «Zum-Wohl-Beitragen», und dieser Wert ist objektiv, universell und unstrittig. Daran ändert die Tatsache nichts, dass man unterschiedliche Wege geht, den Frieden zu erhalten, dass man unterschiedliche Sachinformationen über die Umstände hat, den Frieden zu erhalten, und demnach das, was man unter Frieden versteht, jeweils anders konnotiert sein kann. Unterschiedliche Wege der Realisierung, andere Sachinformationen und verschiedene Konnotationen könnten Gründe dafür sein, dass das den Anschein erweckt, wir erlebten einen kulturell bedingten Werterelativismus. Von dieser Auffassung muss man schnell Abschied nehmen, wenn man weiß, dass die zugrunde liegende Werteigenschaft das «Zum-Wohl-Beitragen» ist. Und diese Werteigenschaft ist es, die objektiv und universell ist.

Die dargestellte Diskussion zeigt, dass es im Gegensatz zu Habermas' und Joas' Auffassung objektive Werte gibt, die für unser menschliches Zusammenleben notwendig sind und nicht erst im Diskurs generiert werden müssen. Sie sind objektiv und in der Lage, bei ihrer Realisierung zum Wohl der Menschen beizutragen. Nur, wie soll man sie finden? Dass es Werte gibt, merkt man meist erst in dem Moment, in dem jemand sie bestreitet oder gegen moralische Regeln verstößt, die aus Werten abgeleitet sind. Die Realität von Werten muss man analog zu den nicht zu beobachtenden Entitäten in den Naturwissenschaften sehen. Der Erfolg der mit unbeobachtbaren Entitäten operierenden Wissenschaften spricht für ihre realistische Deutung (vgl. Hoyningen-Huene 2007).

Immanuel Kant ging von der Realität der Gravitation aus (vgl. KrV B 691 und Metaphysische Anfangsgründe der Naturwissenschaft A 71). Nur weil man sie nicht direkt sehen kann und ihr Beweis nur indirekt durch die von ihr hervorgerufenen Wirkungen möglich ist, hätten weder Kant noch sonst jemand die Existenz der Gravitation bestritten. In Analogie dazu kann man nicht gut die Werte und die daraus abgeleitete Moral bestreiten, nur weil man sie nicht unmittelbar sehen kann. Wir können die Werte und die Moral ebenso wenig direkt sehen wie die Gravitation. Auch sie kann man nicht unmittelbar erfassen, sondern an ihren Auswirkungen, am Fallen eines Apfels, an der Bewegung der Planeten und an Ebbe und Flut. So unterschiedliche Phänomene sind auf die Gravitation rückführbar. Die Moral kann man an solchen Verhaltensweisen wie Empörung über unmoralisches Handeln, wie Steuerhinterziehung im großen Stil, erkennen. Dass man das nicht einfach hinnimmt, zeigt, dass die Moral existiert. Desgleichen können wir Moral daran erkennen und als intakt wahrnehmen, wenn jemand sich moralisch verhält, sich für andere einsetzt, ihnen hilft oder beispielsweise Amnesty International und Hilfsorganisationen gegen die Armut in der Welt unterstützt. Nun sehen wir, dass moralischer Kognitivismus, den ich vermittels der Theorie von Putnam dargestellt habe, und moralischer Realismus zusammengehören.

Unter den Philosophen, die den moralischen Realismus vertreten, wird zum Nachweis der Objektivität von Werten und moralischen Normen in der Nachfolge von George Edward Moore (1873–1958) auch die Supervenienztheorie herangezogen. Mit ihr ist ein ebensolcher indirekter

Beweis möglich wie für den Beweis der Gravitation. Vertreter der Supervenienztheorie gehen davon aus, dass es sich bei moralischen um supervenienten Eigenschaften handelt. Danach gibt es moralische Fakten, die in einer supervenienten Beziehung zu empirischen Fakten stehen. Man sagt: «Moralische Wahrheit superveniert auf nicht-moralischer Wahrheit» (Ernst 2008, S. 51). Um zu zeigen, dass es sich um eine superveniente Eigenschaft handelt, müssen die ihr zugrunde liegenden subvenienten Eigenschaften bekannt sein und geprüft werden. «Um zu wissen, daß es warm ist, brauche ich nichts über die Verteilung von Molekülen usf. zu wissen, auch wenn diese die subveniente Basis für Wärme bilden. Um zu wissen, daß eine Besteuerung ungerecht ist, genügt es nicht, *daß* die entsprechenden subvenienten Eigenschaften im konkreten Fall instantiiert sind, ich muß auch *um sie wissen*» (S. 303). Ungerechtigkeit hat z. B. die subveniente Basis (Explanans) Verelendung oder krasse Ungleichheit. «Auch wenn die Eigenschaften der Ungerechtigkeit in jedem einzelnen Fall durch spezifische subveniente Eigenschaften konstituiert werden, hätte sie doch auch durch andere (allerdings nicht durch beliebig andere) Eigenschaften konstituiert sein können» (Halbig 2007, S. 305). Wir könnten demnach feststellen, dass dann, wenn z. B. ein großer Teil der Bevölkerung in absoluter Armut lebt, zu dieser Tatsache die Feststellung superveniert, dass es sich um eine ungerechte Tatsache handelt. Es handelt sich um ein wahres moralisches Urteil deshalb, weil ein moralisches Urteil genau dann wahr ist, «wenn das, was in ihm beurteilt wird, objektiv der Fall ist» (S. 237). Moralische Eigenschaften sind superveniente Eigenschaften, die nicht immer unmittelbar erkannt werden. Das bedeutet nun nicht, dass sie nicht objektiv sind und nicht erkannt werden könnten. Wenn wir sie nicht erkennen, handelt es sich meist um Kognitionshindernisse. «Man kann sich darüber, was die richtige Antwort ist, im Moralischen genauso irren wie in anderen Angelegenheiten auch» (Schmidt 2009, S. 130).

Drittens zeigt sich die enge Verbindung von Werten und Normen. Die genannten Werte verpflichten uns zu Handlungen, weil es gut ist, Wertvolles zu realisieren; denn der Sinn moralischen Handelns ist es, Gutes zu tun und das Böse zu unterlassen. Daraus ergibt sich wiederum, dass es der Sinn von verpflichtendem moralischem Handeln ist, das durch Normen angeleitet wird, zum Wohl der Menschen beizutragen. Weitergehend schützen moralische Normen die Menschen, die vom Handeln anderer betroffen sind, in ihrer physischen und psychischen Integrität. Nehmen wir ein Beispiel: Ein für uns hoher Wert ist die Gesundheit. Zu diesem Wert gibt es moralische Normen: «Du sollst andere nicht schädigen» als Verbotsregel oder «Du sollst die physische und psychische Integrität anderer wahren und befördern» als Gebotsregel.

Moralische Rechte und Pflichten

Nun sahen wir die enge Verbindung von Werten und Normen. Moral ist die Gesamtheit der Regeln, die zur Realisierung der Werte oder zum Wohl der Menschen beiträgt. Man kann auch sagen, dass die moralischen Regeln, wenn sie angewendet werden, die Menschen, die vom Handeln anderer betroffen sind, schützen sollen. Das bedeutet, dass es durchaus sein kann, dass man manchmal zu Handlungen verpflichtet ist, die nicht im eigenen Interesse liegen, ja, die zuweilen unserem Eigeninteresse zuwiderlaufen und zu deren Einhaltung man sich bei freier Wahlmöglichkeit nicht ohne weiteres verpflichten würde (so auch Schaber 2003, S. 20).

Man hat andererseits aber auch moralische Rechte. In der moralischen Gemeinschaft sind die moralischen Rechte und Pflichten symmetrisch verteilt. Sie sind zwei Seiten ein und derselben Medaille. Wenn man die moralische Pflicht hat, jemandem, der mit seinem Auto in der Nacht in den Straßengraben geraten ist, zu helfen, hat man in der umgekehrten Situation das moralische Recht, dies von jemand anderem zu fordern. In Analogie hierzu spricht Kant mit Bezug auf die rechtliche Gemeinschaft von der Schuldigkeit *(debitum)*. Tut jemand etwas, was über seine Pflicht hinausgeht, nennt er das verdienstlich *(meritum)* (vgl. Einleitung in die Metaphysik der Sitten AB 29).

Zu beachten ist bei dieser Parallelisierung freilich, dass das Recht äußerlich zwingt, während der moralische Zwang ein innerer ist. Man muss die moralischen Rechte und Pflichten strikt von den rechtlichen Rechten und Pflichten unterscheiden. Ich beziehe mich auf Kant, der in der *Einleitung zur Metaphysik der Sitten* Recht und Moral in der Weise unterscheidet, dass die Befolgung moralischer Regeln einem inneren Zwang folgt, das Recht hingegen äußerlich zwingt. Es kann staatlicherseits durchgesetzt werden (vgl. AB 31–AB 36). Wenn man einer Rechtsregel nicht folgt, muss man dabei nicht unbedingt ein schlechtes Gewissen haben: Man kann guten Gewissens falsch parken, bestraft wird man trotzdem. Dieses Unterschieds ungeachtet gibt es einen Zusammenhang von Recht und Moral. Wir kommen hier ganz gut damit zurecht, dass wir mit Kurt Bayertz (vgl. 2004, S. 260) annehmen, dass Rechtsnormen solche sind, die unsere wichtigen moralischen Regeln absichern. Als Beispiel: Ein wichtiges moralisches Gebot ist, dass wir menschliches Leben schützen sollen. Das wird strafrechtlich nicht zuletzt mit den §§ 211 und 212 StGB abgesichert.

Zitierte Literatur

Ayer, A. J.: Language, Truth and Logic. London 1936 (dt. Sprache, Wahrheit und Logik. Übers. von H. Herring. Stuttgart 1981).

Bayertz, K.: Warum überhaupt moralisch sein? München 2004.

Ernst, G.: Die Objektivität der Moral. Paderborn 2008.

Gensicke, T.: Zeitgeist und Wertorientierung. In: Shell Deutschland Holding (Hg.): Jugend 2006. Eine pragmatische Generation unter Druck. Frankfurt/M. 2006, S. 169–202.

Habermas, J.: Werte und Normen. Ein Kommentar zu Hilary Putnams Kantischem Pragmatismus. In: M.-L. Raters / M. Willaschek (Hg.): Hilary Putnam und die Tradition des Pragmatismus. Frankfurt/M. 2002, S. 280–305.

Halbig, C.: Praktische Gründe und die Realität der Moral. Frankfurt/M. 2007.

Hartmann, N.: Ethik. Berlin 1962 (4., unveränderte Aufl.).

Hoerster, N.: Was ist Moral? Eine philosophische Einführung. Stuttgart 2008.

Hoyningen-Huene, P.: Wissenschaft – theoretische und ethische Aspekte. Vortrag am 16. Oktober 2007 im Leibniz-Haus Hannover. Unveröffentlicht.

Joas, H.: Die Entstehung der Werte. Frankfurt/M. 1997.

—: Werte versus Normen. Das Problem der moralischen Objektivität bei Putnam, Habermas und den klassischen Pragmatisten. In: M.-L. Raters / M. Willaschek (Hg.): Hilary Putnam und die Tradition des Pragmatismus. Frankfurt/M. 2002, S. 263–279.

von Kutschera, F.: Moralischer Realismus. In: Logos. Zeitschrift für systematische Philosophie, 1. Jg. (1994), S. 241–258.

—: Grundlagen der Ethik. Berlin, New York 1999 (2., völlig neu bearbeitete Aufl.).

Luhmann, N.: Soziale Systeme. Grundriss einer allgemeinen Theorie. Frankfurt/M. 1984.

—: Die Politik der Gesellschaft. Hg. von André Kieserling, Frankfurt/M. 2000.

—: Die Moral der Gesellschaft. Hg. von Detlef Horster. Frankfurt/M. 2008.

Mackie, J. L.: Ethik. Die Erfindung des moralisch Richtigen und Falschen. Aus dem Englischen übersetzt von Rudolf Ginters. Stuttgart 1981.

McNaughton, D.: Moral Vision. An Introduction to Ethics. Cambridge (Mass.) 2001 (10th ed.) (dt. Moralisches Sehen. Eine Einführung in die Ethik. Aus dem Englischen übersetzt von L. Schewe. Frankfurt/M. u. a. 2003).

Merten, R.: Haben Kinder und Jugendliche keine Werte mehr? Zur moralischen Sozialisation. In: Neue Sammlung, 34. Jg. (1994), S. 233–246.

Putnam, H.: Vernunft, Wahrheit und Geschichte. Frankfurt/M. 1982.

—: Antwort auf Jürgen Habermas. In: M.-L. Raters / M. Willaschek (Hg.): Hilary Putnam und die Tradition des Pragmatismus. Frankfurt/M. 2002, S. 306–321.

Schaber, P.: Universale und objektive Werte. In: M. Endreß/N. Roughley (Hg.): Anthropologie und Moral. Philosophische und soziologische Perspektiven. Würzburg 2000, S. 341–357.

—: Die andere Moral der ethischen Subjektivisten. In: P. Schaber / R. Hüntelmann (Hg.): Grundlagen der Ethik. Normativität und Objektivität. Frankfurt/M. u. a. 2003, S. 9–24.

Scheler, M.: Der Formalismus in der Ethik und die materiale Wertethik. Neuer Versuch der Grundlegung eines ethischen Personalismus. Bern, München 1966 (5. durchgesehene Aufl.).

Schiefenhövel, W.: Geburten bei den Eipo. In: W. Schiefenhövel / D. Sich (Hg.): Die Geburt aus ethnomedizinischer Sicht. Beiträge und Nachträge zur IV. Internationalen Fachkonferenz der Arbeitsgemeinschaft Ethnomedizin über traditionelle Geburtshilfe und Gynäkologie in Göttingen 8.–10. 12. 1978. Braunschweig/Wiesbaden 1986 (2. Aufl.), S. 41–56.

Schmidt, T.: Die Herausforderung des ethischen Relativismus. In: G. Ernst (Hg.): Moralischer Relativismus. Paderborn 2009, S. 117–137.

Stevenson, C. L.: The Emotive Meaning of Ethical Terms. In: Mind, 46. Jg. (1937), pp. 14–31 (dt. Die emotive Bedeutung ethischer Ausdrücke. In: G. Grewendorf / G. Meggle (Hg.): Seminar: Sprache und Ethik: Zur Entwicklung der Metaethik. Frankfurt/M. 1974, S. 116–139).

Urmson, J. O.: Saints and Heroes. In: A. I. Melden (ed.): Essays in Moral Philosophy. Seattle 1958, pp. 198–216.

Ergänzende Literatur

Birnbacher, D. / Hoerster, N. (Hg.): Texte zur Ethik. München 1976.

Halbig, C./Suhm, C. (Hg.): Was ist wirklich? Neue Beiträge zu Realismusdebatten in der Philosophie. Frankfurt/M. 2004.

Horster, D.: Ethik. Stuttgart 2009.

Pauer-Studer, H.: Einführung in die Ethik. Wien 2003.

Schaber, P.: Moralischer Realismus. Freiburg/München 1997.

Schmid Noerr, G.: Geschichte der Ethik. Leipzig 2006.

Singer, P.: A Companion to Ethics. Oxford 1991.

Stemmer, P.: Handeln zugunsten anderer. Eine moralphilosophische Untersuchung. Berlin 2000.

Williams, B.: Der Begriff der Moral. Eine Einführung in die Ethik. Übers. von E. Bubser. Stuttgart 1978.

Wolf, J.-C. / Schaber, P.: Analytische Moralphilosophie. Freiburg/München 1998.

Corinna Mieth
4. Ist das gerecht?
Fairness als Prinzip

Was meinen wir, wenn wir fragen, ob etwas gerecht ist? Sobald wir uns diese Frage stellen, können wir sehen, dass «Gerechtigkeit» kein eindeutiger Begriff ist. Er findet sich in vielen Anwendungsbereichen, und zudem können wir verschiedene Verwendungsweisen unterscheiden.

Wenn es um die Anwendungsbereiche des Gerechtigkeitsbegriffs geht, können wir fragen: «Wer oder was kann gerecht sein?» Verschiedene Anwendungsbereiche des Gerechtigkeitsbegriffs sind: Personen und ihre Charaktereigenschaften oder Handlungen *(personale Gerechtigkeit, Tugend)*, Institutionen und ihre Regeln *(politische Gerechtigkeit)*, Güterverteilungen und die Regeln, nach denen sie erfolgen *(Verteilungsgerechtigkeit)*, Verfahren *(Verfahrensgerechtigkeit)* oder auch Gesellschaften und ihre Verteilungsordnung in Bezug auf Rechte und Freiheiten, aber auch auf wirtschaftliche Güter wie Einkommen und Vermögen *(soziale Gerechtigkeit)*.

Ein weiterer Gesichtspunkt ist die *korrektive Gerechtigkeit*. Nehmen wir an, ein schönes neues Rennrad ist Paulas Eigentum. Sie hat es gestern im Fahrradladen gekauft. Wenn nun Paul Paulas Fahrrad stiehlt, sodass es sich nun in seinem Besitz befindet, muss dieser Zustand im Sinne der ursprünglichen Besitzverhältnisse korrigiert werden: Paul muss Paula das Fahrrad zurückgeben. Man kann hier auch von Rechtsgerechtigkeit sprechen, da das Recht es verlangt, die ursprünglichen Besitzverhältnisse wiederherzustellen. Doch nicht jedes geltende Recht und alle geltenden Gesetze sind tatsächlich gerecht.

Von der Frage der Absicherung bestimmter Eigentumsverhältnisse zu unterscheiden ist die grundsätzliche Frage nach der Gerechtigkeit der ursprünglichen Güterverteilung. Ist es gerecht, dass Paula mehr Geld zur Verfügung hat als Paul, sodass sie sich, nehmen wir das hier einmal an, ein Fahrrad kaufen kann und er nicht? Wie kommt eine solche Ungleichverteilung zustande? Unter welchen Gesichtspunkten können wir sie für gerecht halten? Wir können etwa annehmen, dass Paula mehr gearbeitet hat als Paul, deshalb hat sie mehr Geld verdient *(Leistungsgerechtigkeit)*. Wir könnten aber auch umgekehrt annehmen, dass Paul das Fahrrad dringender braucht, sagen wir, weil er damit zu einer entlegenen Arbeitsstelle fahren muss, während Paula es nur in den Keller stellt, weil sie ohnehin Auto fährt. Paul könnte auch mehr Geld brauchen, weil er, nehmen wir an, nicht nur für sich selbst, sondern auch noch für seine kranken Eltern sorgen muss. Wäre es nicht gerecht, wenn er mehr Geld bekäme als Paula *(bedarfsbezogene Gerechtigkeit)*? Ein wichtiger Anwendungsbereich des Gerechtigkeitsbegriffs besteht also darin, dass wir fragen, ob Personen, Institutionen oder Güterverteilungen gerecht sind. Auch müssen wir uns die Frage stellen, ob die Regeln oder Prinzipien, an denen sich Personen oder Institutionen orientieren, gerecht sind. Dabei kann es konkurrierende Prinzipien der Güterverteilung geben: So können etwa die Prinzipien der Leistungsgerechtigkeit und die der Bedarfsgerechtigkeit zu verschiedenen Resultaten führen.

Wenn wir fragen: «Sind Personen bzw. Institutionen, Güterverteilungen, Verfahren, Gesellschaften gerecht?», fragen wir, ob die *Handlungsprinzipien* von Personen bzw. die *Regeln*, nach denen Institutionen, Güterverteilungen, Verfahren, Gesellschaften funktionieren, gegenüber den von ihnen Betroffenen *gerechtfertigt* werden können. Auf der Rechtfertigungsebene können wir zwischen einer engen und einer weiten Verwendung des Gerechtigkeitsbegriffs unterscheiden.

Im Sinne der weiten Verwendung wird «gerecht» mit «moralisch richtig» identifiziert, «ungerecht» mit «moralisch falsch». Der Begriff wird dann unspezifisch auf alle moralischen Probleme bezogen. Dabei können wir feststellen, dass unser Sprachgebrauch mit der weiten Verwendung des Gerechtigkeitsbegriffs nicht ungezwungen übereinstimmt. Gehen wir von einem Fall aus, bei dem Paul Paula ein Bonbon wegnimmt. Umgangssprachlich würden wir vielleicht zu Paul sagen: «Das war nicht richtig von dir», aber wir würden wohl nicht sagen: «Das war ungerecht». Vielleicht kann man sagen, dass Paul Paula unrecht getan oder ihr ein Unrecht zugefügt hat. Was wir meinen ist, dass das Verhalten Pauls ungerechtfertigt war, dass Paula es gleichsam nicht verdient hat, so behandelt zu werden. Das liegt daran, dass unmoralische Handlungen oft gerade dadurch unmoralisch sind, dass wir andere nicht als gleichwertige moralische Wesen behandeln. Man meint mit «ungerecht» eigentlich «ungerechtfertigt». Nicht zu rechtfertigen ist es, wenn man jemanden bittet, einem Geld zu leihen, in der Absicht, es nicht zurückzuzahlen. Ungerechtfertigt ist es auch, wenn der Lehrer Anna die Note 1 gibt und Petra eine 2, obwohl ihre Leistungen gleichwertig sind. Nur im zweiten Fall scheint allerdings ein Gerechtigkeitsproblem im engeren Sinn vorzuliegen.

Welche moralischen Probleme sind Gerechtigkeitsprobleme?

Wir können uns also fragen, welche moralischen Probleme insbesondere als Gerechtigkeitsprobleme aufzufassen sind. Schon in Bezug auf die personale Gerechtigkeit wird klar, dass es zumindest im Deutschen kontraintuitiv ist, etwa einen Mörder als «ungerecht» zu bezeichnen. Wir würden eher sagen: «Er ist ein Unmensch» oder «Er hat ein schreckliches Unrecht begangen». Gleichzeitig würden wir nicht jedes Unrecht, das jemand einem anderen Menschen antut, als Ungerechtigkeit bezeichnen. Auch bei Diebstahl, Vertragsbruch, Betrug, Körperverletzung oder Vergewaltigung liegen gravierende Formen von Unrecht vor, die wir aber in der Regel nicht als Ungerechtigkeiten bezeichnen, und zwar obwohl diese Taten in der Regel moralisch nicht zu rechtfertigen sind. Doch die Anwendung des Gerechtigkeitsbegriffs auf diese Fälle scheint nicht direkt nahezuliegen. Andererseits würden wir aber einen Richter für ungerecht halten, der zwei Mördern, die unter vergleichbaren Umständen jemanden getötet haben, ein verschiedenes Strafmaß zuteilt. Ebenfalls würden wir einen Vater für ungerecht halten, der beim Kindergeburtstag seinem Kind zwei Stücke Kuchen zuteilt und allen anderen Kindern nur eines. Wir würden auch einen Schiedsrichter für ungerecht halten, der sofort zum Elfmeterpunkt zeigt, wenn ein Spieler des VfB Stuttgart einen Spieler von Bayern München im Strafraum foult und andersherum dem VfB keinen Strafstoß zubilligt, wenn ein Spieler der Bayern im gegnerischen Strafraum ein Foul begeht. Gerechtigkeit scheint demnach insbesondere mit der Verteilung von Gütern oder allgemeiner von Vor- und Nachteilen zu tun zu haben. Andererseits scheint Gerechtigkeit im engeren Sinn etwas damit zu tun zu haben, ob eine solche Verteilung gerechtfertigt ist, und zwar insbesondere damit, ob eine Gleichverteilung von Vor- und Nachteilen vorliegt oder nicht. Und in unseren Beispielen scheint die Verteilung von Vor- und Nachteilen durch Richter, Väter und Schiedsrichter ungerecht, weil sie diese Vor- und Nachteile auf die Akteure Mörder, Kinder und Fußballmannschaften ungleich verteilen, obwohl es keine guten Gründe dafür gibt.

Wir können also folgende Spezifizierung des Gerechtigkeitsbegriffs festhalten: *Gerechtigkeit im engeren Sinn bezieht sich auf Verteilungsfragen.* Dabei sind Gleichverteilung und Gleichbehandlung die ‹default-option›, das heißt, dass wir gleich verteilen müssen, wenn nicht gute Gründe für eine andere Verteilung sprechen. Ungleichverteilungen stehen aber so unter Rechtfertigungszwang. Wer für sie argumentieren will, trägt die Beweislast. Dagegen darf man gleich verteilen, ohne eigens gute Gründe dafür anführen zu müssen. Eine gerechte Verteilung von Kuchenstücken, von Noten, von Strafen usf. wäre dann eine Gleichverteilung. Nun waren wir in unseren Beispielen davon ausgegangen, dass die Mörder vergleichbare Untaten verübt haben, die Kinder gleich hungrig sind und die Fußballmannschaften vergleichbare Fouls begangen haben. Ändern wir diese Faktoren, könnten Ungleichverteilungen rechtfertigbar sein. Hat etwa ein Kind großen Hunger, weil seine Eltern vergessen haben, ihm etwas zu essen zu geben, könnte es durchaus angemessen sein, diesem Kind zwei Kuchenstücke zu geben. Man spricht hier von bedarfsbezogenen Ansprüchen. Ebenso muss natürlich das schlimmere Verbrechen härter bestraft werden. So spricht schon Aristoteles davon, dass die personale Gerechtigkeit unter anderem darin bestehe, gleiche Fälle gleich und ungleiche Fälle ungleich zu behandeln. Die Frage ist natürlich, was im Hinblick auf die Verteilung von x die moralisch relevanten Faktoren sind, die miteinander verglichen werden müssen. Im Hinblick auf die Verteilung von Essen kann der Grad der Hungrigkeit, also der Bedarf eine Rolle spielen. Im Hinblick auf die Verteilung von Strafe die Größe des begangenen Unrechts. Im Hinblick auf Belohnungen die Größe von Verdiensten bzw. im Hinblick auf die Verteilung von Gehältern die Größe der erbrachten Leistung.

Von der personalen Gerechtigkeit zur institutionellen Gerechtigkeit: ein Überblick

In der Antike war Gerechtigkeit zunächst eine personale Tugend. Dabei galt die Hauptfrage, die etwa Platon in der *Politeia* stellt, der Verbindung von Gerechtigkeit und Glück: Was ist glückszuträglicher, das Leben des Gerechten oder das des Ungerechten? Und dabei wird eben das Gerechte im Sinne der weiten Verwendungsweise des Gerechtigkeitsbegriffs mit einer insgesamt moralischen Lebensweise identifiziert. Der Gerechte ist der, der sich an Gesetze und moralische Forderungen hält. Im ersten Buch der *Politeia* kommt der Sophist Trasymachos zu der provokanten These, das Gerechte sei das dem Stärkeren Zuträgliche. Wer nämlich als Tyrann im Großen Unrecht tut, ein ganzes Reich erobert und sich dann selbst zum Gesetzgeber macht, der profitiert von der Regelkonformität des Verhaltens der anderen, ohne selbst moralisch richtig oder gerecht zu handeln. Angesichts dieser Herausforderung verschränkt Platon die personale Gerechtigkeit, die Tugend des Einzelnen, mit der politischen Gerechtigkeit, der richtigen Staatsordnung. In einem idealen Staat soll der beste Mensch, der Philosophenkönig herrschen, der einsieht, dass das Gerechte für ihn und den ganzen Staat gut ist. Das Gerechte ist für Platon eine Metatugend, die bedeutet, dass beim einzelnen Menschen jeder Seelenteil und im Staat jeder Stand «das Seinige tut». Dieses Modell wird durch die Einsicht in eine metaphysische Ideenordnung begründet. Für uns heute ist jedoch die Legitimität eines solchen Modells sowohl im Hinblick auf seine umstrittene metaphysische Begründung als auch im Hinblick auf die Auszeichnung der Aristokratie (die Herrschaft der Besten, natürlich der Philosophen) als beste Herrschaftsform zweifelhaft.

Der Übergang von der antiken zur modernen politischen Philosophie wird meistens bei Thomas Hobbes gesehen. Hobbes begründet eine gerechtfertigte staatliche Ordnung nicht durch Verweise auf einen harmonischen Ideenhimmel, der das Muster für die richtige Staatsordnung abgibt, und auch nicht auf den anthropologischen Essentialismus eines Aristoteles, wonach der Mensch ein soziales Lebewesen *(zoon politikon)* sei, dessen Endzweck es ist, nach dem höchsten Gut und einer tugendhaften Lebensweise in der Polis zu streben. Für Hobbes sind die

Menschen rationale Egoisten, deren höchstes individuelles Ziel in der Selbsterhaltung besteht. Für solche Egoisten ist eine Staatsgründung vernünftiger als das Verbleiben in einem anarchischen (herrschaftsfreien) Naturzustand, in dem jeder von jedem bedroht ist und dadurch um sein Überleben fürchten muss. Hobbes entwirft als Begründung staatlicher Herrschaft überhaupt ein hypothetisches Vertragsmodell *(Kontraktualismus)*. Jeder sieht ein, dass es für ihn vorteilhaft ist, auf sein «Recht auf alles» zu verzichten und dieses auf einen souveränen Herrscher zu übertragen, wenn jeder andere auch dazu bereit ist. Diesbezüglich schließt jeder mit jedem einen Vertrag, dessen Begünstigter der Souverän ist, der als Einziger sein «Recht auf alles» behält. Dieser souveräne Herrscher ist kein Vertragspartner, sondern der Gesetzgeber, der die Definitionsgewalt über Recht und Unrecht im Staat hat, indem er positive Gesetze erlässt. Der entscheidende Vorteil an dieser Position ist der «legitimatorische Individualismus». Staatliche Herrschaft ist nur dann legitim, wenn jeder Einzelne ihr (hypothetisch) zustimmen kann, weil sie für ihn vorteilhaft ist.

Doch springen auch nach dieser äußerst knappen Beschreibung die Nachteile ins Auge: Der Souverän, der die Gesetze erlässt und mit der auf ihn übertragenen Gewalt durch Sanktionen ihre Einhaltung garantiert, ist selbst nicht mehr kontrollierbar. Gewaltenteilung ist bei Hobbes nicht vorgesehen. Ferner: Welche Rechte bleiben den Individuen, wenn der Souverän seine Macht missbraucht? Wir sehen hier den fundamentalen Unterschied zwischen positivem Recht, das der Souverän setzen kann, und unseren Gerechtigkeitsintuitionen: Nicht jedes Gesetz, dessen Einhaltung erzwungen werden kann, würden wir in einem moralischen Sinn für gerechtfertigt halten. John Locke, ein weiterer Vertreter der liberalen Vertragstheorie, hat versucht, einen Mangel bei Hobbes auszugleichen, indem er annimmt, dass jedem Menschen von Natur aus ein Recht auf Leben, Freiheit und Eigentum zustehe (Naturrecht). Des Staates bedarf es nach Locke nur, um diese Rechte zu schützen. Das Problem dieser liberalen Konzeption besteht darin, dass bei Locke keine Sozialrechte vorgesehen sind. In aktuellen Debatten der politischen Philosophie wird deswegen oft zwischen negativen Freiheitsrechten (Unterlassungsrechten) und positiven Sozialrechten (Anspruchsrechten) unterschieden. Die entscheidende Frage ist, ob man nur ein Recht darauf hat, dass einem keine Güter gestohlen werden, oder auch ein Recht darauf, dass man nicht verhungern muss, wenn man keine Güter besitzt. Diese Frage betrifft die soziale Gerechtigkeit als Unterkategorie der Verteilungsgerechtigkeit. Ist eine Gesellschaft gerecht, die einige ihrer Mitglieder auf oder unter der Stufe eines gewissen Minimums zurücklässt, ohne ihnen zu helfen?

Soziale Gerechtigkeit und die Frage der Rechtfertigung: Das Modell von John Rawls' Konzeption der Gerechtigkeit als Fairness

John Rawls hat in den 70er Jahren des letzten Jahrhunderts den vertragstheoretischen Ansatz aktualisiert. (Zu Rawls' Theorie vgl. Mieth 2004.) Er legitimiert nicht mehr wie Hobbes und Locke staatliche Herrschaft überhaupt, sondern stellt die Frage nach der *gerechten Verteilung* gemeinsam erwirtschafteter Güter. Er erläutert die zentrale Rolle, die die Gerechtigkeit für das Zusammenleben der Menschen in einer Gesellschaft spielt, gleich zu Beginn seiner Schrift durch einen Vergleich:

«Gerechtigkeit ist die erste Tugend sozialer Institutionen, so wie die Wahrheit bei Gedankensystemen. Eine noch so elegante und mit sparsamen Mitteln arbeitende Theorie muss fallengelassen oder abgeändert werden, wenn sie nicht wahr ist; ebenso müssen noch so gut funktionierende und wohl abgestimmte Gesetze und Institutionen abgeändert oder abgeschafft werden, wenn sie ungerecht sind» (1975, S. 19).

Rawls geht davon aus, dass sich verschiedene Gerechtigkeitsvorstellungen auf einen gemeinsamen Kern reduzieren lassen, der durch die Deutung der Gerechtigkeit als Fairness erläutert wird. Die Grundintuition dieses Konzepts kann man durch den *Fair-Play-Gedanken* verdeutlichen, den wir vor allem aus dem Bereich des Sports kennen. Wenn alle Teilnehmer an einem Wettbewerb nur erlaubte Mittel einsetzen, sich an die Regeln halten und sich so gegenüber dem jeweils anderen fair verhalten, ist man bereit, den Ausgang des Wettkampfs als Resultat eines fairen Verfahrens zu akzeptieren. Die grundlegende Annahme dabei ist, dass ein faires Verfahren zu einem legitimen Resultat führt. Diese Vorstellung haben wir z. B. auch gegenüber Gerichtsprozessen, deren Ausgang wir dann für legitim halten, wenn die Verfahrensregeln eingehalten wurden und wenn diese selbst fair sind.

Nun muss man natürlich fragen, wann ein Verfahren fair ist. Bleiben wir beim Sport: Wenn zwei Tennisspieler um den Sieg kämpfen, so ist ihr Wettkampf dann fair, wenn sie sich an die Regeln halten: Keiner ist gedopt, keiner hat den Schiedsrichter bestochen oder den anderen irgendwie geschwächt oder behindert. Das heißt, keiner hat sich einen unerlaubten oder ungebührlichen Vorteil dem anderen gegenüber verschafft. Dieser Gedanke, dass ein Verfahren fair ist, wenn keine Partei sich einen unfairen, unerlaubten oder ungebührlichen Vorteil verschafft hat, ist für Rawls' Ansatz von grundlegender Bedeutung. Allerdings hinkt hier der Vergleich mit dem Sport schon ein wenig, denn Rawls kommt es nicht auf das Verfahren (hier: die Regeln, unter denen der Wettkampf stattfindet, die den Ablauf bestimmen) allein an. Vielmehr geht es ihm auch um die Fairness der Ausgangsbedingungen. Man kann sich unfaire Ausgangsbedingungen eines Wettkampfs z. B. dadurch vorstellen, dass ein großer, schwerer Boxer gegen einen kleinen, schmächtigen Gegner antritt. Auch wenn beide sich an alle Regeln halten, würde man sagen, dass dies kein fairer Kampf ist. In Rawls' Theorie sollen Gerechtigkeitsprinzipien bestimmt werden, auf die sich alle Mitglieder einer Gesellschaft unter fairen Ausgangsbedingungen geeinigt hätten. Das heißt, die Ausgangsbedingungen müssen so bestimmt werden, dass sich keiner einen unfairen Vorteil verschaffen kann. Deswegen müssen bei der Konstruktion einer idealen Ausgangssituation für die Wahl von Gerechtigkeitsprinzipien die tatsächlichen Machtverhältnisse so korrigiert werden, dass es keinem gelingen kann, seine tatsächliche Machtposition bei der Wahl von Gerechtigkeitsprinzipien, die für alle gelten sollen, zu seinem persönlichen Vorteil auszunutzen.

Rawls stellt sich vor, dass freie Menschen sich in einer fiktiven, ursprünglichen Situation der Gleichheit auf Grundsätze einigen, die dann für alle verbindlich die Grundstruktur der Gesellschaft bestimmen und die Verteilung von Gütern regeln sollen. Die Bezeichnung «Gerechtigkeit als Fairness» wird davon getragen, «dass die Grundsätze der Gerechtigkeit in einer fairen Ausgangssituation festgelegt werden» (1975, S. 29). Im Begriff des «Urzustandes» werden dabei alle Bedingungen, die wir als fair und vernünftig anzuerkennen bereit sind, zu einer einzigen Vorstellung zusammengefasst. Unter solchen Bedingungen gewählte Regeln können von jedem gegenüber jedem anderen damit begründet werden, dass er selbst ihnen in einer fairen Ausgangssituation freiwillig zugestimmt hätte.

Dabei geht es um die Legitimation von zwei Gerechtigkeitsprinzipen, die von allen als Maßstab zur Bewertung von Institutionen anerkannt werden können. Es geht also um die Legitimität von Institutionen, die Rechte und Güter verteilen.

Rawls' erstes Gerechtigkeitsprinzip richtet sich gegen den Utilitarismus, der vor seinem eigenen Rückgriff auf die vertragstheoretische Tradition die führende Theorie im angelsächsischen Sprachraum war. Der Utilitarismus ist eine endzustandsorientierte, konsequentialistische Theorie, der es um die Erzielung des größten Wohls der Betroffenen geht. Dabei berechnet er in seinen verschiedenen Varianten den maximalen Durchschnittsnutzen oder die maximale Nutzensumme. Neben dem prominenten Einwand, dass es fast unmöglich sei, interpersonelle Nutzenvergleiche durchzuführen, weil das Glück für verschiedene Menschen in Verschiedenem besteht, führt Rawls ein grundsätzlicheres gerechtigkeitstheoretisches Bedenken ins Feld. Denn es widerspricht unseren grundlegenden Gerechtigkeitsintuitionen, dass das Wohl Einzelner dem größeren Wohl vieler anderer geopfert werden darf. Deswegen sieht Rawls im basalen Bereich der politisch-juridischen Rechte eine strikte Gleichverteilung unter den Individuen vor, die auch durch Nutzenerwägungen nicht revidiert werden darf. Der erste Gerechtigkeitsgrundsatz lautet:

«Jedermann soll gleiches Recht auf das umfangreichste System gleicher Grundfreiheiten haben, das mit dem gleichen System für alle anderen verträglich ist» (1975, S. 81).

Im Bereich der sozioökonomischen Gerechtigkeit lässt Rawls zwar Ungleichverteilungen zu, aber diese sind daran gebunden, dass sie sich zum Wohl des Schlechtestgestellten in der Gesellschaft auswirken sollen. Dies ist das umstrittene Differenz- oder Unterschiedsprinzip. Aber warum sollen sich Ungleichheiten zum Wohl der Schlechtestgestellten auswirken? Wie kann man das gegenüber den Bessergestellten, die etwas abgeben müssen, begründen? Grundsätzlich entspricht es unseren Intuitionen, dass in einer Gesellschaft der Befähigtere oder Qualifiziertere größere Chancen sowohl auf verantwortliche Positionen als auch auf Wohlstand hat. Das Problem, das Rawls an dieser Stelle sieht, ist, dass größere Fähigkeiten oft nicht das Verdienst einer Person, sondern das Resultat gesellschaftlicher und natürlicher Zufälligkeiten sind. Eine Qualifikation erwirbt man durch bestimmte natürliche Begabungen in Verbindung mit einer geeigneten Ausbildung. Gesellschaftliche Ungleichheiten können aber die Ausbildungs- und damit die Qualifikationschancen einer Person beeinflussen. Dies würden wir intuitiv als unfair beurteilen. Wer die gleichen natürlichen Anlagen (z. B. zum Arztberuf) mitbringt wie ein anderer, sollte auch dieselbe Chance auf eine entsprechende Ausbildung und damit Qualifikation haben. Unsere Grundintuition, dass dem Befähigten die Laufbahnen offen stehen sollten, muss folglich durch das Prinzip der fairen Chancengleichheit spezifiziert werden. Dieses besagt eben, dass Personen mit denselben natürlichen Anlagen auch dieselben Qualifikationschancen haben müssen und damit dieselbe Chance, eine bestimmte Position zu erreichen. Rawls hat aber darüber hinaus die Idee, dass auch die natürlichen Anlagen oder Begabungen ihrem Träger nicht als Verdienst zugerechnet werden können. Wer unbegabt ist, trägt daran keine Schuld, ebenso wenig hat sich der Talentierte seine Talente verdient. Beides wurde einem von der Natur in die Wiege gelegt. Da man also seine natürlichen Fähigkeiten nicht verdient hat, habe man auch keinen exklusiven Anspruch auf die aus ihnen resultierenden Vorteile. Ziel der Rawls'schen Gerechtigkeitstheorie ist es, den Einfluss von Zufällen auf die Verteilung abzuschwächen. Die gerechte Verteilung, die Rawls im Blick hat, soll, plakativ gesagt, die weniger Fähigen für die unverdienten Nachteile, die ihnen dadurch entstehen, dass sie schlechtere Ausgangsbedingungen haben, entschädigen. Teilt man Rawls' Grundidee, dass die in der Ausgangsposition bereits Begünstigten keinen exklusiven Anspruch auf diese aus «natürlichen und gesellschaftlichen Umstände[n]» hervorgegangene Begünstigung haben (1975, S. 124), sondern die

Gerechtigkeit gerade darin besteht, einen Ausgleich dafür zu schaffen, so gelangt man zu der Idee, das Hauptaugenmerk auf die Verbesserung der schlechtergestellten Positionen zu richten. Aus Rawls' Grundannahme, dass der natürliche Unterschied der Ausgangspositionen gleichsam unverdient ist, geht nämlich seine weitere Überlegung hervor, dass die Ungleichheiten, die sich aus den Ausgangspositionen ergeben, rechtfertigungsbedürftig sind. Das bedeutet, dass sich Ungleichheiten zum Vorteil der Schlechtestgestellten in einer Gesellschaft auswirken müssen. Diese Überlegungen führen zu der folgenden Formulierung des zweiten Gerechtigkeitsgrundsatzes:

«Soziale und wirtschaftliche Ungleichheiten sind so zu regeln, dass sie sowohl (a) den am wenigsten Begünstigten die bestmöglichen Aussichten bringen als auch (b) mit Ämtern und Positionen verbunden sind, die allen gemäß der fairen Chancengleichheit offen stehen» (1975, S. 104).

Um zu verhindern, dass um einer effizienteren Güterverteilung willen Grundrechte verletzt werden, soll der erste Grundsatz dem zweiten immer vorausgehen (lexikalische Ordnung).

Innerhalb des zweiten Grundsatzes wird der Vorrang des Prinzips der fairen Chancengleichheit (b) vor dem Unterschiedsprinzip (Differenzprinzip) (a) verlangt. Durch die zweite Vorrangregel wird wieder der Vorrang der Gleichheit («gleiche Chancen») vor der Ungleichheit, die sich zugunsten der schwächsten Position auswirken soll, betont. Auch zugunsten größerer ökonomischer Vorteile der Schwächsten darf die faire Chancengleichheit nicht eingeschränkt werden. Der erste Gerechtigkeitsgrundsatz (der gleichen Grundfreiheiten bzw. Grundrechte) und der zweite Teil des zweiten Grundsatzes (faire Chancengleichheit) bewirken, dass alle Mitglieder der Gesellschaft die gleichen Möglichkeiten haben, als Bürger an der Gestaltung der Gesellschaft zu partizipieren. Keiner kann kontingente soziale Vorteile zu seinen Gunsten ausnutzen, was die politisch-juridische Sphäre und den Zugang zu Ämtern und Machtpositionen betrifft. Ungleich sind die Menschen lediglich in ihrem Wohlstand, und dies auch nur unter der Bedingung, dass diese Ungleichheit sich zum Vorteil des Schlechtestgestellten auswirkt.

Die Rechtfertigung seiner beiden Gerechtigkeitsprinzipien nimmt Rawls durch ein hypothetisches Vertragsmodell vor, in dem rationale Egoisten aus der ökonomischen Entscheidungstheorie hinter einem «Schleier des Nichtwissens» die für sie günstigsten Gerechtigkeitsprinzipien aus einer Liste mit Alternativen auswählen. Der «Schleier» garantiert dabei ein gerechtes Ergebnis im Sinne der Verfahrensgerechtigkeit. Dadurch, dass keiner weiß, ob er reich oder arm ist, welche besonderen Interessen und Talente er hat, ist keiner in der Lage, die Situation zu seinen Gunsten auszunutzen. Für Rawls ist ein Prinzip zur Verteilung von Gütern genau dann gerecht, wenn die Betroffenen unter moralisch idealen, fairen Ausgangsbedingungen dieser Verteilung selbst zugestimmt hätten. Der Rawls'sche Urzustand stellt so eine Illustration des moralischen, unparteilichen Blickwinkels dar.

Allerdings ist das Differenzprinzip stark umstritten. Ultraliberalen Theoretikern, die den Staat ausschließlich als Hüter der Freiheit des Einzelnen betrachten, geht dieses Umverteilungsprinzip entschieden zu weit. In seiner eigenen Vertragstheorie, die er 1974 in *Anarchy, State and Utopia* ausgearbeitet hat, geht Robert Nozick im Anschluss an John Locke von den angeborenen Rechten des Menschen auf Leben, Freiheit und Eigentum aus. Dabei gilt als Eigentum alles rechtmäßig Erworbene. Die Aufgabe des Staates sieht Nozick darin, dass das Eigentum und die Rechte der Bürger geschützt werden. Er vertritt eine Herkunftstheorie der Besitzverhältnisse, die er als historische Theorie bezeichnet. Es geht nämlich darum, Besitzrechte auf ihr Zustandekommen hin zu untersuchen. Ansprüche auf Besitztümer ergeben sich entweder aus der gerechten Aneignung oder der gerechten Übertragung eines Gegenstandes. Wird einer dieser Grundsätze verletzt, so bedarf es der Korrektur durch den Staat, der die ursprünglichen Besitzverhältnisse wiederherstellt. Die Verteilung der Besitztümer ist nach Nozick genau dann gerecht, wenn jeder das besitzt, worauf er – aufgrund der Erfüllung der obigen Kriterien – einen Anspruch hat. Hier geht es also vor allem um *korrektive Gerechtigkeit*.

Dieser Ansatz ist dem Rawls'schen diametral entgegengesetzt, da es Rawls gerade darum geht, für die Unterschiede, die hinsichtlich der Geburt und Herkunft, die die sozialen Aufstiegschancen beeinflussen können, und den unterschiedlichen Begabungen und Fähigkeiten, die zwischen den Menschen bestehen, einen moralischen Ausgleich zu schaffen. Dass man weniger begabt ist und dadurch weniger leisten kann, ist nicht «Pech» oder «Schicksal», sondern eine Frage des Ausgleichs durch Verteilungsgerechtigkeit. Umverteilende Maßnahmen werden bei Rawls dadurch legitimiert, dass die «Willkür der Welt» so zurechtgerückt werden muss, dass jeder den Verteilungsregeln der gesellschaftlichen Kooperation freiwillig zustimmen kann (1975, S. 165). Ansprüche auf Besitztümer stehen somit bei Rawls gegenüber den Schlechtergestellten unter Rechtfertigungszwang. Nozicks Konzept schließt dagegen sozial- und wohlfahrtsstaatliche Maßnahmen aus, da sie als umverteilende Maßnahmen in die Verteilung des Eigentums eingreifen und deshalb als glatter Diebstahl und damit selbst als moralische Verfehlung zu betrachten wären. Keiner, so Nozicks Kritik an Rawls, hat ein Recht, sich an den von mir durch meine Fähigkeiten und Leistungen erwirtschafteten Gütern zu vergreifen. Korrigiert bzw. abgeschwächt werden müssen bei Rawls im Sinne der Gerechtigkeit die unverdienten Ungleichheiten, die aus verschiedenen Begabungen entstehen und zu einer Ungleichheit in den Lebensaussichten führen.

Soziale Gerechtigkeit als globale Herausforderung?

Nach dem Überblick über den Gerechtigkeitsbegriff und seine Verwendung in verschiedenen Kontexten soll es nun darum gehen zu erkunden, vor welchen Herausforderungen Gerechtigkeit in unserer Zeit steht. Zunächst scheint hier die Frage fundamental, welchen Adressatenkreis eine Gerechtigkeitskonzeption eigentlich hat. Darauf gibt es zwei Antworten: Erstens kann man Verteilungsgerechtigkeit für ein rein innerstaatliches Problem halten. Zweitens gibt es die Auffassung, soziale Gerechtigkeit sei ein Problem, das alle Menschen betrifft.

Soziale Gerechtigkeit als innerstaatliches Problem

Eine Hauptvertretergruppe der These, dass Gerechtigkeit ein innerstaatliches Phänomen sei, sind die Kommunitaristen. Sie gehen davon aus, dass die Inhalte von Moral- und Gerechtigkeitsvorstellungen von den kulturellen und historischen Kontexten von Gemeinschaften abhängig sind. Dies gilt laut Michael Walzer auch für Fragen der Verteilungsgerechtigkeit. Nur die Mitglieder einer historisch gewachsenen Gemeinschaft sind in der Lage, untereinander Verteilungsregeln festzulegen. Das «erste und wichtigste Gut, das Menschen untereinander zu verteilen und zu vergeben» haben, ist daher «die Mitgliedschaft in einer menschlichen Gemeinschaft» (Walzer 1992, S. 65). Wer einmal Mitglied ist, hat am kollektiven Selbstbestimmungsrecht einer Gemeinschaft teil. Das *Recht auf Selbstbestimmung*, das für Walzer nur für Mitglieder von Gemeinschaften Sinn macht, ist ein Individualrecht, das sich gegen Fremde so auswirkt, dass Individuen ein Recht auf einen eigenen Staat haben. Gerechtigkeit zwischen Staaten besteht für Walzer in der moralischen Forderung nach *Nichteinmischung* in die inneren Angelegenheiten von Staaten, da eine Einmischung das Selbstbestimmungsrecht gefährden würde.

Diese Auffassung scheint jedoch in zweierlei Hinsicht problematisch. Erstens ist, wie Walzer schreibt, eine Gesellschaft und ihr Verteilungssystem so lange gerecht, wie sie «den gemeinsamen Vorstellungen ihrer Mitglieder entspricht» (1992, S. 441). Ein Kastensystem ist also legitim, solange sich keiner der davon Betroffenen effektiv dafür einsetzt, es abzuschaffen. Mehr noch, nach Walzers Meinung wird die Gerechtigkeit «selbst tyrannisch», wenn sie von außen in ein nach «gemeinsamen Sozialvorstellungen» anerkanntes Verteilungssystem eingreift (1992, S. 442). Aber, so darf man fragen, wie viele Menschen müssen wie aktiv Widerstand gegen das System leisten, bis es als illegitim gilt? Wenn eine Minderheit in einem System strukturell unterdrückt wird, so wird sie es sehr schwer haben, aus eigener Kraft das System zu *ändern*. Sie wird sich vielleicht dem System beugen, was von außen wie Zustimmung aussehen kann, obwohl sie es nicht freiwillig akzeptieren würde und es für illegitim hält. Hier wird ein fundamentales Defizit der Walzer'schen Theorie deutlich: Ein kollektives Recht auf Selbstbestimmung, wie er es annimmt, setzt ein *gleiches* Recht der beteiligten Individuen auf politische Mitwirkung – und damit demokratische Strukturen – voraus. Zweitens haben, als Konsequenz von Walzers Position, Fremde kein Recht, ein solches Verteilungssystem von außen zu kritisieren oder zugunsten einer in ihm benachteiligten Gruppe in es einzugreifen. Wenn wir ein solches System aufgrund unserer kulturellen Voraussetzungen für ungerecht halten, ist es nicht unsere Aufgabe, es zu ändern.

John Rawls entwirft ein anspruchsvolleres Modell, das jedoch nicht von Staaten, sondern von Völkern ausgeht, die, sofern sie «wohlgeordnet» sind, untereinander ein «Recht der Völker» anerkennen. Dabei ist die Anerkennung der oben beschriebenen Gerechtigkeitstheorie von Rawls jedoch kein Kriterium für die Wohlgeordnetheit eines Volks, soziale Gerechtigkeit ist also auch für ihn ein innerstaatliches Problem. Es geht ihm vielmehr darum zu begründen, dass Staaten, die entweder liberal sind oder hierarchisch unter Achtung grundlegender Menschenrechte, untereinander einen gemeinsamen Regelungsmodus anerkennen, der Frieden und Sicherheit garantiert. Von diesen wohlgeordneten Völkern unterscheidet er «outlaws», darunter versteht er diktatorische Regime, die die Menschenrechte nicht achten, und «burdened societies», die nicht aus eigener Kraft wohlgeordnet zu werden vermögen. Gegenüber solchen Staaten nimmt Rawls eine Hilfspflicht an, die erfüllt ist, sobald diese Staaten wohlgeordnet sind. Über die Hilfspflicht hinaus sieht Rawls jedoch keinen interstaatlichen Entwurf von Verteilungsgerechtigkeit vor. Denn er glaubt, dass «der entscheidende Faktor für die Geschicke eines Landes seine politische Kultur ist» und nicht seine Ressourcenausstattung. Wenn Land a sich für die Industrialisierung entscheidet und nach einigen Jahrzehnten sehr wohlhabend ist, während Land b sich dagegen entscheidet und relativ arm bleibt, so sieht Rawls keine Grundlage für eine Besteuerung des Landes a zugunsten von Land b. Rawls lehnt das Differenzprinzip als interstaatliche Verteilungsregel ab.

Die Perspektive der globalen Gerechtigkeit und die Ungerechtigkeit der Weltwirtschaftsordnung

Thomas Pogge geht davon aus, dass es irreführend, wenn auch weit verbreitet ist, das Armutsproblem beziehungsweise das Problem globaler Ungleichheiten als ein Problem zu betrachten, bei dem es um wohltätige Spenden oder Hilfeleistungen geht. (Zum Verhältnis von Hilfe und Gerechtigkeit vgl. Mieth 2004.) Diese herkömmliche Sichtweise hat zwei große Defizite. Erstens nehmen wir Spenden und Wohltätigkeitspflichten nicht besonders ernst. Spenden sind supererogatorische Handlungen: Sie sind moralisch verdienstvoll, wenn man sie ausführt, doch nicht moralisch schlecht, wenn man sie unterlässt. Zweitens lenkt diese Sichtweise davon ab, dass wir, die Bürger reicher Staaten, für die Probleme von Armut und globaler Ungleichheit mit verantwortlich sind. Armut und Ungleichheit gehen zumindest teilweise auf die Auswirkungen von historischen Ungerechtigkeiten wie Ausbeutung, Sklaverei, Genozid und Kolonialismus zurück. Die daraus resultierenden Ungleichheiten haben die armen Völker nicht zu verantworten. Auch wenn sie heute weitgehend ihr Schicksal selbst bestimmen könnten, wären doch ihre Startbedingungen ungerechterweise schlecht. Insofern würde es schon zu den Forderungen korrektiver Gerechtigkeit gehören, etwas gegen das Armutsproblem zu unternehmen. Nun ist es natürlich schwierig, genau zu bestimmen, welcher Anteil an gravierender Armut auf welche Ungerechtigkeiten zurückgeht und wer heute dafür zur Verantwortung gezogen werden sollte. Ferner haben sich manche Staaten mit diesem historischen Hintergrund besser entwickelt als andere. Doch Pogge lehnt die von ihm so genannte These der rein innerstaatlich verursachten Armut ab. Er vertritt die Auffassung, dass die globale Wirtschaftsordnung ungerecht ist, weil sie zum Fortbestehen der Weltarmut beiträgt. Denn der institutionelle Kontext, in dem nationale Entscheidungen getroffen werden, werde durch die strukturelle Ungerechtigkeit der globalen Ordnung in gravierendem Ausmaß mitbestimmt. Unfaire Weltwirtschaftsregeln hindern die armen Länder daran, sich zu verbessern. Dabei sind sowohl das Zustandekommen der Regeln als auch ihre Folgen ungerecht. Ungleichheiten in Bezug auf Macht, Einfluss und Know-how bewirken, dass arme Staaten nur unter erheblichen Behinderungen wie unfairen Schutzzöllen agieren können. Daraus resultiert die Forderung nach fairen und offenen Märkten. WTO-Entscheidungen liegen im Interesse der reichen Länder, die sich unfaire Vorteile verschaffen, Entscheidungen werden undemokratisch getroffen (manche der Betroffenen haben nicht einmal eine Vertretung in der WTO, die anderen werden übervorteilt, weil es ihnen an Know-how fehlt). Die Weltwirtschaftsordnung wird von den Reichen unfairerweise zu ihrem Vorteil gestaltet, sodass Ungleichheiten nicht etwa vermindert werden, sondern dazu tendieren, sich zu verschärfen.

Pogges Pointe ist folgende: Wenn wir andere schädigen (unsere negativen Pflichten, eine ungerechte Ordnung, die vorhersehbarerweise vermeidbare gravierende Armut reproduziert, nicht zu unterstützen und nicht auszunutzen, verletzen), dann müssen wir diejenigen, die wir geschädigt haben, kompensatorisch unterstützen. Dabei geht es insbesondere darum, zu verstehen, warum ressourcenreiche Länder wie etwa viele afrikanische Staaten dennoch unter gravierenden Armutsproblemen leiden. Pogges Erklärung besteht darin, dass interne Faktoren extern bedingt sein können. So regieren in vielen ressourcenreichen afrikanischen Staaten korrupte Eliten, die die Rohstoffe wie Öl und Diamanten an uns verkaufen, ohne ihre unterdrückten Bürger am Erlös zu beteiligen. Dabei ermöglicht die ungerechte Struktur der Weltordnung, die von unseren Regierungen maßgeblich bestimmt wird, diese inneren Ungerechtigkeiten. Pogge erläutert dies am Rohstoff- und Kreditprivileg, das unsere Regierungen den korrupten Eliten armer Länder einräumen. Korrupte Eliten regieren mit Hilfe oder Duldung von ausländischen Regierungen oder Konzernen. Wer sich in den Besitz der Ressourcen eines Landes bringt, wird international als legitimer Eigentümer behandelt, auch wenn er diese vollkommen illegitim, etwa durch Gewalt, erworben hat. Das Rohstoffprivileg ermöglicht, ungerecht Erworbenes legal zu übertragen, mit katastrophalen Auswirkungen für die «bestohlenen» Bürger, denen der Erlös der Rohstoffe ihres Landes nicht zugutekommt. Das Kreditprivileg hilft korrupten Eliten, sich mit geliehenem Geld an der Macht zu halten. Im Falle eines Regimewechsels bürdet es demokratischen Folgeregierungen enorme Folgelasten auf und schwächt sie so, während es den Anreiz zu Putschversuchen verstärkt.

«Viele Regierungen armer Länder waren bei ihrer Machtergreifung und sind bei ihrer Machterhaltung auf ausländische Unterstützung angewiesen. Es gibt viele Politiker und Beamte in armen Ländern, die, von Ausländern verleitet oder bestochen, gegen die Interessen des eigenen Volkes agieren: Sie engagieren sich etwa *für* die Entwicklung einer touristenfreundlichen Sexindustrie (und profitieren mit von der damit einhergehenden, oft gewaltsamen Ausbeutung von Frauen und Kindern), *für* die Einfuhr von unnötigen, veralteten oder überteuerten Produkten auf Staatskosten, *für* die Importierung gefährlicher Materialien, Abfälle oder Industrieanlagen und *gegen* Gesetze, die Arbeitnehmerrechte sichern oder die Umwelt schützen würden» (Pogge 2005).

Insgesamt geht Pogge von vier Faktoren aus, anhand deren man die Ungerechtigkeit der globalen Ordnung nachweisen kann. Dies sind: (1) Die globale Ordnung geht mit einem massiven Menschenrechtsdefizit einher, (2) dies ist vorhersehbar, (3) dies wäre durch eine alternative Ordnung vermeidbar, (4) diese Vermeidbarkeit ist bekannt. Durch andere Gesetze und Regelungen wäre es möglich, das immense Menschenrechtsdefizit, das die bestehende Weltordnung hervorbringt, zu vermeiden. Insofern liegt hier kein Unglück, sondern Ungerechtigkeit vor. Und, in diesem Punkt folgt Pogge Rawls: Wenn eine Ordnung ungerecht ist, dann ist dies ein zwingender Grund, sie zu verändern oder abzuschaffen.

Zum Verhältnis von Ungerechtigkeit und Unglück

Am Ende sei noch auf die zentrale Unterscheidung von Ungerechtigkeit und Unglück verwiesen. Denn nur auf Ungerechtigkeiten reagieren wir korrekterweise mit moralischer Empörung, während angesichts von Unglücken Enttäuschung oder Trauer die angemessene Reaktion darstellt. Die Gerechtigkeit von Ordnungen, Institutionen und Verteilungen hängt davon ab, wie Menschen diese gestalten, deswegen tragen diese auch die Verantwortung dafür. Andererseits gibt es Unglücksfälle, für die niemand verantwortlich ist. Doch die Linie zwischen Unglück und Ungerechtigkeit ist nicht trennscharf, vielmehr bedarf sie selbst der ständigen Kontrolle und Überprüfung. (Vgl. dazu Shklar 1992 und Mieth 2005.) Der Einflussbereich des Menschen wird immer größer, und dadurch wächst auch der Bereich der Gerechtigkeitsprobleme und Forderungen mit. Je mehr technische Möglichkeiten der Fortschritt beschert, desto virulenter wird die Frage nach der Verteilung der Vorteile und Lasten. Je nachdem, wo wir die Grenze zwischen dem «Naturgegebenen», das wir akzeptieren müssen, und dem menschlich Verantwortbaren und Änderbaren ziehen, tauchen Gerechtigkeitsprobleme auf oder nicht. Diese bestehen nicht nur nach einem «zurechenbaren Eingriff» in unsere fundamentalen Interessen bzw. nach einer aktiven Verletzung von Rechten. Vielmehr entsteht auch ein Gerechtigkeitsproblem, wenn trotz technischer und finanzieller Möglichkeiten (passiv) den von einer Hungerkatastrophe Betroffenen nicht geholfen wird. Unterentwicklung und die Unfähigkeit, mit Naturkatastrophen präventiv umzugehen, hängen hier eng zusammen. Viele Folgen von Naturkatastrophen wären heute durch effiziente menschliche Eingriffe abschwächbar. Was wir als «von Natur aus gegeben» akzeptieren müssen, ändert sich einerseits mit unseren technischen Möglichkeiten, andererseits mit unseren Gerechtigkeitsauffassungen. Es gibt viele verschiedene Ungerechtigkeitserfahrungen, die verschiedene Menschen zu verschiedenen Zeiten machen und artikulieren können. Die Frage ist dann im Rahmen der politischen Gerechtigkeit, ob die Ungerechtigkeiten von Institutionen erzeugt werden, die entsprechend verändert werden müssen, oder ob sie von Menschen nicht änderbar sind und damit in den Bereich dessen fallen, was Judith Shklar Unglück im Unterschied zu Ungerechtigkeit nennt. Vor tausend Jahren war ein Hurrikan ein großes Unglück, das niemand vorhersehen konnte. Heute gibt es Messgeräte und Präventionsmaßnahmen, Früherkennungssysteme und Evakuierungsmöglichkeiten. Wenn die Betroffenen nicht gewarnt werden, weil das Gebiet wirtschaftlich sowieso nicht interessant ist und eine Evakuierung dem Staat nicht lohnenswert scheint, kann man von Ungerechtigkeit sprechen. Die Frage danach, inwieweit Institutionen ungerecht sind, hängt also teilweise von den Umständen ab. Unsere Intuitionen in Bezug auf das, was wir von Institutionen erwarten, was wir für gerecht und ungerecht halten, ändern sich ebenfalls ständig. Was sich jedoch nicht ändern darf, ist der Rechtfertigungszwang, unter dem die Institutionen stehen müssen, um ihrer Aufgabe als Rechtssicherungsinstrumente und Verteilungsinstrumente für die Menschen genügen zu können. Wenn es stimmt, was Thomas Pogge herausgearbeitet hat, und die Weltwirtschaftsordnung zur Verschärfung der Weltarmut beiträgt, so liegt hier eine massive Ungerechtigkeit vor. In der Tat beschließen reiche und mächtige Staaten sowie transnational agierende Unternehmen, wie die globale Grundstruktur und damit die Lebensaussichten der Armen aussehen. Gibt es zu diesen Regelungen praktikable Alternativen, unter denen die Menschenrechte der Armen besser geschützt wären, so kann in der Tat die bestehende Ordnung als gegenüber den Armen ungerecht und, da sie weder realiter noch idealiter an ihr mitbestimmen können, auch als ungerechtfertigt gelten.

Zitierte Literatur

Mieth, C.: Sind wir zur Hilfe verpflichtet? Zur Dialektik von Hilfe und Gerechtigkeit. In: K. Hirsch/K. Seitz (Hg.): Zwischen Sicherheitskalkül, Interesse und Moral. Frankfurt/M. 2004.

—: Sinn für Ungerechtigkeit. Eine kritische Perspektive. In: I. Kaplow/Ch. Lienkamp (Hg.): Sinn für Ungerechtigkeit. Baden-Baden 2005, S. 66–87.

—: John Rawls. Eine Einführung in Werk und Wirkung, PolitikON 2004, unter: www.politikon.org/ilias2

Nozick, R.: Anarchie, Staat, Utopie. München o. J.

Pogge, Th.: Globale Verteilungsgerechtigkeit. In: S. Gosepath/J.-C. Merle: Weltrepublik. Globalisierung und Demokratie. München 2002, S. 220–233.

—: Globale Armut. Erklärung und Verantwortung. In: P. Koller (Hg.): Die globale Frage. Empirische Befunde und ethische Herausforderungen. Wien 2005, S. 95–130.

Rawls, J.: Eine Theorie der Gerechtigkeit. Frankfurt/M. 1975.

—: Das Recht der Völker. Berlin 2002.

Shklar, J.: Über Ungerechtigkeit. Berlin 1992.

Walzer, M.: Sphären der Gerechtigkeit. Ein Plädoyer für Pluralität und Gleichheit. Frankfurt/New York 1992.

Weitere Literatur

Höffe, O.: Gerechtigkeit. Eine philosophische Einführung. München 2001.

Horn, Ch./Scarano, N.: Philosophie der Gerechtigkeit. Texte von der Antike bis zur Gegenwart. Frankfurt/M. 2002.

Kersting, W.: Die politische Philosophie des Gesellschaftsvertrags. Darmstadt 1994.

Mieth, C.: World Poverty as a Problem of Justice? A Critical Comparison of Three Approaches. In: Ethical Theory and Moral Practice 1 (2008), S. 15–36.

Pogge, Th.: World Poverty and Human Rights. Cambridge 2002.

Rawls, J.: Gerechtigkeit als Fairness. Ein Neuentwurf. Frankfurt/M. 2003 (engl.: Justice as Fairness. A Restatement. Cambridge/Mass. 2001).

Heiner Hastedt
5. Gibt es Grenzen der Toleranz?
Zur Verteidigung von Freiheit und Pluralismus

Eine der wichtigsten europäischen Leistungen des 17. und 18. Jahrhunderts ist das Nachdenken über religiöse Toleranz. Die konfessionellen Bürgerkriege, die ganze Landstriche verwüsteten, und die religiösen Pogrome, die auf offener Straße zur Massakrierung Andersgläubiger führten, stellten die Frage in den Raum, ob Differenzen in der christlichen Abendmahlsfrage solche blutigen Folgen rechtfertigen. Die Idee der Toleranz basierte zunächst darauf, die Wahrheitsfrage aufrechtzuerhalten, aber sie nicht als Eskalationsbasis zu nehmen, sondern abweichende Auffassungen – wenn auch widerwillig – zu erdulden. Religiöse Differenzen und die Wichtigkeitsaufladung der Abendmahlsfrage bleiben erhalten, auch wenn die Lehre der Toleranz indirekt nach und nach zu einer Entwertung der religiösen Sichtweise führte. Im Kern ist der Toleranzgedanke eine Handlungslehre, die keine Rückschlüsse auf individuelle Präferenzen vornehmen will: Zwar mag der Nachbar einer als fremd empfundenen Religion anhängen, aber umgebracht wird er deshalb nicht. Gotthold Ephraim Lessing hat dies in der berühmten Ringparabel veranschaulicht, indem er den Unterschied von Wahrheitsbesitz und Streben nach Wahrheit herausarbeitete. Demnach hat kein Angehöriger der großen monotheistischen Religionen – Christentum, Islam, Judentum – einen sicheren Zugang zur Wahrheit. Während ein theoretischer Wahrheitsbeweis nicht für möglich gehalten wird, soll im Streben nach Wahrheit ein respektvolles Miteinander der verschiedenen Religionen diese ebenbürtig machen. Der Toleranzgedanke bei Lessing behält die Orientierung an Wahrheit bei und steigert sie handlungsbezogen durch einen wechselseitigen Respekt.

Der Toleranzgedanke – ob rudimentär oder anspruchsvoll begründet – erfordert im Alltag einen durchaus komplizierten Denkprozess: Gewalt und Eskalation haben zu unterbleiben, aber zugleich soll die Wahrheitsfrage ihr volles Recht behalten. In der Wirkungsgeschichte geht der eigentlich keineswegs relativistische Toleranzgedanke entgegen der ursprünglichen Absicht eine Koalition mit relativierenden und abschleifenden Perspektiven ein: Wird beispielsweise die unterschiedliche Abendmahlsinterpretation am Anfang weiter wichtig genommen, dann wird sie zunehmend nur noch nominell verteidigt, und eines Tages können die jeweils eigenen Anhänger die Differenz gar nicht mehr erklären. Toleranz ist nicht relativierend gemeint, erzeugt auf Dauer wirkungsgeschichtlich in vielen Fällen aber ebendiesen Effekt.

Toleranz gehört in den Kontext des Pluralismus, wonach weltanschauliche Differenzen in einem demokratischen Gemeinwesen nicht aufzulösen, sondern in ein gedeihliches Miteinander zu bringen sind. Toleranz und Pluralismus reagieren auf Verschiedenheit nicht allergisch und entwickeln sich tendenziell zu einer Öffnung auf Fremdes, die den eigenen Horizont erweitert, aber auch an den Rand der Selbstaufgabe gehen kann. Die Offenheit für Fremdes steigert die Angreifbarkeit, wenn Toleranz und Pluralismus von anderen nur als Schwäche gedeutet werden. Vor diesem Hintergrund besteht die Gefahr, dass ihre faktisch relativierende Wirkung dazu führt, die eigenen anspruchsvollen Werte, die Toleranz und Pluralismus erst ermöglichen, in ihrer Bedeutung zu verkennen und sich lediglich ausweichend und opportunistisch zu verhalten. Deshalb sind bei Toleranz und Pluralismus wie bei der Freiheit überhaupt auch die Grenzen zu ziehen, die sich aus der dahinterstehenden Werthaltung ergeben. Diese Grenzziehung bedarf dabei der je neuen Urteilskraft in konkreten Situationen; denn es gehört zum wesentlichen Gehalt von Toleranz, Pluralismus und Freiheit, nicht substantialistisch bestimmbar zu sein, sondern immer neu die eigene Perspektive bis an den Rand der Selbstaufgabe zu erweitern. Es wäre selbstwidersprüchlich, auf der Basis starrer, die Selbstinfragestellung ausschließender Prinzipien tolerant zu sein; die im Konzept der Toleranz eingebaute Offenheit kann sich im Nachhinein immer als gefährliche Schwäche erweisen. Dieses Dilemma lässt sich nur um den Preis einer Aufgabe der Toleranz selbst vermeiden.

«Kriegslist des Friedens»

Die Perspektive der Toleranz verarbeitet die Freiheitsorientierung der Moderne, die keineswegs gleich gut mit allen Lebensformen vereinbar ist. Dementsprechend steht hinter der Fähigkeit zur Toleranz eine voraussetzungsreiche und anspruchsvolle Werthaltung, die selbst durchaus partikular ist, auch wenn sie Teil eines universellen Pluralismus ist. Der Schriftsteller Botho Strauß hat die Partikularität der pluralistischen Toleranz und die faktische Wirkung ihres Erfolgs treffend charakterisiert:

«Sind aber Toleranz und Liberalität nicht in Wahrheit die Kriegslist des Friedens? Wenn in Rom eine Moschee erbaut wird, beten die konservativen Katholiken fünfzig Ave Marias und flehen zur Kaiserin Theulinde, die einst die Christianisierung der Langobarden durchführte. Doch erfolgreicher war es bislang, nirgends ein Bollwerk zu errichten, überall dem Anders-, ja, Feindlichdenkenden den größtmöglichen Raum zu eröffnen. Allerdings zielt dies immer darauf, dass Auflösung auch die anderen ergreife und Assimilation sich auf Dauer (wirtschaftlich) segensreicher auswirke als asketischer Radikalismus. Alles hängt davon ab, ob Auflösung im westlichen Sinn die zentrale Gewalt bleibt und eine letzte, unüberwindliche Bastion» (1997, S. 45 f.).

Charakteristisch für die Lebensform der Toleranz ist eine quasi zurückgenommene Verteidigungslinie, insofern die Sozialisierungs- und Assimilierungseffekte listig auf Dauer in einem von Toleranz geprägten Milieu oft von selbst eintreten. Toleranz heißt damit keineswegs, dass in der politischen Duldung anderer Auffassungen die eigenen im Konfliktfall aufgegeben werden. Toleranz begünstigt vielmehr eine Lebensform, die Unterschiede akzeptabel macht, solange alle Beteiligten von Exzessen Abstand halten. Die Relativierungseffekte treten nur ein, wenn sich alle stillschweigend daran beteiligen. Der Toleranzgedanke ist eine Erscheinungsform des philosophischen Liberalismus mit seinen universalistischen Grundlagen, die im politischen Konfliktfall faktisch als partikulare Partei auftritt, sodass «man völlig widerspruchsfrei die Meinung vertreten darf, der Einsatz politischer Macht zur Durchsetzung unserer eigenen religiösen, philosophischen oder moralischen Globalanschauungen sei unvernünftig, obwohl wir diese Anschauungen natürlich als wahre oder vernünftige (oder zumindest nicht unvernünftige) Meinungen bejahen müssen» (Rawls 2003, S. 281). Der Toleranzgedanke ist konsistent vertretbar, auch wenn er tatsächlich eine Kriegslist des Friedens anwendet (zu der sich zu bekennen es gute Gründe gibt).

Was ist Toleranz?

«‹Toleranz› ist einer jener Begriffe, die im Alltag nahezu selbstverständlich gebraucht werden, deren Bedeutung aber umso diffuser wird, je mehr man sich um eine Klärung bemüht» (Forst 2000, S. 119). Rainer Forst hat deshalb zur gedanklichen Schärfung des Toleranzbegriffs die Erlaubnis-, Koexistenz-, Respekt- und Wertschätzungskonzeption unterschieden, die in dieser Reihenfolge die Toleranzkonzeption von einer eher defensiven Variante, in der eine Obrigkeit aus Zweckmäßigkeitsgründen auf eine Verfolgung der Dissidenten verzichtet, zu einer immer gehaltvolleren Gesamtkonzeption werden lässt. Während die Koexistenzkonzeption noch pragmatisch mit Blick auf die hohen Konfliktkosten der Intoleranz auf Nachsichtigkeit besteht, wird in der Respektkonzeption die Anerkennung des Andersartigen selbst zu einem moralischen Wert. In der Wertschätzungskonzeption kommt die Toleranz sogar an den Rand der Selbstaufhebung, insofern das Andersartige geradezu als wertvoll angesehen wird (obwohl doch Toleranz eigentlich Dissens voraussetzt).

Toleranz wird so nach und nach zu einem Teil der anspruchsvollen Haltung des universalistischen Pluralismus und einer Orientierung an Freiheit, die keineswegs mit einer relativistischen Akzeptanz von allem und jedem gleichzusetzen ist. Entsprechend ist das Gegenteil von Toleranz die Intoleranz und nicht die Indifferenz, die Ausdruck einer Egal-Haltung ist. Nicht Gleichgültigkeit wird propagiert, sondern eine handlungsbezogene Nichtsanktionierung des eigentlich Abgelehnten. Lediglich indirekt und auf Dauer kann als nichtintendierte Nebenfolge der Toleranz eine Zunahme von Haltungen der Vergleichgültigung wahrgenommen werden. John Rawls (2003, S. 293) arbeitet heraus, dass anfänglich das Toleranzprinzip auf einen *modus vivendi* zielt, bei dem die Anerkennung zunächst nur widerstrebend erfolgte, um Konflikt-verschärfungen zu vermeiden. Davon ausgehend steht hinter dem bloß äußerlichen Tolerieren nach und nach auch das Streben nach Anerkennung im Rahmen des Pluralismus, das hinter den zu tolerierenden Unterschieden Gemeinsames entdeckt. In den langanhaltenden Auseinandersetzungen über religiöse Toleranz im 16. und 17. Jahrhundert liegt der Ursprung des Liberalismus. Der Grundgedanke des Liberalismus basiert darauf, eine allgemeinverbindliche Konzeption der Gerechtigkeit von den ins Private abgedrängten Konzeptionen des Guten zu unterscheiden. Während die unterschiedlichen Auffassungen des Guten für den Liberalen fast problemlos zu tolerieren sind, erfordert die Gerechtigkeit einen normativen Grundkonsens, der Grenzen der Toleranz festschreibt und möglichst unabhängig von den religiösen (und philosophischen) Überzeugungen der einzelnen Bürger gedacht werden sollte. Das Gute erscheint so als bloß noch partikular, das in öffentlicher Hinsicht zunehmend an Bedeutung verliert und dem Sog der Beliebigkeit überlassen wird. Die weiterhin strikt zu denkende Grenzziehung im Hinblick auf die öffentliche Gerechtigkeit geht einher mit einer achselzuckenden Kenntnisnahme der Verschiedenheit im Privaten. Diese wohletablierte Tendenz des Liberalismus stößt gegenwärtig selbst an Grenzen, wenn aus dem eigentlich Privaten religiöse Tendenzen auch auf das Öffentliche zurückwirken, die die Toleranz gefährden.

Toleranz als Duldung und ein Vorschlag zur Grenzziehung

Das englische «toleration» wird in der deutschen Ausgabe von John Lockes klassischem *A Letter concerning Toleration* im Sinne der Erlaubnis- und Koexistenzkonzeption der Toleranz mit «Duldung» wiedergegeben, wonach Locke «Duldung für das hauptsächlichste Kennzeichen der wahren Kirche» hält (1996, S. 3). Die Übersetzung mit Duldung verdeutlicht von vornherein, dass es nicht um ein Fürwahrhalten oder um innerliche Überzeugungen geht. Vielmehr handelt es sich um ein Verhalten, das Abstand von gewaltsamen Bekehrungen und anderen Drangsalierungen des anderen nimmt. Stattdessen wird von Locke empfohlen, sich der je eigenen Wahrheitssuche und der je eigenen ethischen Läuterung zu widmen: «Wer immer sich unter das Banner Christi stellen will, der muss an erster Stelle und vor allen Dingen Krieg führen gegen seine eignen Begierden und Laster» (S. 3). Staat und Obrigkeit haben sich um den Schutz der bürgerlichen Interessen zu kümmern; diese sind die Basis der vertragstheoretischen Legitimierung staatlicher Herrschaft. Das je individuelle Seelenheil gehört nicht zum Aufgabengebiet des Staates: «Alles Leben und alle Macht wahrer Religion besteht in der inneren und vollkommenen Gewißheit des Urteils, und kein Glaube ist Glaube ohne Fürwahrhalten» (S. 15).

Für Locke gibt es dann Grenzen der Duldung, wenn die bürgerliche Gesellschaft selbst in Frage gestellt wird, so «daß keine Meinungen im Widerspruch mit der menschlichen Gesellschaft oder mit den für die Erhaltung der bürgerlichen Gesellschaft notwendigen Regeln von der Obrigkeit geduldet werden dürfen» (S. 91). Da die Loyalität von Katholiken der eigenen Obrigkeit gegenüber zweifelhaft und Atheisten sowieso unsichere Kantonisten seien, erstreckt sich das Duldungsgebot nicht auf sie; denn «Versprechen, Verträge und Eide, die das Band der menschlichen Gesellschaft sind, können keine Geltung für einen Atheisten haben» (S. 95).

Auch wenn die Ausgrenzung von Katholiken und Atheisten in Lockes Toleranzlehre heute skurril wirkt, macht dies die öffentlichkeitsbezogene Werthaltung der Duldung deutlich. Locke empfiehlt Toleranz gerade deshalb, weil für ihn die Duldung als die höherwertige Handlung erscheint. Der historische Einführungskontext der Toleranz enthält mit seiner Orientierung an der Gestaltung der bürgerlichen Gesellschaft von vornherein den Grenzgedanken: Tolerante Duldung ist nur in einem definierten Bezugsrahmen ein überzeugendes Handlungskonzept.

Nach John Stuart Mills *Über die Freiheit* gibt es ein einfaches Prinzip, das auf die Grenzen der Toleranz direkt anwendbar ist: «Das Prinzip lautet: dass der einzige Grund, aus dem die Menschheit, einzeln oder vereint, sich in die Handlungsfreiheit eines ihrer Mitglieder einzumengen befugt ist, der ist: sich selbst zu schützen» (1974, S. 16). Abwegige Ansichten und Haltungen eines anderen Menschen «sind wohl gute Gründe, ihm Vorhaltungen zu machen, mit ihm zu rechten, ihn zu überreden oder mit ihm zu unterhandeln, aber keinesfalls um ihn zu zwingen oder ihn mit Unannehmlichkeiten zu bedrohen, wenn er anders handelt» (S. 17). Tolerierende Duldung bezieht sich auf Ansichten und Haltungen; Sanktionen und damit die Grenzen der Toleranz sind erforderlich, «nur insoweit sein Verhalten andere in Mitleidenschaft zieht» (S. 17).

Die Grenzen der Toleranz und der Pluralität erfordern die gleiche Grenzziehung wie bei der Freiheit: Ansichten und Haltungen sind zu tolerieren; sie erfordern jedoch Zurückweisung, wenn sie anderen aktiv Schaden zufügen. Der religiöse Fanatiker, der im Raum der Andacht Abwegiges formuliert, ist tendenziell zu tolerieren. Der gleiche Fanatiker, der damit – wie indirekt auch immer – zu gefährlichen Handlungen seiner Anhänger aufruft, wird innerhalb eines Rechtsstaats zum Objekt des Strafrechts (dessen Vollstreckung nur durch Einschätzungen der klugen Opportunität einzugrenzen ist). Auch wenn die von Mill vorgeschlagene Abgrenzung nicht alle Detailfragen (z. B. danach, ob eine Tolerierung bei uns die gleiche Grenzziehung erfordert wie in anderen Gesellschaften und ob damit Interventionserfordernisse verbunden sind) schlüssig löst, bietet sie doch einen guten Einstieg zur Klärung von Überlegungen nach den Grenzen der Toleranz.

Toleranz und Gewaltenteilung

Die Haltung der Toleranz ist nicht nur wegen ihrer Duldung des Abgelehnten anspruchsvoll, sondern auch weil sie Teil eines komplexen Geflechts von modernen Anschauungen und Werten ist: Neben Freiheit und Pluralismus ist hierzu auch die Gewaltenteilung zu rechnen; denn zur Toleranz gehört Skepsis gegenüber der Reichweite der je eigenen Fähigkeiten, denen auch im eigenen Fall nicht zugetraut wird, mit einer ungeteilten Macht verantwortungsvoll umzugehen. Gewaltenteilung basiert auf der Einsicht, dass bei pluralistischen Werten und unter Berücksichtigung der Freiheit des Einzelnen monolithische Gewalten sowohl uneffektiv als auch normativ unerwünscht sind. Der Grundgedanke von «checks and balances», der über die übliche Einteilung von Legislative, Exekutive und Judikative hinausgeht, ist philosophisch interessant und in seiner Anwendungsperspektive keineswegs auf bereits allzu Bekanntes beschränkt: Gewaltenteilung gehört zur Toleranz, insofern viele moderne Menschen die prinzipielle Attraktion unterschiedlicher «Gewalten» erlebt haben und diese Attraktion nicht zugunsten einer Gewalt aufheben wollen. Im Rahmen des Toleranzgedankens steht Gewaltenteilung dafür, dass es unterschiedliche Wertsphären gibt, die ihr Recht bekommen und deren Reduktion aufeinander nicht sachgemäß ist. Im Konzept der Gewaltenteilung wird nicht nur missmutig und murrend die Vielfalt der Sphären akzeptiert, sondern als Bereicherung erlebt. Dominanzversuche werden als unerwünscht oder gar als totalitär zurückgewiesen. Moderne Menschen haben oft schon unterschiedliche Formen der Begeisterung kennengelernt, deshalb leuchtet ihnen ein Festhalten an nur einer Form nicht ein.

Toleranz und die Anstrengung der Übergänge

Das Öffnen zur Pluralität ist für den Toleranzgedanken wichtig, doch das Frohlocken über Vielfalt und die Entdeckung einer partiellen Vereinbarkeit des Unvereinbaren sollte man mit Nelson Goodman nicht zu euphorisch wahrnehmen:

«Die Bereitschaft, alternative Welten anzuerkennen, kann zwar befreiend sein (...), aber wem alle Welten gleich willkommen sind, wird keine erbauen. Die bloße Anerkennung der vielen verfügbaren Bezugsrahmen liefert uns keine Karte der Himmelsbewegungen; die Einsicht, dass alternative Grundlagen wählbar sind, bringt keine wissenschaftliche Theorie und kein philosophisches System hervor; das Bewusstsein von verschiedenen Sehweisen malt keine Bilder. Ein großzügiger Geist ist kein Ersatz für harte Arbeit» (1984, S. 36).

Die Feststellung von Verschiedenheit bedeutet nicht das Ende, sondern den Anfang der Anstrengung. An den Rändern der Referenzrahmen wird diese Auseinandersetzung am dringlichsten, sie sollte nicht einfach in interesseloses Wohlgefallen aufgelöst werden.

Toleranz erfordert die Anstrengung der Übergänge, damit weder die Verschiedenheit unverbunden nebeneinander stehenbleibt noch nach einem verkappt partikularistischen Kriterium aufgelöst wird. Der Verschiedenheit einseitig lobende Relativismus ist selbst eine absolutistische Position, die nicht verteidigungswürdig ist. Die Fähigkeit zur Relativierung stellt demgegenüber eine Steigerung der Reflexion dar, indem verschiedene Wichtigkeiten gleichzeitig anerkannt und durch eigene Urteilskraft in ein abgewogenes Verhältnis gesetzt werden.

Jede Wirklichkeitsdeutung und jedes Wertebekenntnis steht in Relation zu anderen Vorschlägen und hat dabei jeweils Stärken und Schwächen, sodass ein Wettstreit zwischen den Deutungen und Wertungen bereichernd ist. Der Wettstreit muss nicht in einem expliziten Kampf ausgetragen werden; es bedeutet aber, dass jeder Anspruch strittig und der Selbstverständlichkeit enthoben ist. Es ist eine besondere Aufgabe der Philosophie, Ansprüche zu relativieren und sie zueinander in Beziehung zu setzen. Philosophie, die Toleranz befördert, wirkt in diesem Sinn eskalationsvermeidend. Relativierte Ansprüche sind dann zwar noch nicht *per se* ungültig, aber sie müssen im Beziehungsgeflecht zu anderen Ansprüchen bedacht werden. Wenn moderne Menschen nicht zu rigiden Puristen werden wollen, ist ein Zulassen von Vielfalt erforderlich, die nicht völlig widerspruchsfrei geordnet werden kann: Zum Leben gehört ein gewisses Maß an *fuzzy logic*, nämlich Widersprüche nicht in Aporien zu treiben, sondern mit ihnen leben zu lernen.

Die Konfrontation mit Vielfalt, mit der tolerant umzugehen ist, hat auch Konsequenzen für die Identität von Menschen: «In Einwanderungsgesellschaften (und jetzt auch unter dem Einwanderungsdruck in Nationalstaaten) sammeln die Menschen allmählich damit Erfahrungen, was man sich als ein Leben ohne feste Grenzen und ohne festumrissene, exklusive Identitäten vorzustellen hätte» (Walzer 1998, S. 106). Angeregt durch das Ziel eines toleranten Miteinanders besonders in Einwanderungsgesellschaften gibt es also Anlass, Identitätsansprüche überhaupt zu überdenken. Das Ich dürfte nicht monolithisch sein; es ist vielmehr nur ein relatives Ich – ein Orchester ohne Dirigenten. Die Ich-Identität und Einstimmigkeit mit sich selbst ist vermutlich eine rein theoretische Fiktion. Identitätsfragen enthalten vor diesem Hintergrund Elemente einer Entscheidung. Dies gilt für die persönliche Ebene ebenso wie für die kulturelle und gesellschaftliche. Wir legen fest, mit wie viel

Identität wir auskommen wollen. Identitätsdefinitionen dienen der Frage, wer man selbst ist, und schließen Unerwünschtes aus.

Mit der Ambivalenz der Toleranz leben lernen

Insofern Toleranz die Duldung des eigentlich Abgelehnten verlangt, erzeugt sie Ambivalenz. Wenn etwas nicht abgelehnt wird, dann würden wir es schlicht akzeptieren und müssten es nicht tolerant erdulden. Die äußerliche Duldung des Abgelehnten kann keine Freude bringen, sondern lediglich mehr oder weniger widerwilliges Stillhalten. Damit liegt im Kern der Toleranz eine Zwiespältigkeit. Wenn Toleranz zur Ambivalenz in Beziehung gesetzt wird, dann lässt sich eine anspruchsvolle Haltung rekonstruieren, die gerade in der Auseinandersetzung mit der Uneindeutigkeit komplexer Situationen eine Rechtfertigung für die Duldsamkeit findet. Die Fähigkeit zur Toleranz begünstigt damit einen zweiten Blick, der das nur widerwillig Geduldete auch in seinen Stärken anerkennt. Aus der bloß äußerlichen Erlaubnistoleranz kann damit eine Wertschätzungstoleranz erwachsen. Toleranz kann den von Zygmunt Bauman (1995) diagnostizierten Ordnungswahn der Moderne vermeiden, den er als Versuch der Ambivalenzvermeidung deutet.

Für den modernen Menschen ist es entscheidend, mit Ambivalenz leben zu lernen und geradezu in Ambivalenzen denken zu können; denn ideologische Ambivalenzvermeidungen stellen eine der größten Gefahren der Moderne dar. Intolerante Ideologien versuchen, auf alle Fragen Antworten zu geben und diese in einem geschlossenen System konsistent zu machen. Ein Fanatiker orientiert sich an einer solchen Ideologie und flüchtet sich auf dieser Basis ins Handeln. Generell dürfte Ambivalenz nicht in der Problemauseinandersetzung, sondern nur im Ignorieren von Problemen überwindbar sein.

Toleranz, Pluralismus und Freiheit versuchen, mit der Ambivalenz der Moderne klarzukommen, und wollen sie gerade nicht im Ordnungswahn ersticken. Die Fähigkeit zur Ambivalenz ermöglicht ein Leben in der Zweideutigkeit. Versuche, die Ambivalenz gedanklich aufzulösen, neigen zum Fanatismus; mit der Zweideutigkeit klarzukommen ist deshalb die Aufgabe. Was zunächst als Problem der modernen Existenz daherkommt, wird bei Blumenberg ins allgemein Menschliche gewendet: «Was ich zu umreißen versuche, ist die Ambivalenz der Höhle: Sie lädt zum Bleiben und sie bemittelt zum Gehen. (...) Die Menschheit konnte nicht in den Höhlen bleiben; aber sie konnte auch nicht ‹einsehen›, dass ihr dies zum Verhängnis würde» (1996, S. 799 f.).

Wertekonflikt der Kulturen

Martin Hollis stellt die Frage *Ist der Universalismus ethnozentrisch?* und sieht in der Konfrontation von Kannibalismus und Liberalismus (Lukes 2003) gute kulturübergreifende Gründe für den Liberalismus, ohne damit ein Kulturimperialist im negativen Sinn zu werden. Ein bei Hollis überzeugender Argumentationsschritt für seine Perspektive liegt darin, eine verkappte Prämisse des vermeintlichen Streits zwischen Universalismus und Ethnozentrismus herauszuarbeiten, nämlich die Unterstellung eines kulturellen Holismus, der eine Kultur nur als Ganzheit versteht. Anders als der kulturelle Holismus behauptet, sind Kulturen interpretierte Erscheinungen mit vielen Einzelfacetten, die sich in der Realität der verschiedenen Kulturen keineswegs vollständig voneinander abgrenzen lassen, sondern sich durchaus überschneiden können. In einer toleranten Perspektive lässt sich unterstellen, dass weder Personen in einer Kultur noch verschiedene Kulturen immer mit sich selbst identisch sind. Schon innerhalb der eigenen Kultur kann man manchmal gar nicht sagen, ob man sich mit ihr identifiziert, in welchen Teilen vielleicht nur, oder ob man sich vehement gegen bestimmte Elemente ausspricht. Auf vorschnelle Identifikationen von außen reagieren manche sogar allergisch. Wie Michael Walzer in *Zweifel und Einmischung* verdeutlicht, gibt es gerade eine engagierte Haltung der Kritik innerhalb der eigenen Kultur (und Gesellschaft). Identifikation und Distanz können in vielen Schattierungen auftreten. Zwar ist unser Bild einer traditionellen Gesellschaft so definiert, dass es solche Schattierungen hier nicht gibt, aber selbst dies könnte eine Projektion auf fremde Kulturen sein (oder auf unsere eigene Vergangenheit). Was für die eigene Kultur gilt, ist auch bei unserer Perspektive auf andere Kulturen zu beachten. Als Grundregel dürfte gelten, dass die Vielfalt der fremden Kultur unserem Blick als Beobachter entgeht. Der Blick auf Fremdes neigt schon aus hermeneutischen Gründen zu einem identifizierenden Erkennen und damit zur Stereotypebildung. Ein Element von Kulturrelativismus mahnt daher zur Vorsicht im Umgang mit fremden Kulturen und erleichtert die Begegnung mit dem Fremden.

Im Sinne der Toleranz gibt es gute Gründe, auch interkulturell am Universalismus festzuhalten: Wenn Kulturen keine geschlossenen Ganzheiten darstellen, kann man zur eigenen Kultur ebenso kritische Distanz entwickeln wie zu fremden Kulturen, bezogen auf dortige Kontroversen, sinnvoll Partei ergreifen. Im Ergebnis kann es mit Menschen fremder Kulturen mehr Gemeinsamkeiten geben als mit solchen der eigenen. Differenz und Fremdheit der Kulturen dürfen also nicht übertrieben werden. Die Interpretation des Universalismus ist im Übrigen außerhalb eines spezifischen kulturellen Kontextes gar nicht möglich. Eine universalistische Perspektive muss sich der kulturellen Pluralität stellen und einen Universalismus kontextabhängig erarbeiten oder zumindest konkretisieren. Universalismus und die Wahrnehmung kultureller Verschiedenheit schließen sich nicht notwendigerweise aus, wenn man kulturelle Auslegungen des Universalismus mit in den Blick nimmt. Auch wenn die Grenzziehung im Einzelnen konfliktträchtig ist, kann man ein Festhalten am Universalismus mit der Wahrnehmung kultureller Verschiedenheiten in Einklang bringen. Umgekehrt erfordert die Fähigkeit, fremde Kulturen als solche zu verstehen, nicht das Aufgeben einer Menschenrechtsorientierung. Wie bei einem persönlichen Freund, dessen Haltungen man im Einzelnen abwegig findet, muss man versuchen zu unterscheiden, ob die Abwegigkeit nur eine mehr oder weniger persönliche Eigentümlichkeit darstellt, die nachsichtig zu dulden ist, oder ob man wegen der Wichtigkeit der abgelehnten Haltung eine nachdrückliche Intervention für erforderlich hält. Es gibt keine sichere Methode, diese Abwägungsentscheidung in allen Fällen überzeugend zu treffen. Ein tolerantes Denken kann nicht alle Meinungsverschiedenheiten innerhalb und zwischen Kulturen auflösen, sondern wird nach entsprechender Identifikation von Unterschieden versuchen, gedankliche Brücken zu bauen.

Es macht Sinn, nach Übergängen zwischen verschiedenen Meinungen zu suchen. So können sich das Eigene und das Fremde in wechselseitiger Relativierung begegnen, ohne dass von vornherein die eine Seite im Recht ist. Die Perspektive anderer ist gültig, auch wenn sie von der eigenen abweicht. Zugleich ist die eigene Perspektive durch Fremdes zwar in Frage gestellt, aber es gibt keinen Grund, auf der Basis dieses Befundes sofort das Eigene aufzugeben. Die wechselseitige Relativierung impliziert, dass auch der andere durch mich in Frage steht. Nur Fremdes, das selbst in einem Prozess wechselseitiger Relativierung bereit ist, sich einer Infragestellung auszusetzen, hat auf der Verhaltensebene Anspruch auf besonders rücksichtsvolle Behandlung. Eine multikulturelle Perspektive, die diesen Aspekt der Symmetrie nicht betont, wird leicht illusionär und benachteiligt ein reflektiertes Denken gegenüber einem selbstgerechten Partikularismus. Die Haltung der Toleranz erwartet, die je eigene Perspektive aus der Selbstverständlichkeit zu entlassen. An diesem Punkt wird erneut deutlich, dass die Moderne mit ihrer Aufforderung zur Toleranz nicht voraussetzungslos ist. Nicht jeder wird sich mit ihr anfreunden können, und nicht alles ist integrierbar. Dies muss aber nicht dazu führen, die Haltung einer wechselseitigen Relativierung versuchsweise nicht auch auf ihre Verweigerer anzuwenden. Auf Dauer hat diese Haltung ohnehin eine hohe Durchsetzungsfähigkeit bewiesen; denn Infragestellung wirkt unterminierend, selbst wenn kurzfristig gegenteilige Effekte beobachtet werden können. Toleranz setzt so einen wechselseitigen Anreicherungsprozess in Gang, bei dem sich die Ausgangspositionen mehr oder weniger merklich selbst verändern. Auch wenn die je eigene Kultur der unvermeidliche Anfangspunkt jeder Relativierung bleibt, steht am Ende eine Transformation der eigenen und hoffentlich auch der fremden Kultur.

Toleranz, Zuwanderung und Integration

In der Debatte um die Zuwanderung dominiert in Deutschland die Alternative einer Integration in die sogenannte deutsche Leitkultur oder eine naive Multikulturalität. Während die Protagonisten der Leitkultur zwar die Zentralstellung der Menschenrechte hervorheben, werden die Unterschiede in Lebensperspektive und Lebensstil aber bagatellisiert. Die Ideologen der Multikulturalität loben demgegenüber die Verschiedenheit im Stile der Sonntagsrede – ohne mit ihr im Alltag als Werteverschiedenheit konfrontiert zu sein. In Absetzung von diesen beiden Lagern ist es sinnvoll, auf einer Integration in Menschenrechtsfragen als Basis wechselseitiger Toleranz strikt zu beharren, aber zugleich die Vielfalt der Lebensformen als Bereicherung zu akzeptieren. Wie in anderen Einwanderungsgesellschaften auch, die Verbindlichkeit und Pluralität zusammenbringen, geht es nicht primär um die Integration in den jetzigen Stand der Gesellschaft, sondern um Bereicherung unter Beachtung der geltenden Grundwerte. Parallelgesellschaften werden erst dann gefährlich, wenn sie Übungsorte der Menschenrechtsverachtung sind. Sie können jedoch die Integration vorbereiten, wenn sie ungewohntes Leben in der Moderne im vertrauten Rahmen erträglicher machen.

Der moderne Mensch führt ein Leben, dessen Toleranz sich als europäisch inspiriertes Erfolgsmodell erwiesen hat. Ob genügend Menschen ein solches Leben auch in anderen Teilen der Welt auf Dauer attraktiv finden, ist historisch offen. Die Toleranz steht selbst in Relation zu anderen Weltsichten; vor allem traditionale Orientierungen mit ihren möglicherweise fundamentalistischen Auslegungen werden ein Faktum auch der Moderne bleiben. Mit der Offenheit einer offenen Gesellschaft muss man trotz aller Verteidigungsbereitschaft gedanklich selbst offen umgehen, damit keine Erstarrung in leerer Programmatik erfolgt.

Der moderne Mensch neigt zu einem Charakter ohne Ecken und Kanten – zumindest scheinen sich diese, falls es je welche gegeben hat, beim Wandern durch die Welt abgeschliffen zu haben. Stattdessen entwickeln sich – vielleicht – individuelle Besonderheiten, die sich in Auseinandersetzung mit den verschiedenen Lebensstationen hervortun. Manche verachten die Charaktere ohne Ecken und Kanten ebenso wie die Individualisierung und suchen nach dem Authentischen. Wer allerdings nur Authentisches akzeptiert, errichtet eine hohe Hürde für Verständigungen. In der Vorstellung des Authentischen geht es darum, im Einklang mit sich zu denken und zu handeln. Die Welt ist aber immer seltener so, dass man im Einklang mit sich handeln kann – besonders interkulturell, wo die Suche nach Authentizität schnell ins Leere greift. Selbstbestimmung ist interkulturell eher eine Aufgabe der Selbsterfindung als die einer einfachen Selbstfindung. Das Selbst wird nicht in Reinheit in der Innerlichkeit gefunden, sondern wird in einem mühsamen Prozess der Selbstwerdung durch Interpretation erfunden. Interkulturell kann die Suche nach dem Authentischen konfliktverschärfend wirken, weil feine Unterschiede als wichtig besetzt werden (Sen 2007). Nationale, religiöse und andere partikulare Orientierungen laden solche feinen Unterschiede auf und legen sie den eigenen Konfliktperspektiven zugrunde. Wie Protestantismus und Katholizismus zu Beginn der Neuzeit die feinen Unterschiede des Abendmahlsverständnisses eskalierten, wurden im jugoslawischen (Bürger-)Krieg der 1990er Jahre unter Nachbarn Unterschiede wiederentdeckt und als trennend erlebt. In ästhetischen Dimensionen oder in Fragen der persönlichen Lebenskunst sind die feinen Unterschiede wichtig, aber politisch-gesellschaftlich spricht einiges für ihre Bagatellisierung.

Werte des toleranten Pluralisten

Toleranz beinhaltet eine Relativierung der je eigenen Bezüge, ohne damit einen Relativismus zu implizieren. Dabei wird nach Maßstäben zwischen verschiedenen in Kraft befindlichen Kriterien gesucht, ohne dass auf starke letztgültige Maßstäbe der Rationalität gesetzt werden kann; denn solche starken Gründe sind *per definitionem* immer kontextabhängig. Ein solches Denken versucht also, zugleich den je eigenen Kontext zu verlassen und doch – wie mühsam und mit wie wackeligen Argumenten auch immer – zu einer abwägenden Entscheidung zu kommen. Toleranz steigert in einem gewissen Sinn den Wahrheitsanspruch und ermäßigt ihn nicht. Der übliche Wahrheitsanspruch gilt nur innerhalb eines gegebenen Rahmens. Das tolerante Denken sucht aber gerade dort nach Abwägungen, wo eigentlich keine mehr möglich sind. Indem der eigene Kontext der Üblichkeiten verlassen wird, geht mit dem toleranten Denken eine Relativierung des Eigenen einher. Relativierung ist damit nichts anderes als Infragestellung und Aufgabe der je eigenen Selbstverständlichkeiten. Dies ist nicht mit Relativismus zu verwechseln; nur demjenigen, der in seinem eigenen Kontext unkritisch verharrt, kann dies so erscheinen. Als philosophische These ist der Relativismus ebenso wenig überzeugend wie ein Wahrheitsanspruch, der nur auf einen spezifischen Rahmen setzt. Die These des Relativismus bietet also nur auf der gleichen Ebene die Gegenmeinung zur Wahrheitsthese, wonach alles relativ sei. Wer sich jedoch nicht einfach mit einem gegebenen Kontext zufriedengeben will, kann sich vielleicht mit einer reflektierenden Urteilskraft anfreunden, die einen Anspruch auf Wahrheit erhebt und dabei den kontextgebundenen Wahrheitsanspruch und den Relativismus gleichermaßen hinter sich lässt. Im Wahrheitsringen der Urteilskraft werden auch die je eigenen Selbstverständlichkeiten zur Disposition gestellt (auch wenn in einem zweiten Schritt bestimmte Inhalte wieder reflektiert vertreten werden), sodass die Toleranz gegenüber Andersdenkenden begünstigt wird: «Vernünftige Personen sehen ein, dass die Bürden des Urteilens dem, was vernünftigerweise anderen gegenüber gerechtfertigt werden kann, Grenzen setzen, und deshalb stimmen sie irgendeiner Form der Gewissensfreiheit und der Gedankenfreiheit zu» (Rawls 1998, S. 136).

Angesichts des Pluralismus dürfen die Ansprüche an einen übergreifenden Konsens nicht an moralischen oder gar religiösen Inhalten festgemacht werden, sondern es muss ein ‹dünner› Konsens reichen, der Konflikte nicht außerhalb jeder Einigung stellt. Ein weitergehender Wertekonsens steht in der Gefahr einer staatlichen Unterdrückung; der Pluralismus ist damit «ein bleibendes Merkmal der öffentlichen Kultur der Demokratie» (Rawls 2003, S. 66). Selbst eine kantisch oder utilitaristisch geprägte Moralkonzeption steht wie auch religiöse Moralformen immer in der Gefahr, politisch zur Inquisition zu neigen. Rawls spricht von den «Bürden des Urteilens», um zu verdeutlichen, dass unterschiedliche politische Urteile nicht zwingend auf prinzipielle Unterschiede verweisen, sondern auf unterschiedlichen Ebenen Wahrnehmungen von Fakten, Auslegungen von Situationen und Verhältnisbestimmungen von verschiedenen Aspekten betreffen können.

Ähnlich wie Wahrheit ist ein moralischer Wert auf einen definierten Referenzrahmen beschränkt. Dieser Rahmen ist interkulturell (und auch innerhalb einer Kultur) nicht selbstverständlich. Gerade um die Universalisierung nicht durch innerkulturelle Auslegungen zu einer faktisch partikularen Moral verkommen zu lassen, ist es wichtig, sie jeweils interkulturell zu bestimmen. Paradoxerweise gibt es also moralische Gründe, die partikulare Moralisierung zu unterlassen. Es wäre zu vollmundig, von einer Wiedergeburt des Ethischen aus dem Geiste der Relativierung zu sprechen, aber immerhin liegt in der Fähigkeit zur Relativierung selbst ein Merkmal der universalen Ethik als Berücksichtigung aller.

Das Wertgepäck des toleranten Menschen steht jenseits von Relativismus und bloß allgemeinem Universalismus, weil das konkrete Urteilen nach Kontextualisierungen des Universalismus verlangt. Der moderne Mensch steht vor der Herausforderung, sich weder identitätslos und damit relativistisch jeder Gegebenheit sofort flexibel anzupassen (auch wenn mancher Ideologe des Ökonomischen manchmal so redet) noch rigide an einem Universalismus festzuhalten, der allgemeine Richtigkeiten sonntagsrednerisch immer wieder zum Besten gibt. Traditionelle Menschen haben eine strikte Wertbindung; auch tolerante Menschen haben – anders als ihre Verächter suggerieren – Werte. Es handelt sich um Werte auf der Meta-Ebene («universalism once removed»), die die Fähigkeit zu einem relativierenden Außenblick mit dem Ziel der Verbindlichkeit zusammenbringen.

Zitierte Literatur

Bauman, Z.: Moderne und Ambivalenz. Das Ende der Eindeutigkeit. Frankfurt/M. 1995.

Blumenberg, H.: Höhlenausgänge. Frankfurt/M. 1996.

Forst, R. (Hg.): Toleranz. Philosophische Grundlagen und gesellschaftliche Praxis einer umstrittenen Tugend. Frankfurt/New York 2000.

Goodman, N.: Weisen der Welterzeugung. Frankfurt/M. 1984.

Hollis, M.: Is Universalism Ethnocentric? In: C. Joppke/S. Lukes (Hg.): Multicultural Questions. Oxford 1999.

Locke, J.: Ein Brief über Toleranz. Übersetzt, eingeleitet und in Anmerkungen erläutert von Julius Ebbinghaus. Hamburg 1996.

Lukes, S.: Liberals and Cannibals. The Implications of Diversity. London/New York 2003

Mill, J. S.: Über die Freiheit. Stuttgart 1974.

Rawls, J.: Politischer Liberalismus. Frankfurt/M. 1998.

—: Gerechtigkeit als Fairness. Ein Neuentwurf. Frankfurt/M. 2003.

Sen, A.: Die Identitätsfalle. Warum es keinen Krieg der Kulturen gibt. München 2007 (2. Aufl.).

Strauß, B.: Die Fehler des Kopisten. München, Wien 1997.

Walzer, M.: Über Toleranz. Von der Zivilisierung der Differenz. Hamburg 1998.

Ergänzende Literatur

Elgin, C. Z.: Between the Absolute and the Arbitrary. Ithaca/London 1997.

Enders, C./Kahlo, M. (Hg.): Toleranz als Ordnungsprinzip? Die moderne Bürgergesellschaft zwischen Offenheit und Selbstaufgabe. Paderborn 2007.

Forst, R.: Toleranz im Konflikt. Geschichte, Gehalt und Gegenwart eines umstrittenen Begriffs. Frankfurt/M. 2003.

—: Das Recht auf Rechtfertigung. Elemente einer konstruktivistischen Theorie der Gerechtigkeit. Frankfurt/M. 2007.

McKinnon, C./Catiglione, D. (Hg.): The Culture of Toleration in Diverse Societies. Manchester, New York 2003.

Nagel, T.: Toleranz. In: T. Nagel: Eine Abhandlung über Gleichheit und Parteilichkeit und andere Schriften zur politischen Philosophie. Paderborn u. a. 1994, S. 214–235.

Newey, G.: Virtue, Reason and Toleration. The Place of Toleration in Ethical and Political Philosophy. Edinburgh 1999.

Reese-Schäfer, W.: Grenzgötter der Moral. Der neuere europäisch-amerikanische Diskurs zur politischen Ethik. Frankfurt/M. 1997.

Scanlon, T. M.: The Difficulty of Tolerance. Essays in Political Philosophy. Cambridge 2003.

Starck, C. (Hg.): Wo hört die Toleranz auf? Göttingen 2006.

Toulmin, S.: Kosmopolis. Die unerkannten Aufgaben der Moderne. Frankfurt/M. 1991.

Anke Thyen
6. Wer sind wir?
Zum Streit über das Lebewesen Mensch

Begriff und Aufgabe der philosophischen Anthropologie

In der philosophischen Anthropologie geht es um den Menschen als solchen. Die Frage «Was ist der Mensch?» bezieht sich auf den Menschen, insofern er Mensch ist, nicht darauf, wie der Mensch empfindet, denkt, und handelt, wie er sich zu seiner Welt, zu anderen und zu sich selbst verhält. Diese Fragen, die in anderen philosophischen Disziplinen behandelt werden, setzen den Menschen und ein Verständnis des Menschen voraus; die philosophische Anthropologie macht dieses Vorverständnis ausdrücklich zum Thema.

Was macht die Frage nach dem Menschen interessant? Darauf sind sehr verschiedene Antworten möglich. Zumindest kann man sagen, die theoretische Neugierde des Menschen erfasst auch ihn selbst. Unabhängig von seinen kulturellen, individuellen und psychologischen Besonderheiten möchte er wissen, was und wer er ist, insofern er Mensch ist. Philosophie und Wissenschaften haben im Laufe der Zeit unzählige Antworten auf diese Frage gegeben. Das Lebewesen ist *homo*, es entstammt dem *humus*, der Erde. Es ist *animal*, beseelter Körper oder Leib. Wir sind *animal rationale* ebenso wie *homo demens* (verrückt), *imitans* (nachahmend), *loquax* (geschwätzig), ein vernunftfähiges, sprechendes, lachendes und weinendes, Symbole gebrauchendes, herstellendes, Ökonomie treibendes, Werkzeug gebrauchendes soziales Tier. Jede dieser Bestimmungen spricht etwas Wesentliches am Menschen an, aber gerade weil dies für alle zutrifft, kann keine allein einen exklusiven Erklärungsanspruch geltend machen. Eine und wohl die älteste allgemeine philosophische Bestimmung des Menschen allerdings verdient besondere Beachtung, weil ohne sie keine andere möglich wäre. Sie spricht die Fähigkeit des Menschen an, nach sich selbst zu fragen, sich auf sich selbst zu beziehen und diesen Bezug zu kommunizieren. Diese Fähigkeit zeichnet den Menschen im Griechischen als ein *zóon lógon échon* – lateinisch als *animal rationale* – aus, das zu Vernunft und Rede fähige Lebewesen bzw. Tier. Dass der Mensch ein vernunftbegabtes Lebewesen ist, ist buchstäblich selbstverständlich oder selbsterklärend; denn um überhaupt nach sich fragen zu können, muss vorausgesetzt werden, was die *animal rationale*-Formel erklären will: Man muss schon über Vernunft verfügen, um sich überhaupt etwas zuschreiben zu können. Bestreitet man die *animal rationale*-Formel, gerät man in den Widerspruch, dasjenige zu bestreiten, was für das Bestreiten vorausgesetzt werden muss. Die *animal rationale*-Formel ist eine allgemeine Bestimmung; sie enthält keine spezifischen Prädikate, die das anthropologische Wissen erweitern und aufklären könnten, wie es möglich ist, ein *animal rationale* zu sein, dasjenige Lebewesen, welches sich Vernunft und Sprache zuschreibt.

Wie beginnt man also mit der Untersuchung des *animal rationale?* Um nicht auf unerklärte Voraussetzungen zu bauen, bietet es sich an, auf eine grundlegende Kategorie zurückzugreifen, die nicht sinnvoll bestritten werden kann: Die Frage nach dem Menschen ist die Frage nach dem Lebewesen ‹Mensch›. Wie immer man den Menschen anthropologisch bestimmt, jedenfalls ist er ein Lebewesen. Die philosophische Anthropologie lässt sich damit auf einen Grundbegriff ein, den sie mit der Biologie, der Wissenschaft von den Lebewesen, teilt. Unterscheidet sie sich von der Biologie und von der empirischen Anthropologie sowie der Paläoanthropologie, die die Vor- und Frühgeschichte, die Stammesgeschichte der Spezies Mensch erforscht? Ja, denn der Rückbezug auf den Fragenden selbst ist zentral für die philosophische Anthropologie, nicht aber für die Biologie und andere empirische Wissenschaften vom Menschen.

Auch wenn die philosophische Anthropologie mit der Biologie die Kategorie ‹Lebewesen› als Ausgangspunkt ihrer Untersuchungen teilt, so unterscheidet sie sich von der Biologie dadurch, dass sie sich nicht für Lebewesen überhaupt interessiert, sondern für ein bestimmtes Lebewesen. Ihr Interesse gilt der besonderen Form des Lebendigseins, dem *Bios* eines bestimmten Lebewesens oder der *Lebensform* ‹Mensch›. Die anthropologische Frage bezieht sich auf ein Lebewesen, aber eben doch so – und das unterscheidet sie von der Biologie –, dass sie das durch sich selbst nach sich selbst fragende Lebewesen betrifft: Wie sind wir Lebewesen verfasst, dass es möglich ist zu sein, was wir sind: Mensch? Damit fragen wir nach der *Lebensform* des Lebewesens Mensch. Mit Lebensform ist die Form des Lebens gemeint, die der Mensch als solcher führt, nicht die kulturellen, privaten, sozialen, politischen Lebensformen. Die Lebensform ‹Mensch› ist hier ein Singular, und die grundlegende Kategorie, auf die die philosophische Anthropologie zurückgeht, ist ein einziges Lebewesen.

Entstehungskontext und Entwicklung der philosophischen Anthropologie

Alle Philosophie, jede ihrer Disziplinen, alles Philosophieren ist in irgendeiner Weise auf den Menschen bezogen. Es geht immer um das, was uns angeht, was uns interessiert, und insofern sind wir immer selber gemeint. Aber die philosophische Anthropologie entsteht als eigenständige philosophische Disziplin erst unter bestimmten Bedingungen. Es ist irreführend, etwa von der Anthropologie eines Platon, eines Aristoteles, Thomas von Aquin oder Descartes zu sprechen; denn was sie über den Menschen sagen, betrifft nicht den Menschen als solchen, sondern den Bezug des Menschen zur Welt im Ganzen und zum tragenden Grund der Welt, zu sich selbst, zum Umfang und den Grenzen seines Wissens. Philosophische Fragen nach dem Sein, dem Einen, dem Wahren, Guten und Schönen betreffen den Menschen, aber darum sind sie nicht anthropologisch. Die philosophische Anthropologie entwickelt allein die Frage nach dem Menschen als solchem und damit ihr eigenes Profil. Vermutlich gelingt ihr das nur als interdisziplinäres Projekt, das in die Untersuchung der Lebensform ‹Mensch› seine biologische Verfassung, Kognition und Kultur einschließt.

Für die philosophische Anthropologie spielt eine unspezifische und tatsächlich oft nicht ergiebige Unterscheidung zwischen geistes- und naturwissenschaftlichen Zugängen zum Menschen keine Rolle. Als philosophische Disziplin ist sie nicht empirisch, aber als Philosophie eines Lebewesens ist sie auf empirisches Wissen angewiesen. Wie es zur kulturellen Entwicklung des Menschen kommt, welche Monopole (Sprache, Symbol- und Werkzeuggebrauch, Metarepräsentationen etc.) ihm zugeschrieben werden können, ist kaum ohne empirische Einsichten zu beantworten, wenn man nicht spekulieren will. Im Allgemeinen wird die philosophische Anthropologie als so genannte geisteswissenschaftliche Disziplin betrachtet. Diese Zuordnung ist jedoch nicht plausibel, denn ob die Frage, was der Mensch als solcher ist, sich mit dem ‹Geist› beantworten lässt, ist ja gerade das Problem und nicht die Lösung. Zunehmend gehen in die philosophische Anthropologie naturalistische Theorien ein, die helfen, die grundlegenden Zusammenhänge besser zu verstehen. Der interdisziplinäre Kontext der philosophischen Anthropologie wird durch die (empirische) Anthropologie bzw. Paläoanthropologie, Ethnologie und Linguistik sowie deren Verbindung in der kognitiven Anthropologie, durch Archäologie, Evolutionsbiologie bzw. -psychologie, soziokulturelle Evolutionstheorie und die Kognitionswissenschaften gestiftet. Innerhalb der Philosophie kann die philosophische Anthropologie Teilfragen der Philosophie des Geistes, der Sprachphilosophie, Kulturphilosophie und der Philosophie der Biologie verbinden.

Die Anthropologie als philosophische Disziplin ist nach Marquard eine neuzeitliche Angelegenheit und genauer eine Erfindung der Moderne seit Kant. Dem Namen, wenn auch noch nicht der Sache nach geht sie weiter zurück ins 16. Jahrhundert, etwa auf Magnus Hundts *Anthropologium de hominis dignitate, natura et proprietatibus* von 1501. Erst die Philosophie des 18. Jahrhunderts vollzieht eine anthropologische Wende. Es sind zwei tiefgreifende Entwicklungen, die die Entstehung der philosophischen Anthropologie begünstigen: einerseits die Abkehr von der spekulativen Schulmetaphysik und der mathematischen Naturwissenschaft, andererseits die «Wende zur Lebenswelt» (Marquard 1965). Das konkrete, vielgestaltige menschliche Leben und seine natürliche, dem Menschen zugängliche Umwelt rücken ins Zentrum des Interesses. Nicht länger allein definiert durch seine Gotteskindschaft und Gottesebenbildlichkeit, darin gleich jedem anderen, nicht länger nur kirchlichen und weltlichen «Vätern» untertan, zeigt «der» Mensch nun ein konkretes, ein eigenes Gesicht. Nicht höheren Zwecken dienend, sondern aus eigenem Antrieb und zu eigenen Zwecken gestaltet er seine Welt. Erst diese neue Freiheit, die Idee der Selbstbestimmung und das Recht auf Rechte werfen die moderne Frage auf, wer wir sind.

Der neue Zugang entdeckt den Menschen, insofern er Mensch ist, entdeckt ein vernunftbegabtes und zugleich erfahrungsabhängiges Lebewesen, das fähig ist, wenn auch nicht immer willens, sich ohne Leitung eines anderen selbst zu bestimmen. Dass jede erdenkliche Sicht der Welt subjektiv ist, insofern sie die Sicht desjenigen ist, der sie einnimmt, ermöglicht es überhaupt erst, nach sich als dem nach sich selbst Fragenden zu fragen. Das anthropologische Interesse setzt voraus, dass man sich selbst in der Position des nach sich selbst Fragenden sieht. Die «Revolution der Denkart» (Kant) führt zur *Kritik der reinen Vernunft*, aber eben auch zur philosophischen Anthropologie. Sie setzt mit Kants Vorlesungen zur Anthropologie ein, die sich der Lebenswelt des Menschen unter der ausdrücklichen Frage widmen «Was ist der Mensch?» Die reichhaltigen, philosophisch ebenso tiefgründigen wie gelegentlich kuriosen Beschreibungen und Erläuterungen der menschlichen Natur stehen jedoch nicht für sich, sondern dienen der Orientierung des Menschen in der Welt des Menschen. Kant versteht die Frage, was der Mensch ist, im Sinne der Frage, was es bedeutet, Mensch zu sein; mit welchen Aufgaben, Mensch zu sein, verbunden ist. Die Vorlesungen zur Anthropologie zielen darum im Kern auf eine dem Menschen mögliche «Weltkenntnis», die ein Wissen von und über sich selbst einschließt. Diese Weltkenntnis soll weder metaphysisch noch naturwissenschaftlich-experimentell angelegt sein, sondern im Wesentlichen pragmatisch. Darum ist die Anthropologie auch nicht Bestandteil der Transzendentalphilosophie. Eine Transzendentalanthropologie hätte die von der Erfahrung unabhängigen Bedingungen der Möglichkeit, Mensch zu sein, aufzuklären. Dieses Vorhaben wäre aber nur für ein Lebewesen möglich, das ganz unabhängig von jeder Erfahrung Zugang zu sich selbst hat – dieses Lebewesen ist aber der Mensch nicht. Darum ist Anthropologie nach Kant nur pragmatisch möglich. Die pragmatische Anthropologie ist in seinen Augen ein wichtiges Instrument der Aufklärung, wenn er argumentiert, dass eine umfassende Weltkenntnis, also Bildung, die Chancen einer moralischen Selbstbestimmung des vernunftbegabten Sinnenwesens Mensch verbessert. Es kann und soll nicht gezeigt werden, was am Menschen den Menschen zu moralischem Handeln befähigt oder gar nötigt, sondern nur, dass Weltkenntnis zur Orientierung beiträgt, die sich auch in Fragen des richtigen Handelns günstig auswirkt.

Die praktische Vernunft, die Kant auf die Formel des kategorischen Imperativs bringt, ist keine menschenferne Utopie, man kann von ihr unter Bedingungen der intellektuellen Unabhängigkeit tatsächlich aus eigenem Antrieb Gebrauch machen. Kant führt in den Vorlesungen zur Anthropologie die pragmatische Seite der Vernunftkritik vor: Um zu wollen, was er soll, muss der Mensch sich und seine Welt kennen. Diese Kenntnis ist erfahrungsgestützt, aber nicht allein durch Erfahrung begründet. Was das Lebewesen Mensch mitbringt, ist die Fähigkeit, von seinen Erfahrungen im Bedürfnis nach Orientierung in grundsätzlichen Angelegenheiten auch absehen zu können, ohne welt- und menschenfremd zu werden. Für eine autonome, wie Kant sagt, «weltkluge» Orientierung ist nicht relevant, was die Natur aus dem Menschen macht, sondern «was er als freihandelndes Wesen aus sich selber macht oder machen kann und soll» (1977 a, BA IV). In der Wende zur Lebenswelt, die diese Vorlesungen vollziehen, etabliert sich die philosophische Anthropologie als «Lebensweltphilosophie» (Marquard 1965, S. 213).

Bei einer pragmatischen Anthropologie, die die großen metaphysischen Fragen des Menschen ausdrücklich nicht unmittelbar berührt, bleibt es bei Kants Nachfolgern jedoch nicht. Fichte, Hegel und Schelling etwa wollen der Frage nach dem Menschen wieder einen Platz im Zentrum des philosophischen Kerngeschäftes, und das heißt in der Metaphysik, verschaffen. Die Subjektphilosophie des sogenannten Deutschen Idealismus erkennt im Ich den archimedischen Punkt der Anthropologie. Exemplarisch führt das Schelling durch. Er interessiert sich für eine Theorie des menschlichen Selbstverständnisses, aber es bleibt eine Theorie, die sich auf spekulative Begriffe, auf Reflexionsbegriffe beschränkt. Sie blendet die gerade vollzogene Wende zur Lebenswelt des Menschen wieder aus. Das Lebewesen Mensch erscheint im Rahmen der idealistisch-romantischen Naturphilosophie als Gegenstand einer «speculativen Physik» (Schelling 1927, S. 274 f.). Der Idealismus führt die gerade im Entstehen begriffene philosophische Anthropologie auf ein Abstellgleis, indem er sie metaphysisch rehabilitiert. So wenig ergiebig dieser Vorgang zunächst erscheint, so interessant erweist sich seine Wirkung, denn Schellings Einfluss auf die moderne philosophische Anthropologie ist immens. Die «speculative Physik» ist unempfindlich gegenüber der erfahrungsabhängigen Lebensform des Lebewesens Mensch. Sie thematisiert dieses Lebewesen im Sinne einer strukturellen Identität von Freiheit und Natur. Es ist dieser Reflexionsbegriff eines Lebewesens, der Karriere macht, indem er, etwa bei Scheler, der philosophischen Anthropologie im Gegenzug zu den im 19. Jahrhundert aufkommenden Humanwissenschaften letzte metaphysische Privilegien erhält.

In der ersten Hälfte des 20. Jahrhunderts entwickelt sich die «Philosophische Anthropologie», zu der Scheler, Plessner, Rothacker, Portmann, Cassirer und Gehlen gerechnet werden, zu einer bedeutenden Disziplin innerhalb der Philosophie. Erstmals erwirbt sie sich Reputation durch ein eigenes Programm. Die philosophische Anthropologie wird häufig als geschlossenes Forschungsprogramm wahrgenommen, tatsächlich verbergen sich dahinter jedoch große Unterschiede in den einzelnen Entwürfen. Gemeinsam ist ihnen die Einsicht, dass die Anthropologie als philosophisches Unternehmen nur Erfolg hat, wenn es sich gegenüber etwa der Philosophie des Geistes, der Existenzphilosophie und der Hermeneutik innerhalb der Philosophie und gegenüber Biologie, Medizin und Soziologie in den Wissenschaften profiliert, gleichzeitig aber die Verbindung zu den Einzelwissenschaften wie insbesondere der Biologie (Zoologie), der Medizin und der Soziologie ausdrücklich herstellt. Nicht wenige ihrer Vertreter waren auch in der Zoologie, Medizin, Psychologie und Soziologie zu Hause.

Entgegen der gängigen Annahme einer weitgehenden Übereinstimmung etwa zwischen Scheler und Plessner muss man jedoch differenzieren. Schelers «Wesensbegriff des Menschen» beispielsweise, den er aus dem «gesamten Aufbau der biopsychischen Welt» (1995, S. 11) gewinnen möchte, hat seine Wurzeln in Schellings spekulativer Naturphilosophie. Das spezifische Wesensmerkmal des Menschen stammt nicht aus der biopsychischen Welt, «sondern es ist ein allem Leben und *jedem Leben überhaupt, auch dem Leben im Menschen entgegengesetztes Prinzip:* eine echte neue Wesenstatsache (...) ‹Geist›». Da Geist durch *«seine existentielle Entbundenheit vom Organischen»* definiert ist, kommt die «Sonderstellung» einem geistigen Wesen zu, das «umweltfrei» und «weltoffen» ist. Scheler differenziert zwar den Geist, das «Aktzentrum», das er Person nennt (1995, S. 37 f.), in verschiedenen Erscheinungen, aber die beanspruchte Verbindung zum Lebewesen Mensch stellt er nicht her. Sie bleibt spekulativ, obwohl Scheler die sogenannte klassische substanz-ontologische Theorie des Geistes seit Platon kritisiert. Aber diese Kritik verkehrt nur die Vorzeichen, indem sie den Geist in einer Metaphysik des Lebens (Vitalismus) verankert. Schelers berechtigte Kritik der klassischen Lehre von aufsteigenden, höheren und also wertvolleren Seinsformen, die den Menschen als Träger von Geist krönt, mündet schließlich in einen durch Nietzsche inspirierten vitalistischen Relativismus des Lebendigen, der den «Kräfte- und Wirkstrom» nun «*von unten nach oben!*» (1995, S. 65) und nicht mehr klassisch von oben nach unten gerichtet sieht.

Plessners Anthropologie kann man in Anlehnung an Kants Kritik der Vernunft im Sinne einer Kritik des Menschen verstehen. Aber sie ist keine Transzendentalanthropologie, sondern ist ausdrücklich am Forschungsstand der Wissenschaften vom Menschen orientiert, etwa an den Zoologen J. v. Uexküll oder A. Portmann. An Kant schließt die Art der Fragestellung an: Plessner geht es um die Bedingungen der Möglichkeit, ein Mensch zu sein, und was es bedeutet, ein Mensch zu sein. Nicht Schelers Entbundenheit interessiert ihn, sondern die spezifische, nämlich exzentrische *Gebundenheit* des Menschen an das Organische. Plessner will zeigen, wie das Lebewesen Mensch im Ganzen, das heißt mit Rücksicht auf seine «Gesetztheit in seine Sphäre», seine Positionalität, verfasst ist. Darum ist die eigentliche Aufgabe der philosophischen Anthropologie auch nicht aufzuklären, *zu was* Bewusstsein, Geist, Intellekt, Vernunft befähigen, sondern wie ein Lebewesen verfasst sein muss, um sich diese Prädikate selbst zuzuschreiben. Die exzentrische Positionsform geht nicht von einem Leib-Seele-Dualismus aus, sondern möchte die Trennung, die keineswegs nur eine philosophische Erfindung ist, sondern tief in das Erleben des Menschen und sein Selbstverständnis reicht, aus der Verfassung des Menschen heraus erklären. Exzentrisch positioniert ist ein Lebewesen, das nicht nur erlebt, sondern sein Erleben erlebt. Ein solches Lebewesen ist der Mensch; er ist in die «Mitte seiner Existenz gestellt», «weiß diese Mitte, erlebt sie und ist darum über sie hinaus» (1981, S. 364). Die Grundsituation des exzentrisch in seine eigene Sphäre gestellten Lebewesens ist, dass es sich selbst versteht und um sich weiß und gerade darum nicht über sich verfügt; es ist gewissermaßen nicht im Vollbesitz seiner selbst, sondern bleibt sich selbst ebenso offen wie verborgen, fremd und vertraut. Der Mensch begegnet sich selbst immer als ein Provisorium, als etwas prinzipiell nicht Abschließbares, grundsätzlich entsichert.

In dieser Weise exzentrisch zu leben, darin ist der Mensch aber dann doch, was er schließlich ist. Dass dieses Lebewesen erst zu dem werden muss, was es schon ist: exzentrisch positioniert, wirkt sich besonders im Verhältnis zu den Mitmenschen aus. Der exzentrisch positionierte Mensch ist zwar, wenn man so will, erlebendes Zentrum seiner Welt, ein Nullpunkt selbstbewusster Orientierung; aber er beginnt an diesem Nullpunkt nicht allein von sich aus, ein Weltverhältnis aufzubauen. Er muss in seine Welt und sogar in seinen Körper erst hineinwachsen, der ihm auch nicht selbstverständlich gegeben ist, den er sich vielmehr, wie die Entwicklungspsychologie bestätigt, erst aneignen muss. Darum *ist* der Mensch Körper und *hat* Leib. Dieses Hineinwachsen ist ihm als physiologische Frühgeburt (Portmann) aufgegeben. Er kann es nicht für sich allein und nicht in der Auseinandersetzung mit seiner Außenwelt, sondern nur in der mit anderen geteilten «Mitwelt». Der Mensch erfasst, dies ist vielleicht die wichtigste Einsicht Plessners, die «Form der eigenen Position» «als Sphäre anderer Menschen»; dies macht ihn zur Person. Sie ist «Wir-Form des eigenen Ichs» (1981, S. 377).

Die von der Kulturanthropologie Cassirers über Schelers Anthropologie der Person, Plessners Anthropologie der exzentrischen Positionalität bis zu Gehlens Sozio-Anthropologie des Mängelwesens Mensch reichende, hochreflektierte philosophische Anthropologie bricht nach dem Zweiten Weltkrieg weitgehend ab. Die Gründe dieser Marginalisierung sind vielschichtig. Die Zwangsemigration Plessners und Cassirers spielt eine Rolle ebenso wie die enorme Ausstrahlung der Fundamentalontologie Heideggers, neben der die philosophische Anthropologie verblasst. In den Vordergrund schiebt sich schließlich mit Gehlens spekulativer «Kryptobiologie» (Plessner) eine konservative soziologische Variante, nach der das «Mängelwesen» Mensch seine Instinktdefizite durch gesellschaftliche Institutionen kompensiert und sich damit auch vor sich selber schützt. Nicht zu unterschätzen ist auch, was die Kritische Theorie in der Tradition von Hegel, Marx und Lukács zur Marginalisierung der philosophischen Anthropologie beiträgt. Aus ihrer Sicht sind Anthropologie und die von ihr favorisierte Geschichtsphilosophie nicht vereinbar. Die Anthropologie, so etwa Lukács, verdinglicht den Menschen und lässt ihn zu «fixer Gegenständlichkeit» erstarren, die die Idee gesellschaftlichen Fortschritts ausschließt. Auch die kritische Theorie bei Adorno und Horkheimer ist erkennbar antianthropologisch ausgerichtet.

Von der Seitenlinie kehrt die philosophische Anthropologie erst heute zurück. Die Unterbrechung des anthropologischen Diskurses erzwingt eine Neuorientierung und auch eine Vergewisserung über den Stand der anthropologischen Reflexion. Die Rehabilitierung der Anthropologie ist in vollem Gang, und sie gewinnt auch in Deutschland zunehmend an Bedeutung, nachdem die Entwicklungen in britischen, amerikanischen und französischen Kontexten bereits weit vorangeschritten sind, wo Philosophie und Humanwissenschaften (Anthropologie, Archäologie, Biologie, Ethnologie, Evolutionsbiologie, Kognitionswissenschaften, Psychologie, Linguistik, Soziologie) nicht in der Weise getrennt betrachtet werden wie in Deutschland. In Frankreich wird eine theoretisch höchst anspruchsvolle anthropologische Diskussion geführt, die nicht zuletzt auf den Fundamenten der Ethnologie eines Marcel Mauss und Claude Lévi-Strauss Linguistik, Kultur- und Symboltheorie für die philosophische Anthropologie fruchtbar macht (Pacherie, Sperber).

Elemente der philosophischen Anthropologie

Wenn man in der philosophischen Anthropologie mit dem ‹Lebewesen› beginnt, setzt man sich dem Verdacht einer biologischen Behandlung der Frage nach dem Menschen aus. Tatsächlich betrifft das ‹Lebewesen› aber mehr als das biologische Lebewesen *(zóōn)*; es zielt vielmehr auf die Lebensform *(bíos)* dieses Lebewesens. Aber ebenso wenig wie sich die Lebensform des Menschen durch seine chemisch-physikalische Physis erschließt, so auch nicht durch eine im Engeren biologische Betrachtung. Wie das Verständnis des Lebendigen einen neuen, die physikalische Betrachtung überschreitenden theoretischen Horizont erfordert, nämlich die Biologie, so verlangt die Anthropologie einen theoretischen Zugang, der das Spezifische des Lebewesens Mensch aus der Biologie heraus, diese aber überschreitend erläutert. Das biologische Paradigma wird zwangsläufig überschritten, wenn die Untersuchung der Lebensform auf Elemente stößt, die im Rahmen der Biologie nicht entwickelt werden können. In Analogie zur Erweiterung des physikalischen durch das biologische Paradigma kann man davon ausgehen, dass die Biologie nicht hinreicht, um das Lebewesen verstehen zu können, das nach sich selber fragt. Die Biologie muss deshalb in Richtung eines Verständnisses von Lebewesen überschritten werden, das sich nicht auf deren biologische Funktionalität, sondern auf die freie Gestaltung des menschlichen Bios bezieht. In der Biologie ist das Lebewesen Mensch funktional festgelegt, in der Anthropologie erscheint es auch als freier Gestalter seiner Lebensform.[1] Der Mensch bleibt Lebewesen, aber er ist ein personales Lebewesen. Personalität steht in der Kontinuität des Lebendigen, aber es ist zugleich eine qualitativ neue Erscheinung im Reich des Lebendigen, mit keiner anderen seiner Gestalten vergleichbar.

Eine aus der Biologie des Menschen entwickelte und zugleich von ihr emanzipierte Anthropologie des personalen Lebewesens Mensch steht noch aus. Man kann aber vier konstruktive Elemente dieser Anthropologie benennen. Das erste Element ist der *methodische Kollektivismus*. Er ist die Antwort auf die Frage, ob das Lebewesen Mensch angemessen verstanden werden kann, wenn man es als Individuum betrachtet, das sich seinen Bezug zur Welt und seinesgleichen von sich aus erschließt, oder ob man nicht besser von vornherein in der Mitweltlichkeit des Menschen den Schlüssel zu einer adäquaten Theorie dieses Lebewesens erkennen muss. Den ersten Zugang könnte man methodischen Individualismus (Searle), den zweiten einen methodischen Kollektivismus (Bratman, Pacherie) nennen. Ist, was der Mensch ist, durch eine Theorie seiner individuellen Absichten, seines individuellen Bewusstseins zu beantworten oder vielmehr nur zugänglich durch eine Theorie seiner kol-

---

1   Der Gedanke zum systematischen Verhältnis von Physik, Biologie und Anthropologie der Person stammt von Franz Mechsner (Newcastle).

lektiven Natur? Es spricht viel für die zweite Option. Unter ihren Voraussetzungen ist der Mensch, was er ist, insofern er mit seinesgleichen auf eine spezifische Weise verbunden gedacht werden kann, mit ihnen überhaupt eine Welt teilt. Die menschliche Bindungsfähigkeit unterscheidet sich von allen anderen Bindungen unter Lebewesen dadurch, dass sie die Fähigkeit der Erklärung dieser Bindung einschließt.

Der methodische Kollektivismus bedient sich hochspezialisierter Begriffe und Konzepte, um den Zusammenhang zwischen der individuellen und der kollektiven Natur des Menschen zu entwickeln. Besondere Aufmerksamkeit gilt Konzepten höherstufiger Intentionalität, der ‹we-intentionality› oder ‹shared intentionality›. Die Überlegung, dass der Mensch gewissermaßen durch sich selbst allein eine menschliche, eine intersubjektive Welt schafft, ist nicht plausibel; denn man kann unter diesen Voraussetzungen den Übergang von einem individuellen zu einem geteilten Weltbezug nicht angemessen theoretisieren. Plausibler ist die These, dass die Individualität und die Subjektivität des Menschen, die ihn als Zentrum seiner Weltbezüge erscheinen lassen, spezifischer Ausdruck der Fähigkeit sind, eine Welt zu teilen; zunächst mimetisch und schließlich symbolisch (Donald).

Ein weiteres Element ergibt sich aus der Frage, ob und in welcher Weise die Anthropologie exklusiv ist. Gilt, was für den Menschen gilt, nur für den Menschen? Der anthropologische Speziezismus, der exklusive Bestimmungen für möglich hält, die nur der Spezies Mensch zukommen, Bestimmungen also, die einen qualitativen Unterschied feststellen, der ihn von anderen Lebewesen unterscheidet, ist vereinbar mit Gedanken der Kontinuität des Lebendigen. Es hindert uns nichts daran, dem Lebewesen Mensch exklusiv Personalität zuzusprechen und auch Protoformen der Personalität zu berücksichtigen. Dieser Speziezismus privilegiert den Menschen im Reich der Lebewesen nicht und setzt ihm nicht die «Krone der Schöpfung» auf. Vielmehr handelt es sich um einen methodischen Zugang. Der anthropologische Speziezismus ist ein *methodischer Speziezismus*. Er macht geltend, dass wir bei Aussagen über den Menschen aus methodischen Gründen auf die Sphäre des Menschen begrenzt bleiben, dass wir auch in der Anthropologie gewissermaßen kopernikanisch begrenzt sind.

Ein drittes Element schließlich betrifft das Problem der Teleologie, die Frage, woraufhin das Lebewesen Mensch als zweckmäßig eingerichtet betrachtet werden kann; ob es mit einer inneren Gesetzmäßigkeit verbunden ist, nach der es, unabhängig von seinen subjektiven Erwartungen, auf einen abschließenden Zweck (Endzweck) hin betrachtet werden kann. Kant bezieht die teleologische Frage nach der «inneren Zweckmäßigkeit» nicht mehr auf wesentliche, metaphysische Zwecke, die dem Lebewesen als solche zukommen, sondern auf eine Methode der Betrachtung von Lebewesen. Danach betrachten wir den Menschen, als ob ihm eine innere Zweckmäßigkeit zukäme, die seine Entwicklung und die Prinzipien seiner Verfassung objektiv erklärt. Die Teleologie hat deshalb nur als *methodische Teleologie* Bedeutung, als hypothetische Beurteilungsart von Lebewesen. Die Suche nach einer objektiven Zweckmäßigkeit von Lebewesen ist ein metaphysisches Unterfangen. Kant ist jedenfalls klar, dass ein «Newton des Grashalms», gäbe es ihn denn, die Frage nach den Prinzipien des Lebendigen, der «Gesetzlichkeit des Zufälligen» im Reich des Lebendigen, auf der Grundlage eines mechanistischen Ansatzes nicht würde beantworten können. Kant denkt das Lebendige vielmehr als «organisiertes und sich selbst organisierendes Wesen», als «Naturzweck», als «Analogon des Lebens», nicht der Kunst (1974, B 337 und 344). Er erkennt, den mechanistischen Horizont seiner Zeit im Ansatz überwindend, dass die Organisation der Natur nicht analog zur physikalischen Kausalität gedacht werden kann, die wir kennen. Gegen die mechanistische oder metaphysisch-teleologische Alternative stellt Kant den Gedanken einer teleologischen Beurteilung der Zweckmäßigkeit selbstorganisierender Organismen (Weber/Varela 2002). Diese Selbstorganisation bezieht sich nicht allein auf die organische Selbstorganisation, auf die Autopoiesis (Selbstherstellung) von Lebewesen, sondern auf die Autopoiesis der Lebensform ‹Mensch› im Ganzen. Der Mensch entwickelt seine personale Lebensform auch frei von funktionalen Gesetzmäßigkeiten. Wenn wir sagen, dass der Mensch in einer spezifischen Weise aus Freiheit eine Lebensform hervorbringt, deren wesentliche Tatsache darin besteht, dass sie von Menschen geteilt wird, dann können wir von einer Auto*praxis* der Lebensform ‹Mensch› sprechen.

In einem ersten Schritt kann man diese Lebensform mit einem Prinzip der *Selbstrückbezüglichkeit* oder Reflexivität erläutern. Diese Reflexivität ist ursprünglich eine Selbstrückbezüglichkeit des eigenen Körpers, in dessen Instrumentalität der Mensch erst hineinwachsen muss (Plessner). Unter dem Gesichtspunkt der Reflexivität ist der Körper Leib. Das mimetische Miteinander der Menschen in Rhythmus und Tanz beispielsweise setzt diese Selbstrückbezüglichkeit des Körpers als Leib voraus, ein reziprokes Selbst- und Fremdgegebensein oder mimetisches Zusammenstimmen in einem allgemeinen Leib, der den eigenen enthält.

Das Prinzip der leiblichen Selbstrückbezüglichkeit oder der Verkörperung des Selbstbezuges (Embodiment) besagt jedoch nichts über die Dynamik, die sie als ein anthropologisches Entwicklungsprinzip erst auszeichnet. Für ein dynamisches Grundprinzip bietet sich ein anthropologisches Konzept der *Intentionalität* an. Es unterscheidet sich von dem phänomenologischen Konzept in der Tradition Brentanos (1924, S. 124 f.) insofern, als es dem methodischen Kollektivismus und dem Prinzip der verkörperten Selbstrückbezüglichkeit angepasst ist. Intentionalität ist damit eine wesentliche Fähigkeit selbstrückbezüglich organisierter, autopraktischer Lebewesen. Über die Fähigkeit zu intentionaler Aktivität verfügen Lebewesen, wenn sie anderen Lebewesen, sich selbst, Gegenständen und Ereignissen Pläne, Absichten, Wünsche, Gefühle, Gedanken, Interessen zuschreiben können; also eine «Theory of Mind» über andere Lebewesen (und in spezifischer Weise über Sachen) haben, wenn sie, anders gesagt, zum «Mind reading» fähig sind. Insofern macht Intentionalität buchstäblich Sinn (Thompson). Intentionalität ist Voraussetzung für ein Verständnis sozialer Zusammenhänge, für Bindungen, für natürliche Kräfte oder Vorgänge, für physikalische Konzepte (Povinelli) und speziell für den Werkzeuggebrauch.

Neben Formen der Intentionalität, die Menschen mit Tieren teilen, gibt es spezifische Formen intentionaler Aktivität beim Menschen: das Verständnis von Wechselseitigkeit, nach der es möglich ist, sich selbst und andere gewissermaßen aus der Vogelperspektive wahrzunehmen. Die Lebensform ‹Mensch› ist durchgängig und systematisch und nicht nur episodisch (Schimpansen, Rabenvögel, Haushunde) ausgebildet. Auf diesem Niveau sind Intentionalität und Intersubjektivität systematisch miteinander verknüpft: Die Wahrnehmung oder die Erfahrung von Dingen oder Sachverhalten schließt versteckte oder abwesende Ansichten der Objekte oder Sachverhalte, «hidden profiles» (Thompson 2007, S. 384) ein. Das heißt: In der eigenen Wahrnehmung sind zeitgleiche oder zukünftige oder vergangene Wahrnehmungen verdeckter oder abwesender Perspektiven co-präsent. Wir-Intentionalität kann nun entstehen, die Fähigkeit, nicht nur Ziele und Wahrnehmungen, sondern Intentionen als solche zu teilen, unabhängig vom aktuellen Verhalten. Wechselseitige Rollenübernahme, geteilte Aufmerksamkeit und intentional koordinierte Zusammenarbeit sind charakteristisch für kollektive oder Wir-Intentionalität. Sie beinhaltet den subjektiven Standpunkt oder Selbstbewusstsein, aber Selbstbewusstsein ist nicht ihre Voraussetzung. Intentionalität in anthropologischer Bedeutung ist Voraussetzung für die Fähigkeit, Regeln folgen zu können, für die Fähigkeit, in der spezifisch menschlichen Weise zu imitieren (Meltzoff, Tomasello), nämlich Intentionen, nicht Aktivitäten zu imitieren und schließlich für den Werkzeuggebrauch (Povinelli). Intentionalität auf diesem Niveau charakterisiert eine spezifische, selbstrückbezügliche Lebensform, in der Lebewesen sich als personale Inter-Subjekte verstehen (Thyen 2007).

Man kann die Lebensform ‹Mensch› als Verkörperung von Intentionalität verstehen. Die spezifische Bindung von Lebewesen, die diese Lebensform nicht funktional gebunden, sondern autopraktisch teilen und sich darin zugleich als Personen verstehen, reproduziert sich in verschiedenen, aufeinander zurückbezogenen Dimensionen ihrer intersubjektiven Praxis: in Kultur und Symbolgebrauch, Instrumentalität und Technik, Politik und Moral.

Anthropologie und Menschenrechte

Die Frage, was es bedeutet, ein Mensch zu sein, hat eine ethische Dimension. Sie berührt Verantwortung, Ethos und Moral des Menschen: Kommen Menschen allein dadurch, dass sie Menschen sind, Rechte zu? So verständlich die Erwartung ist, von der philosophischen Anthropologie darf man sich nur sehr eingeschränkt Antworten versprechen. Eine anthropologische *Begründung* der Menschenrechte liegt weder auf der Hand, noch ist sie grundsätzlich möglich. Bei den Menschenrechten geht es zwar wörtlich um Rechte, die Menschen als solchen zukommen, nicht um Rechte, die Menschen zukommen, insofern sie Bürger, Frauen, Kinder, Alte, Patienten, Arbeitnehmer etc. sind. Aber genau genommen kommen Menschenrechte *Personen* zu, also Menschen, insofern sie Personen sind. In welchem Sinn Menschen Personen sind, will die philosophische Anthropologie erst aufklären, sie kann deshalb den Personenbegriff für eine anthropologische Begründung der Menschenrechte nicht voraussetzen. Die Moral- bzw. die Rechtstheorie, in deren Bereich die Begründung der Menschenrechte fällt, muss also ihrerseits ohne die Anthropologie auskommen. Die Moraltheorie interessiert sich dafür, was der Mensch aus sich machen *soll*, die Anthropologie dafür, was er aus sich macht. Wenn man auch die Menschenrechte nicht anthropologisch begründen kann, so kann man sie doch anthropologisch erläutern.

Das anthropologische Konzept der Intentionalität kann zeigen, dass die Idee der Menschenrechte in der Lebensform ‹Mensch› angelegt ist. Denn sie folgt aus der wechselseitigen Fähigkeit, sich Vorstellungen über die Zustände, Absichten und Gefühle anderer zu machen, Intentionen zu teilen. Diese Fähigkeit ist unbegrenzt und bewirkt eine Explosion des symbolischen Feldes (Mithen, Donald), dessen effektive Strukturierung durch Symbole und Normen möglich ist. Die Idee der Menschenrechte legt eine Klammer um zwei scheinbar widersprüchliche Monopole des Menschen, Wir-Intentionalität einerseits und Autonomie andererseits. Wenn die Idee der Menschenrechte, anthropologisch betrachtet, aus der Entwicklungslogik der menschlichen Intentionalität folgt, dann ist diese Idee im Prinzip irreversibel. Hinter die intersubjektive Institutionalisierung der Fähigkeit, Intentionen zu teilen, führt kein zwangloser Weg zurück. Dennoch werden Menschenrechte faktisch ausgesetzt oder unterdrückt, wie Sklaverei, Apartheid und vor allem die Shoa zeigen. Es ist Menschen möglich, Menschen aus der Lebensform ‹Mensch› und damit aus der Lebensform ‹Moral› aus rassistischen, politischen und ökonomischen Gründen zu exkommunizieren. Aber die Aussetzung und Verweigerung von Menschenrechten ist weder ein Einwand gegen die Idee der Menschenrechte noch gegen die These der generellen Irreversibilität dieser Idee. Die Menschenrechte sind eine regulative Idee eines allgemeinen Rechts und dessen inhaltliche Ausgestaltung: dass Menschen ein Recht haben, im Zustand des Rechts zu leben.

Die Idee der Menschenrechte hat eine anthropologische Ressource. Sie wird aus den Interessen gebildet, die personale Lebewesen als solche haben. Zur Idee der Menschenrechte selber kommt es jedoch erst unter Bedingungen eines universellen Begriffs des Rechts, der voraussetzt, dass universellen Regeln autonom, d. h. aus Gründen der Selbstbestimmung, gefolgt werden kann. Menschenrechtlich gehaltvolle Interessen, die aus der Lebensform eines Lebewesens erklärt werden können, das zu höherstufiger Intentionalität fähig ist, sind das übergeordnete Interesse an einer intentional offenen Praxis (Autopraxis). Im Einzelnen sind das das Interesse an Bindung und Fürsorge, körperlicher Unversehrtheit, das Interesse an Förderung der individuellen Entwicklung (Bildung), an Selbstbestimmung, an Versammlungs-, Meinungsfreiheit etc. Für die Idee der Menschenrechte ist die Rechtsförmigkeit von Interessen, Recht überhaupt Voraussetzung. Diese Voraussetzung erfüllen nur Wesen, die sich nach Regeln selbst bestimmen können und so verstanden frei (autonom) sind. Vor dem Hintergrund des Zusammenhangs von Recht und Freiheit spricht Kant von nur einem einzigen Menschenrecht: «Freiheit (Unabhängigkeit von eines anderen nötigender Willkür), sofern sie mit jedes anderen Freiheit nach einem allgemeinen Gesetz zusammen bestehen kann, ist dieses einzige, ursprüngliche, jedem Menschen, kraft seiner Menschheit, zustehende Recht» (1977, AB 45).

Erst aus diesem einzigen und ursprünglichen Recht, nämlich überhaupt im Rechtszustand zu leben, Subjekt und Objekt von Recht sein zu können, ergeben sich die materialen Menschenrechte: Recht auf Leben, körperliche und seelische Unversehrtheit, freie Entfaltung der Persönlichkeit, Gleichheit vor dem Gesetz, Glaubens-, Meinungsfreiheit, Publizität, Schutzwürdigkeit von Familie und Kindern, das Recht auf Bildung etc. Menschenrechte schützen diejenigen spezifischen, und das heißt speziezistischen Interessen, die Menschen haben, insofern sie Menschen sind. Diese Interessen bilden die Lebensform ‹Moral›, die in die Lebensform ‹Mensch› eingebettet ist. Unter der Idee der Menschenrechte kann sie sich zu einer universellen und zugleich «differenzempfindlichen»

(Habermas) Lebensform entwickeln, in der personale Lebewesen wechselseitig ihr Interesse an einer geteilten und zugleich intentional offenen Praxis berücksichtigen.

Es gibt keinen zwingenden Zusammenhang zwischen Menschsein und Menschenrechten. Menschenrechte sind Ausdruck von praktischen Orientierungen, die innerhalb der Lebensform ‹Mensch› entwickelt werden. Sie sind eine regulative Idee, die unsere praktischen Orientierungen jederzeit begleiten kann, aber sie sind keine wesentliche Bestimmung des Menschen als solcher. Sie gelten für den Menschen und nur für den Menschen, hingegen nicht notwendigerweise für den Menschen als solchen. Auch in dieser Hinsicht ist der Mensch «entsichert» (Plessner). Der Mensch als solcher ist unter Bedingungen seiner offenen und unbegrenzten intentionalen Aktivität und folglich unter Bedingungen einer prinzipiell offenen Lebensform immer der, als der er sich versteht. Als solcher erscheint er naturgemäß nur als Gegenstand einer Theorie über sich selbst.

Literatur

Bratman, M. E.: Faces of Intention. Selected Essays on Intention and Agency. Cambridge 1999.

Brentano, F.: Psychologie vom empirischen Standpunkt. Leipzig 1924.

Donald, M.: Origins of the Modern Mind. Three Stages in the Evolution of Culture and Cognition. Cambridge (Mass.)/London 1991.

Donald, M.: A Mind So Rare: The Evolution of Human Consciousness. New York/London 2001.

Gallagher, S.: How the Body Shapes the Mind. Oxford 2005.

Habermas, J.: Die Einbeziehung des Anderen. Studien zur politischen Theorie. Frankfurt/M. 1996.

Kant, I.: Anthropologie in pragmatischer Hinsicht. Werkausgabe Bd. XII. Hg. von W. Weischedel. Frankfurt/M. 1977a.

—: Kritik der Urteilskraft. Frankfurt/M. 1974.

—: Metaphysik der Sitten. Metaphysische Anfangsgründe der Rechtslehre. Werkausgabe Bd. VIII. Hg. von W. Weischedel. Frankfurt/M. 1977.

Marquard, O.: Zur Geschichte des philosophischen Begriffs ‹Anthropologie› seit dem Ende des achtzehnten Jahrhunderts. In: Collegium Philosophicum. Studien J. Ritter zum 60. Geburtstag. Basel/Stuttgart 1965, S. 209–239.

Meltzoff, A. N.: Imitation and Other Minds: The «Like Me» Hypothesis. In: S. Hurley/
  N. Chater (Hg.): Perspectives on Imitation. From Neuroscience to Social Science.
  Vol. 2. Cambridge (Mass.) 2005, S. 55–77.

Mithen, S.: The Prehistory of the Mind. A Search of the Origins of Art, Religion and
  Science. London 1996 (2. Aufl.).

Plessner, H.: Die Stufen des Organischen und der Mensch. Einleitung in die philosophische Anthropologie. Gesammelte Schriften IV. Frankfurt/M. 1981.

Portmann, A.: Die biologische Bedeutung des ersten Lebensjahres beim Menschen. In:
  Schweizerische Medizinische Wochenzeitschrift 71 (1941), S. 921–1001.

Povinelli, D.: Folk Physics for Apes. The Chimpanzee's Theory of how the World Works.
  Oxford 2003.

Schark, M.: Dinge versus Lebewesen. Eine metaphysische Studie. Berlin u. a. 2005.

Scheler, M.: Die Stellung des Menschen im Kosmos (1928). Bonn 1995 (14. Aufl.).

Schelling, F. W. J.: Einleitung zu dem Entwurf eines Systems der Naturphilosophie
  Oder über den Begriff der speculativen Physik und die innere Organisation eines
  Systems dieser Wissenschaft. 1799. In: Schellings Werke. Hg. von M. Schröter.
  Zweiter Hauptband. München 1927.

Sperber, D.: Metarepresentations in an Evolutionary Perspective. In: Ders. (Hg.): Metarepresentations. A Multidiciplinary Perspective. Oxford 2000, S. 117–137.

Thompson, E.: Mind in Life. Biology, Phenomenology and the Sciences of Life. Cambridge (Mass.)/London 2007.

Thyen, A.: Anthropologie und Moral. Untersuchungen zur Lebensform ‹Moral›. Weilerswist 2007.

Tomasello, M./Carpenter, M./Call, J./Behne, T./Moll H.: Understanding and sharing
  intentions. The origins of cultural cognition. In: Behavioral and Brain Sciences.
  Cambridge 2004.

Tomasello, M.: Die kulturelle Entwicklung des menschlichen Denkens. Zur Evolution
  der Kognition. Frankfurt/M. 2002.

Weber, A./Varela, F.: Life after Kant: Natural purposes and the autopoietic foundations
  of biological individuality. In: Phenomenology and Cognitive Sciences 1 (2002),
  S. 97–125.

Geert Keil

7. Ich und mein Gehirn: Wer steuert wen?

Das Geist-Körper-Problem und die Hirnforschung

Akademische Philosophen gehen philosophisch interessierten Laien häufig damit auf die Nerven, dass sie naheliegende Fragen nicht etwa beantworten, sondern nach allen Regeln der Kunst hin- und herwenden, um sie am Ende für unbeantwortbar und im schlimmsten Fall gar für sinnlos zu erklären. Etwas Ähnliches wird auch in diesem Beitrag geschehen. Die trügerisch einfache Alternativfrage, ob mein Gehirn mich steuert oder umgekehrt, ist eine schlechte Frage. Die kürzeste richtige Antwort lautet «Weder noch». Bei diesem destruktiven Unternehmen sollte man es allerdings nicht bewenden lassen. Bei der Erörterung, *warum* die Frage irreführend ist, sollte genügend Erhellendes zum früher so genannten Leib-Seele-Problem abfallen, das sich in jüngerer Zeit zum Geist-Gehirn-Problem verengt hat.

Steuere ich mein Gehirn?

Zum Steuern gehören mindestens zwei, ein Steuerer und etwas Gesteuertes. In paradigmatischen Verwendungen ist der Steuerer ein Mensch, das Gesteuerte ein Gefährt. Die Steuermannskunst heißt auf Griechisch Kybernetik. Bei Homer ist der *kybernētēs* der Steuermann eines Schiffs. Dessen Aufgabe besteht darin, sein Fahrzeug ohne nennenswerte eigene Kräfte, allein durch das kluge Ausnutzen von Wind und Strömung, an ein bestimmtes Ziel zu navigieren. Der Steuermann kann nur Ruder- und Segelstellung verändern, der Antrieb stammt von woanders. Das enorme Gefälle zwischen übermächtigen Naturkräften und geringen eigenen Kräften ist im 20. Jahrhundert benutzt worden, um die Kybernetik als Steuerungs- und Regelungstechnik von der Mechanik zu unterscheiden.

Die berühmteste Steuerungsgeschichte der abendländischen Philosophie ist Platons Seelenwagengleichnis. Platon vergleicht die menschliche Seele mit einem Gespann, das aus zwei Pferden und einem Wagenlenker zusammengesetzt ist. Das eine Pferd ist gut, edel und folgsam, das andere aber ist «entgegengesetzter Abstammung und Beschaffenheit», wild und starrsinnig, «taub, der Peitsche und dem Stachel kaum gehorchend» (Phaidros 246 b und 253 d). Nichtmetaphorisch benennt Platon die drei Seelenteile als das Begehrende, das Eifernde und das Überlegende. Leider kann man das ungebärdige Pferd nicht ausspannen, denn der begehrende Seelenteil *(epithymḗtikon)* ist eine unersetzliche Antriebsquelle für den Seelenwagen. Gesteuert wird das Gefährt vom *logistikon*, dem vernünftigen Seelenteil. An einer verräterischen Stelle identifiziert Platon allerdings den steuernden Seelenteil mit der ganzen Person: «Schwierig und mühsam ist daher notwendig bei uns (!) die Lenkung» (246 b). Diese Behauptung fällt streng genommen aus dem Gleichnis heraus, denn wenn die Lenkung des Seelenwagens uns als ganzen Personen obliegt, kann sie nicht zugleich einem unserer Seelenteile obliegen. Platons Gleichsetzung des Lenkers mit «uns» ist Ausdruck seiner Überzeugung, dass die Vernunftfähigkeit den Menschen wesentlich ausmacht.

Das Metaphernfeld der Zähmung eines ungebärdigen Pferdes ist auch heute noch Teil des alltagspsychologischen Diskurses. Man denke an Ausdrücke wie «ungezügeltes Benehmen», «sich im Zaum halten», «sich Zügel anlegen», «ein zügelloser Mensch», «die Pferde gehen mit ihm durch».

Das Wagenlenkergleichnis lädt zum Vergleich mit Sigmund Freuds Instanzenmodell der Psyche ein. Freud hatte zunächst ein hydraulisches Modell der Psyche vertreten, in dem die «psychischen Energien» wie in einem Röhrensystem hin- und herfließen, weil sich an bestimmten Stellen Druck aufbaut, der an anderer Stelle wieder abgebaut werden muss. Die hydraulischen und mechanischen Redeweisen hat Freud nie aufgegeben, ergänzt sie allerdings später durch das Dreiinstanzenmodell von Ich, Es und Überich. Platons Metapher vom Kutscher, der die Zügel in der Hand behalten muss, hat Freud eine zweite Großmetapher zur Seite gestellt, die längst Teil des Alltagsdiskurses geworden ist: die vom Ich, welches nicht Herr im eigenen Haus sei.

Da nun das Es für die Trieb- oder Bedürfnisnatur des Menschen steht, die ihrerseits auf seiner körperlichen Organisation beruht, lassen sich Freuds und Platons Metaphern zwanglos auf das Verhältnis des

Subjekts zu seinem eigenen Körper beziehen. Dieses Verhältnis als ein Steuerungs- oder Herrschaftsverhältnis zu beschreiben unterstellt nun eine Unabhängigkeit beider Seiten, die in der Sache nicht gegeben ist. Wir besitzen und benutzen unseren Körper ja nicht wie ein Instrument, das wir bei Nichtgebrauch weglegen oder bei Nichtgefallen zurückgeben könnten. Vielmehr bleibt von «uns» nichts übrig, wenn unser Körper verschwindet. Die an die Unsterblichkeit der Seele glauben, bestreiten dies, aber auch von ihren Seelen wird nach allem, was wir wissen, nichts übrig bleiben. Mit Händen zu greifen ist die Paradoxie in Reden wie «Gib dir einen Ruck!», «Überwinde dich!» oder «Reiß dich zusammen!» Der Rat, sich einen Ruck zu geben, lässt sich durch die simple Rückfrage «Wer wem?» ad absurdum führen. Das hat auch Platon so gesehen. Die Redewendung «Sei stärker als du selbst!» könne nicht ganz wörtlich gemeint sein, denn «wer stärker als er selbst wäre, wäre doch offenbar auch schwächer als er selbst, und der Schwächere stärker; denn es ist doch immer derselbe, der in allen diesen Redensarten auf beiden Seiten aufgeführt wird» (Politeia 430 e–431 a).

Der Diskurs der Selbststeuerung, Selbstkontrolle und Selbstüberwindung mag, wörtlich verstanden, in Paradoxien münden. Dies ändert aber nichts daran, dass wir recht gut wissen, was damit gemeint ist. Selbst im Strafrecht und in der Psychiatrie spricht man von der «Steuerungsfähigkeit» eines Täters, als ob das Leib-Seele-Problem im Sinne von Platons Wagenlenkergleichnis gelöst wäre. Und hier kommt die nächste Paradoxie: In Legionen von Büchern zur Philosophie des Geistes wird auf der ersten Seite verkündet, dass der cartesianische Dualismus überwunden werden müsse, doch in unserer Alltagspsychologie ist er quicklebendig. Das Descartes-Bashing ist zur populärwissenschaftlichen Folklore geworden, doch unsere alltagspsychologischen Selbstbeschreibungen und Verhaltensdeutungen sind fast ausnahmslos dualistisch. In ihnen wird eine psychische Instanz unterstellt, verlegenheitshalber meist «das Ich» oder «das Selbst» genannt, die Körpervorgänge steuern, Affekte kontrollieren und Impulse in vernünftige Bahnen lenken kann. Ohne diesen Alltagsdualismus hätten diese Verse von Robert Gernhardt nicht geschrieben werden können:

Mein Körper ist ein schutzlos Ding,
wie gut, daß er mich hat.
Ich hülle ihn in Tuch und Garn
und mach ihn täglich satt.

Mein Körper ist voll Unvernunft,
ist gierig, faul und geil.
Tagtäglich geht er mehr kaputt,
ich mach ihn wieder heil.

Mein Körper kennt nicht Maß noch Dank,
er tut mir manchmal weh.
Ich bring ihn trotzdem übern Berg
und fahr ihn an die See.

Mein Körper ist so unsozial.
Ich rede, er bleibt stumm.
Ich leb ein Leben lang für ihn.
Er bringt mich langsam um.[1]

Gernhardts virtuoses Spiel mit «ich» und «er» – er tut mir weh, ich mach ihn heil, er bringt mich um – kommt offenbar unserer Selbsterfahrung auch dann noch entgegen, wenn wir es besser wissen. Wir sind zwar auf Gedeih und Verderb an unsere Körper gekettet (und das ist aus monistischer Sicht noch zu schwach ausgedrückt), aber wir können immerhin wünschen, dass wir es nicht wären, und wir können die Ketten verachten. Wir können sie mit grimmigem Sarkasmus bedenken wie der todkranke Gernhardt seinen Krebs.[2] Der Tod wird am Ende siegen, aber der Todesverachtung des Dichters hat er nichts entgegenzusetzen. Der Tod, jedenfalls der vorzeitige, ist ein brutaler Gewalttäter; intellektuell satisfaktionsfähig ist er nicht.

---

1   Robert Gernhardt: «Siebenmal mein Körper» [Auszug]. In: Ders.: Körper in Cafés. Gedichte. Zürich 1987.
2   Vgl. Robert Gernhardt: Später Spagat. Gedichte. Frankfurt/M. 2006.

Die Plausibilität der dualistischen Selbstbeschreibung erklärt sich hier so: Es gibt in mir etwas, dem das Sterben als Zumutung erscheint, und dieses Etwas kann nicht mein Körper sein. Es handelt sich hier, wie Wittgenstein gesagt hätte, um eine grammatische Bemerkung: Man kann von Haut, Knochen und Zellgewebe einfach nicht unmetaphorisch sagen, dass ihnen das Sterben als Zumutung erscheint. Von irgendetwas muss man es aber sagen können.

Der cartesische Dualismus

Dass Dualisten eine völlige *Unabhängigkeit* des Geistes vom Körper behaupteten, ist eine Karikatur seitens ihrer Kritiker. Auch der Erzdualist Descartes betont, dass der Geist dem Körper «nicht nur zugesellt, wie etwa ein Schiffer dem Schiffe, sondern (...) auf das innigste mit dem Körper vereint» ist. Er fragt: «Wie könnte sonst Ich, ein lediglich denkendes Ding, bei einer Verletzung des Körpers Schmerz empfinden? Ich würde jene Verletzung rein geistig wahrnehmen, wie das Auge des Schiffers es wahrnimmt, wenn am Schiffe etwas zerbricht» (6. Med.). Phänomene wie Schmerz, Hunger und Durst zeigen, dass mein Körper «viel enger zu mir gehört als irgendein anderer», denn von ihm kann «ich mich nicht trennen wie von den andern» (ebd.).

Obwohl der sogenannte *dualistische Interaktionismus*, also die Auffassung, dass Körper und Geist sich wechselseitig kausal beeinflussen, ein konkurrenzlos erfolgreiches alltagspsychologisches Deutungsschema ist, gibt es nur wenige Philosophen und Wissenschaftler, die ihn zu einer regelrechten Theorie ausgebaut und Erklärungsansprüche mit ihm verbunden haben. Einer der letzten war der Nobelpreisträger John Eccles, der in dem gemeinsam mit Karl Popper verfassten Buch «The Self and Its Brain» das Gehirn mit einem Computer verglich und «das Ich» ironiefrei als dessen Programmierer auffasste. Eccles lehrte, dass Quantenunbestimmtheiten in den Synapsen dem nichtmateriellen Geist einen kleinen Freiraum zur Kontrolle von Gehirnprozessen verschaffen. Diese Lehre erinnert an Epikurs Lehre der geringen Bahnabweichungen der Seelenatome und an Descartes' Erklärung der Schnittstelle zwischen

Geist und Gehirn: Die Zirbeldrüse sei so locker im Gehirn aufgehängt, dass an dieser Stelle, und nur dort, die Lebensgeister *(esprits animaux)* auf die Körperwelt einwirken könnten (vgl. 1649, §§ 31 und 34). Diese Auffassung beruht übrigens auf einem physikalischen Irrtum über den Energieerhaltungssatz. Descartes ging durchaus davon aus, dass die Menge der Bewegungsenergie im Universum konstant ist, glaubte aber fälschlich, dass Änderungen der Bewegungs*richtung* keine Energie erforderten, sodass durch den immateriellen Geist bewirkte Richtungsumlenkungen den Erhaltungssatz nicht verletzten. Descartes war insofern ein Superkybernetiker: Das Umlenken erfordere im Unterschied zum Anstoßen nicht nur sehr wenig Kraft, sondern überhaupt keine. Die Berichtigung dieses Irrtums lässt es als hoffnungslos erscheinen, den dualistischen Interaktionismus noch einmal mit einem wissenschaftlichen Weltbild zu versöhnen. Wer gleichwohl an die Möglichkeit der Einwirkung immaterieller Seelensubstanzen auf die Körperwelt glaubt, muss das außerhalb der Wissenschaft tun.

Keiner der drei großen Dualisten der Philosophiegeschichte – Platon, Descartes, Kant – hat eine auch nur halbwegs überzeugende Erklärung dafür gegeben, wie der immaterielle Geist das Gehirn steuern kann. Platon ist in den Mythos ausgewichen, Descartes ist heroisch gescheitert, Kant hat es gar nicht erst versucht. Nachdem im 20. Jahrhundert Gilbert Ryle den cartesischen Dualismus als den «Mythos vom Gespenst in der Maschine» karikiert hat, gilt der dualistische Interaktionismus in der jüngeren Philosophie des Geistes nicht mehr als ernsthafte theoretische Option. Dies hat sich allerdings noch nicht allerorts herumgesprochen. So arbeitet sich die neurobiologisch motivierte Kritik an der Willensfreiheit nach wie vor am cartesischen Dualismus ab. Viele Neurobiologen können sich nicht vorstellen, wie man die Willensfreiheit anders verteidigen sollte als durch die Annahme eines freischwebenden immateriellen Geistes, der kausal auf die Körperwelt einwirkt. So hat der Hirnforscher Wolf Singer (2008) seinem philosophischen Kritiker Peter Janich entgegengehalten: «Bitte schlagen Sie ein Experiment vor, mit dem die These falsifiziert werden kann, dass alle mentalen (‹geistigen›) Phänomene auf neuronalen Prozessen beruhen und folglich diesen nach- und nicht vorgängig sind.»

Steuert mein Gehirn mich?

Damit sind wir bei der spiegelbildlichen These angelangt. Ihr zufolge steuere ich mitnichten mein Gehirn, sondern es verhält sich umgekehrt. Geistige Prozesse «beruhen» auf neuronalen und sind ihnen «nachgängig», und mehr noch: Da es «keinen vernünftigen Zweifel daran geben» könne, «dass es auch bei den hochstufigen Prozessen in unserem Gehirn, die für die Steuerung unseres Verhaltens zuständig sind, deterministisch zugeht» (Roth 2001, S. 447), seien unsere Entschlüsse und unser Verhalten neuronal determiniert, also durch Gehirnprozesse alternativlos festgelegt. *Ex post actu* fielen uns stets plausible Gründe ein, warum wir so und nicht anders gehandelt haben, doch diese Gründe seien bloß nachträgliche Rationalisierungen der vom Gehirn längst getroffenen Entscheidung.

Diese Reden sind sattsam bekannt und müssen hier nicht ausführlich mit Zitaten belegt werden. In populären Darstellungen der Steuerungsleistung des Gehirns fällt zunächst auf, was Gehirne alles können. Gehirne können bewerten, abwägen, entscheiden und sogar das Bewusstsein nachträglich von ihrer Entscheidung benachrichtigen. Bei Wolf Singer (2004, S. 43–46) kann sich das Gehirn auch seiner selbst bewusst werden, ein Bild von sich machen und als ein autonomes Agens empfinden. Der Schritt zur unfreiwilligen Komik ist bei denjenigen Autoren überschritten, die sich in die Lage ihres Gehirns versetzen und dann ihre tristen Lebensbedingungen beklagen:

«So muß ich, ein Stück weiße und graue Materie, eingeschlossen in die Höhle eines knochigen Schädels, nun meine Situation erkennen. Alles, was ich von der Welt wahrnehmen kann, ist das nervöse Ticken einiger Millionen bündelweise durch Öffnungen in meine Höhle ragender Fasern.»[1]

Hier verwechselt sich schlicht jemand mit seinem Gehirn. Es fällt schwer, über die Schädelhöhlenklaustrophobiker nicht im Stile von Woody Al-

---

1 Den Hinweis auf dieses Zitat des Neurobiologen Christoph von der Malsburg (Süddeutsche Zeitung vom 12. 9. 1996, S. 54) verdanke ich Andreas Kemmerling.

len und Otto Waalkes zu spotten: «Großhirn an Auge, Großhirn an Auge: Hier ist alles so dunkel. Lass mich doch auch mal raussehen!» Hier liegt ein *Kryptocartesianismus* vor, der auf einer unzulänglichen Auseinandersetzung mit dem cartesischen Dualismus beruht. Peter Hacker und Max Bennett, die diese Diagnose in einem Abriss der historischen Entwicklung der Neurowissenschaften gestellt haben (2003, S. 11–107), sehen die entscheidende falsche Weichenstellung in Descartes' Verdinglichung des Geistes zur *res cogitans*. Aristoteles habe die Psyche zutreffend als Inbegriff von Vermögen eines Lebewesens beschrieben, Descartes schrieb alle Vermögen und Tätigkeiten dem Geist zu, den er fälschlich als Entität auffasste und dem Körper als eigene Substanz gegenüberstellte. Die frühe Neurowissenschaft (u. a. Sherrington, Penfield, Eccles) habe den cartesischen Dualismus schlicht übernommen. Die heutige Wissenschaftlergeneration lehnt zwar den Geist/Körper-Dualismus offiziell ab, behält aber nach Bennett und Hacker die fatale Innen/Außen-Unterscheidung und wesentliche Elemente einer verfehlten Introspektionspsychologie bei. Ausgetauscht wird lediglich deren Subjekt: Fähigkeiten und Tätigkeiten, die Descartes dem Geist zuschrieb, werden nun dem Gehirn zugeschrieben. So fallen viele neurowissenschaftliche Theorien, die doch die Überwindung des cartesischen Dualismus auf ihre Fahnen geschrieben haben, einem Kryptocartesianismus anheim. Die mentalen Repräsentationen werden zu neuronalen, dann werden für den fälschlich als inneres Theater aufgefassten Geist neuronale Korrelate gesucht. Die Gefährlichkeit des Kryptocartesianismus besteht Bennett und Hacker zufolge darin, dass Pseudoprobleme als drängende empirische Fragen erscheinen. Es würden neurowissenschaftliche Erklärungen für falsch konzipierte psychische Vorgänge gesucht. Im schlimmsten Fall komme es dazu, dass als empirische Befunde ausgegebene krude Behauptungen durch öffentlichkeitswirksame Verbreitung regelrecht das Publikum verdummen. Die jüngere deutsche Debatte über die Willensfreiheit ist ein bedrückendes Beispiel dafür. Verschafft sich die philosophische Kritik in solchen Debatten kein Gehör, so Hackers und Bennetts besorgtes Fazit, «wird das Laienpublikum bei der Neurowissenschaft Antworten auf Pseudofragen suchen, die es nicht stellen sollte und die die Neurowissenschaft nicht beantworten kann» (ebd., S. 409).

Aufschlussreich ist die unterschiedliche Art und Weise, in der Philosophen und Neurowissenschaftler die Annahme eines *Homunkulus* ablehnen. Ein Homunkulus ist in der neueren Philosophie des Geistes eine postulierte menschenähnliche Instanz, die ausdrücklich oder unausdrücklich zur Erklärung der Arbeitsweise des menschlichen Geistes herangezogen wird (vgl. Keil 2003). Dass ein geistbegabtes Wesen ein bestimmtes Vermögen besitzt, wird dadurch erklärt oder analysiert, dass einer seiner Teile oder ein Subsystem in ihm dieses Vermögen besitzt. Es liegt also keine Erklärung vor, sondern ein Regress. In den Neurowissenschaften sehen nun einige Autoren die Homunkulus-Hypothese als regelrechtes Forschungsprogramm an, nämlich als Suche nach einem Gehirnareal, das zentrale Kontroll- und Integrationsleistungen erbringt. Hier ist vom Homunkulus als einer handfesten, empirisch entdeckbaren Struktur die Rede. Dass sich eine solche Struktur nicht finden lässt, wird dann so ausgedrückt, dass es im Gehirn keinen Homunkulus gebe. Wolf Singer stellt den Zusammenhang so dar:

«Die Intuition (...) legt uns nahe, daß es irgendwo im Gehirn ein Zentrum geben müsse, in dem alle Verarbeitungsprozesse zusammenkommen, um einer kohärenten Interpretation unterworfen zu werden. (...) Nun wissen wir aber heute, daß sich unsere Intuition in diesem Punkt auf dramatische Weise irrt. (...) Es gibt keine Kommandozentrale» (Singer 2004, S. 43).

Das ist eine hochinteressante Passage. Die Annahme einer zentralen Steuerungsinstanz im Gehirn wird hier der alltäglichen «Intuition» unterschoben – mit dem Ziel, die Intuition als wissenschaftlich unhaltbar erscheinen zu lassen. Wir erfahren nach Singer unser Verhalten genau dann als selbstgesteuert, wenn wir eine «Kommandozentrale» in unserem Gehirn annehmen, in der alle Fäden zusammenlaufen. Tatsächlich machen wir als Überlegende und Handelnde nicht die Erfahrung eines solchen Zentrums. Zu seinen eigenen Hirnprozessen hat niemand einen Erfahrungszugang, auch keinen «intuitiven». Personen erfahren *sich selbst* als mit Steuerungsfähigkeiten ausgestattet, nicht eine subpersonale Instanz in ihrem Gehirn. Darum muss man sich auch nicht darüber wundern, wenn man diese Instanz im Hirn nicht findet. Es ist eine bei Neurowissenschaftlern häufige *déformation professionelle*, sich gelegentlich mit ihrem eigenen Gehirn zu verwechseln, im Alltag passiert uns das eher selten. In der zitierten Passage ist der Homunkulismus so schwer zu erkennen, weil er im Gewand der Ablehnung einer zentralen Steuerungsinstanz auftritt. Der Zusammenhang ist folgender: Der Hirnforscher unterstellt der «Intuition», eine zentrale Steuerungsinstanz im Hirn anzunehmen. Wenn man diese Instanz dort nicht findet, sieht der Hirnforscher alltagspsychologische Vorstellungen über Steuerung und Kontrolle widerlegt. Dieser Zug grenzt an Chuzpe: Singer unterstellt der zu widerlegenden Alltagsauffassung scinen eigenen Homunkulus-Fehlschluss. Schon die Erwartung, es müsse *im Hirn* eine solche Kommandozentrale geben, beruht auf einem solchen. Singer weiter: «Und schließlich stellt sich die Frage, wie sich ein so dezentral organisiertes System seiner selbst bewußt werden kann», bzw. wie es «dazu kommt, sich ein Bild von sich selbst zu machen und sich als autonomes, frei entscheidendes Agens zu empfinden» (ebd., S. 44 und 46). Wem stellen sich diese Fragen? Doch nur dem, der sich selbst mit seinem Gehirn verwechselt! Nicht das Gehirn, sondern *wir* sind uns unserer selbst bewusst, entscheiden, agieren und machen uns Bilder. Diesen Hinweis sehen viele Neurowissenschaftler als Rückfall in den Dualismus an, aber diese Retourkutsche verfehlt ihr Ziel. Den Dualismus überwindet man nicht, indem man alles, was Cartesianer vom Geist aussagen, nunmehr vom Gehirn aussagt.

Verschiedene Arten von Determination

Die Rede, dass das Gehirn unser Verhalten steuert, festlegt oder determiniert, ist noch für weitere Verwechslungen anfällig. In der Debatte um die Willensfreiheit behaupten Singer und Roth, dass die Freiheitsfreunde Geist/Körper-Dualisten sein müssen. So referiert Roth (2001, S. 436) die libertarische Freiheitsauffassung[1] wie folgt: «Der freie Akt darf natürlich

---

1 Der *Libertarismus* ist diejenige Freiheitsauffassung, die den Determinismus für falsch hält und allein dadurch die Freiheit ermöglicht sieht, im Unterschied zum *Kompatibilismus*, der Freiheit und Determinismus für vereinbar hält.

selbst nicht wieder zerebral bedingt sein, sondern muß völlig immateriell, d. h. ohne jede Hirnaktivität vor sich gehen.» Wenn der Libertarier behaupte, dass die freie Wahl einer Person nicht durch Vorgänge in ihrem Gehirn «bedingt» sei, dann hänge er offenbar dem cartesischen Dualismus an. Singer schreibt: «Verschaltungen legen uns fest: Wir sollten aufhören, von Freiheit zu sprechen. (...) Keiner kann anders, als er ist» (2004, S. 30 und 63).

Was ist hier schiefgelaufen? Es wurde der *synchrone* Sinn von «determinieren», «festlegen» oder «bedingen» mit dem *diachronen* Sinn dieser Ausdrücke verwechselt. Dasjenige Festlegen, von dem der Determinismus spricht, ist ein Vorgang in der Zeit. Dasjenige Festlegen, von dem Roth und Singer sprechen, ist hingegen eine Beziehung zwischen einer Hirnaktivität und ihrer zeitgleichen mentalen Entsprechung. Die Verwechslung der beiden Arten von «Determination» führt zur Identifikation des neuronalen Substrats oder Korrelats eines mentalen Ereignisses mit dessen Ursache. Zwischen einem mentalen Ereignis und seinem zeitgleichen physischen Substrat kann es aber keine Kausalbeziehungen geben, weder in der einen noch in der anderen Richtung. Verursachungsvorgänge brauchen immer Zeit. Wenn man hier von «festlegen» sprechen möchte, dann ist das ein anderer Sinn von festlegen als der für den Determinismus einschlägige. Mentale Ereignisse sind nach allem, was wir wissen, physisch realisiert, sodass es keine mentale Veränderung ohne eine physische geben kann. Diese Realisierungsbeziehung hat aber mit dem Determinismus nichts zu tun und ist als solche auch nicht freiheitsgefährdend. Tatsächlich ist das So-oder-Anderskönnen, von dem libertarische Philosophen sprechen, kein Anderskönnen gegenüber einem aktuellen physiologischen Geschehen, das wäre absurd, sondern es ist ein Anderskönnen bei gegebener Vorgeschichte. Niemand kann die Gegenwart anders sein lassen, als sie nun einmal ist. «Niemand *ist* anders, als er ist» – damit hätte Singer etwas Wahres gesagt, allerdings etwas tautologisch Wahres.

Die Erforschung neuronaler Korrelate des Mentalen ist für das Freiheitsproblem irrelevant, solange keine deterministische Zusatzprämisse ins Spiel kommt. Warum sollte der Umstand, dass mentale Prozesse physisch realisiert sind, dass also in meinem Gehirn etwas vorgeht, während ich etwas denke oder will, meine Freiheit gefährden? Wer hier einen Widerspruch sieht, der gründet seine Freiheit tatsächlich auf den Dualismus. Solche Philosophen gibt es natürlich, aber es kann keine Rede davon sein, dass ein Verteidiger der Willensfreiheit auf den Geist/Körper-Dualismus *verpflichtet* wäre (vgl. dazu genauer Keil 2007).

Die Formulierung schwächerer als deterministischer Korrelationen ist hingegen nicht freiheitsgefährdend. Insbesondere gefährdet es die Freiheit nicht, dass eine bestimmte hirnorganische oder genetische Ausstattung ein Lebewesen zu bestimmtem Verhalten disponiert. Man nennt solche disponierenden Faktoren zwar manchmal *Determinanten*, aber solange nicht außerdem festgelegt ist, wann und wo sich welche Disposition manifestiert, sind die Bezeichnungen «genetischer Determinismus» und «neurophysiologischer Determinismus» verfehlt. Man übersieht das leicht, weil in der neurowissenschaftlich inspirierten Freiheitsdebatte überaus nachlässig mit dem Attribut «deterministisch» umgegangen wird. Determinismus wird mit schwächeren Korrelationen verwechselt, und diese Verwechslung wird durch den Gebrauch einiger typischer Verben verdeckt. Es gibt eine Reihe von ‹weichen› Kausalverben, die Determinationsverhältnisse ausdrücken, die Art der Determination aber im Dunkeln lassen: Bestimmte Faktoren *steuern* das Verhalten, Gehirnvorgänge *bedingen* Handlungen, Gene *prägen* die Persönlichkeit, Entscheidungen *beruhen* auf neuronalen Prozessen. Allen diesen Verben – zu nennen sind noch *beeinflussen*, *kontrollieren*, *induzieren*, *auslösen*, *führen zu* – ist gemeinsam, dass sie weniger implizieren als strenge naturgesetzliche Determination, aber offen lassen, wie viel weniger. Auch die Rede von «Faktoren» und «Einflüssen» gehört in diese Reihe. Dieses weiche Kausalidiom ist in den empirischen Humanwissenschaften universal verbreitet – in der Hirnforschung und der Genetik wie in der Psychologie und der Soziologie. Das ist kein Makel; zu beanstanden ist nur, wenn die besagten weichen Verben mit freiheitswiderlegender Konnotation eingesetzt werden. Diesen rhetorischen Effekt – Suggestion eines Freiheitshindernisses, ohne dass ein echter Determinismus vertreten würde – gilt es zu durchschauen. Dass selbst das Verb «determinieren» und das Substantiv «Determinante» gebraucht werden können, ohne dass der Sprecher eine deterministische Position vertritt, zeigt an, wie marginal die Bedeutung des Determinismus für die humanwissenschaftliche Forschung tatsächlich ist. Empirisch arbeitende Wissenschaftler wissen das natürlich; es ist eine bittere Ironie, wenn diese geläufige Einsicht ausgerechnet in der Debatte über die Willensfreiheit nicht zum Tragen kommt.

Das «Steuern» ist also eine schwächere Form der Beeinflussung als die naturgesetzliche Determination. Für unseren Zusammenhang wichtiger ist, dass der Steuerungsbegriff einer dualistischen Metaphysik verhaftet bleibt. Zum Steuern gehören stets zwei, etwas Steuerndes und etwas Gesteuertes. Beim cartesischen Mythos vom «Gespenst in der Maschine» fungieren der Geist, das Bewusstsein oder das Ich als Steuerzentrale des Körpers. Wenn umgekehrt das Steuernde das Gehirn sein soll, rücken diese Instanzen auf die Seite des Gesteuerten. Beide Darstellungen setzen den Dualismus voraus. Das Gehirn kann den Geist, das Bewusstsein oder das Ich ja nur dann steuern, wenn es diese Instanzen auch gibt. Aus Sicht eines materialistischen Monismus gibt es sie aber nicht. Aus monistischer Sicht werden nicht zwei Stücke auf zwei Bühnen gespielt, die auf erklärungsbedürftige Weise miteinander verbunden sind. Es gibt nur *ein* Geschehen, und alles, was auf der Seite des Gesteuerten angeblich geschieht, ist identisch mit physikalischen oder neurophysiologischen Vorgängen. Zwischen Identischem kann es aber keine Kausalbeziehungen geben. Was mit Physischem nichtidentisch wäre, existiert hingegen aus monistischer Sicht nicht, und zwischen Existierendem und Nichtexistierendem kann es erst recht keine Kausalbeziehungen geben.

Ziehen wir Zwischenbilanz. Wir haben eingangs gesehen, dass alltagsdualistische Vorstellungen weit verbreitet sind und, stellt man sie dem materialistischen Monismus gegenüber, auch eine gewisse Plausibilität besitzen. Als theoretisch ausgearbeitete Position vertritt den dualistischen Interaktionismus hingegen in der neueren Philosophie des Geistes kaum jemand. Es ist nun Zeit für konstruktive Überlegungen. Zu klären bleibt mindestens zweierlei: warum der vortheoretische Alltagsdualismus so unverwüstlich ist und was in der Philosophie des Geistes an die Stelle des dualistischen Interaktionismus treten kann, ohne dass man die abenteuerliche Folgerung ziehen müsste, dass ich mit meinem Gehirn identisch bin.

Geist, Körper, Person

Ein Hauptargument für die Einführung einer immateriellen Seele war stets, dass ein Träger für mentale Prädikate wie «denken» oder «empfinden» gebraucht wird. Zum Begriff des Körpers gehört nach Descartes allein die Ausdehnung im Raum. Ein Körper ist eine *res extensa*, also etwas, «was seinen Raum so erfüllt, daß es von ihm jeden andern Körper ausschließt» (2. Med.). *Denken* und *empfinden* sind keine Attribute von Körpern, also müssen sie Attribute von Nichtkörperlichem sein. Auch Pascal zieht diesen Schluss auf die Existenz einer immateriellen Instanz: «Was empfindet Vergnügen in uns? Ist es die Hand, ist es der Arm, ist es das Fleisch, ist es das Blut? Man wird erkennen, dass es etwas Immaterielles sein muß» (1840, S. 122 f.).

Dieses Argument ist nur gültig, wenn die Alternative von «Körper» und «immateriellem Geist» vollständig ist. Andernfalls handelt es sich um einen Fehlschluss. Treten wir einen Schritt zurück und fragen uns ganz unbefangen, von was oder wem wir mentale Prädikate gewöhnlich aussagen. Dazu Wittgenstein: «Eine Ansicht haben ist ein Zustand. – Ein Zustand wessen? Der Seele? Des Geistes? Nun, wovon sagt man, es habe eine Ansicht? Vom Herrn N. N. zum Beispiel. Und das ist die richtige Antwort» (PU § 573). Herr N. N. ist weder ein Körper noch ein Geist, sondern eine *Person*. Und dies ist die Kategorie, die in der Alternative von Körper und Geist übersehen wird. Descartes und Pascal gehen von der Einsicht aus, dass wir von uns vielerlei sagen, was wir von Körpern nicht sagen. Der Ansatz, nach einem passenden Träger für diese Prädikate zu suchen, ist völlig richtig. Der Fehler liegt nur in der Folgerung, dass der Träger dieser Prädikate eine immaterielle Substanz sein müsse. Doch wenn ich *mir selbst* bestimmte Eigenschaften, Fähigkeiten und Tätigkeiten zuschreibe, ist das logische Subjekt dieser Zuschreibungen niemand anders als *ich* – «ich» kleingeschrieben, nicht «das Ich». Das Wort «ich» ist, man wagt es kaum in Erinnerung zu rufen, ein *Personal*pronomen. Es steht für eine Person, nicht für einen immateriellen Geist, ein cartesisches Ego, eine unsterbliche Seele, ein transzendentales Subjekt oder was die Philosophen sonst noch an anämischen Instanzen ersonnen haben. Würde mit Hilfe von «ich» über etwas anderes als über Personen gesprochen, so wäre, wie Andreas Kemmerling bemerkt (2000, S. 232), «sehr vieles – ja, vielleicht sogar das meiste –, was wir unter Verwendung des Wortes ‹ich› sagen, flagrant falsch. ‹Ich habe im letzten Jahr ein paar gute Flaschen Wein getrunken›; das stimmt, aber es wäre falsch, wenn ich mit dem Wort ‹ich› über meinen Geist spräche».

Ein Prädikat wie «Wein trinken» ist – als Handlungsverb, das Absichtlichkeit nahelegt – nicht eindeutig dem mentalen oder dem physischen Bereich zuzuordnen. Es ist ja nicht nur von meinem Geist falsch zu sagen, er habe den Wein getrunken, auch von meinem Körper ist dies zu sagen zumindest befremdlich. Die Rede der Wahl lautet, dass *ich* den Wein getrunken habe. Unsere Alltagsontologie enthält eine Kategorie, nämlich die der Person, die den Philosophenstreit zwischen Monismus und Dualismus unterläuft, insofern Personen sowohl mentale als auch physische Prädikate zugeschrieben werden können. Ebendas ist auch für den gewöhnlichen Gebrauch von «ich» kennzeichnend. Damit es zum Beispiel wörtlich wahr sein kann, dass ich erstens an Weihnachten denke und zweitens blaue Augen habe, muss das Pronomen «ich» nicht seinen Sinn oder seinen Bezug ändern.

Personen zeichnen sich also dadurch aus, dass ihnen sowohl mentale als auch körperliche Attribute zukommen. Peter Strawson, der diese Auffassung ausgearbeitet und verteidigt hat, sieht den Begriff der Person als logisch primitiv an. Damit ist gemeint, dass er weder vom Begriff des Körpers noch von dem des Geistes abgeleitet ist. Strawson leugnet auch, dass der Ausdruck «ich» sich jemals auf ein «reines» oder «transzendentales» Subjekt bezieht (vgl. 1959, S. 132 f.). Man kann vielleicht vorsichtiger sagen, dass das transzendentalphilosophisch gebrauchte Wort «ich» schwerlich das gleiche gewöhnliche Wort «ich» sein kann, das im Deutschen ein Personalpronomen ist. Dagegen spricht schon, dass kompetente Sprecher des Deutschen das Personalpronomen «ich» mühelos und kommunikativ erfolgreich gebrauchen, während außer (manchen) Philosophen kein Sprecher weiß, was «reine» oder «transzendentale» Subjekte sein sollen. Wir kennen Menschen, Personen und Individuen, wofür brauchen wir zusätzlich noch reine Subjekte?

Polemik beiseite: Die Rede vom denkenden oder erkennenden «Subjekt» kann einen begrenzten Sinn behalten, wenn man sie als *Abstrak-*

tion auffasst. Das Abstrahieren, also das Absehen von tatsächlich vorhandenen Eigenschaften, hat seinen Sinn, wenn es auf die fraglichen Eigenschaften im gegebenen Kontext nicht ankommt. Um beispielsweise Kants Lehre von der transzendentalen Synthesis der Apperzeption zu verstehen, muss man nicht wissen, dass alle denkenden Wesen, die wir kennen, Wesen aus Fleisch und Blut sind. Also kann man in diesem Kontext von diesen Eigenschaften absehen. Dadurch, dass man sie nicht erwähnt, verschwinden die Eigenschaften freilich nicht. Aus der Verständlichkeit einer Abstraktion zu schließen, dass Denker als körperlose Subjekte existieren können, wäre ein schwerer Fehler.

Wir sollten es dabei belassen, dass die Person selbst denkt und nicht ihr Geist oder ihr Gehirn. Man könnte nun noch die Frage stellen, ob eine Person *mit* ihrem Gehirn denkt. Die Frage, womit eine Person denkt, ist indes nicht von grundsätzlich anderer Art als die, womit sie Zwiebeln schneidet oder einen Elfmeter schießt. Solche Fragen sind verblüffend schwierig zu beantworten: Schießt man einen Elfmeter mit dem Fuß? Oder doch eher mit dem Bein? Aber eines gewissen Anlaufs bedarf es auch: Schießt man ihn vielleicht mit dem ganzen Körper? Wirklich mit dem *ganzen*, also unter Einschluss der Ohrläppchen? Oder vielleicht mit dem Körper unter Ausschluss aller Teile, die zum Fußballspielen nicht unbedingt erforderlich sind? Aber was heißt das? Muss man untersuchen, nach Amputation welcher Körperteile jemand noch in der Lage ist, gegen einen Ball zu treten? Dann würden neben Fuß und Bein alle lebensnotwendigen Organe zu dem gehören, womit man einen Elfmeter schießt, der Rest nicht.

Analoge Überlegungen kann man zur Denktätigkeit anstellen, aber sie führen zu nichts. Damit aus der lebensweltlichen Frage, womit jemand etwas tut, ein wissenschaftliches Explanandum würde, müsste sie erst einmal entsprechend präzisiert werden. Die Neurowissenschaften interessieren sich dafür, welche Gehirnareale aktiv sind, wenn jemand eine bestimmte Leistung erbringt. Folgert man aus ihren Befunden, dass in Wirklichkeit nicht ich denke, sondern mein Gehirn, so ist das nicht schlüssiger als die Auffassung, dass in Wirklichkeit nicht ich den Elfmeter schieße, sondern Teile von mir.

Der durch Wittgenstein und Strawson belehrte Zweig der Philosophie des Geistes betont seit einem halben Jahrhundert, dass das logische Subjekt mentaler Prädikate die Person ist. Bei den neurowissenschaftlichen Kritikern der Philosophie hat sich das noch nicht herumgesprochen; bei ihnen ist ständig von «dem Ich», vom «Selbst» und vom «Bewusstsein» als Subjekt und Akteur die Rede, worauf dann die Entdeckung folgt, dass man diese Steuerungsinstanzen im Gehirn nicht findet. Also wird messerscharf geschlossen, dass das Gehirn selbst getan hat, was früher dem Ich zugeschrieben wurde: «Nicht das Ich, sondern das Gehirn hat entschieden» (Roth 2004, S. 77). Nein, weder das Gehirn noch *das Ich* haben entschieden, sondern *ich*, kleingeschrieben. Roth wiederholt einfach mit umgekehrtem Vorzeichen den Fehler, den wir oben bei Descartes und Pascal moniert haben. Wenn es nicht der immaterielle Geist gewesen ist, muss es nach Roth das Gehirn gewesen sein.

Die Kategorie der Person haben diejenigen, die das Abdanken des «bewussten Ich» fordern, nicht auf der Rechnung. Roth und Singer schlagen den Sack, nämlich die Philosophie oder die Intuition, wo der Esel gemeint ist, nämlich der Deutsche Idealismus, der die fatale Großschreibung von «ich» salonfähig gemacht hat. Die Einsicht, dass man die Wörter «ich» und «selbst» kleinschreibt, außer am Satzanfang, ist auch keine empirische Entdeckung, sondern Ergebnis philosophischer Sinnkritik.

Solange man auf den philosophischen Streit zwischen Monismus und Dualismus fixiert bleibt, übersieht man das Nächstliegende, nämlich die Kategorie der Person. Wenn man diese Kategorie ernst nimmt, lassen sich sowohl die intuitive Plausibilität des Dualismus wie auch seine Unhaltbarkeit als Theorie erklären. Es stimmt schon, ich bin mit meinem Körper nicht identisch und mit meinem Gehirn erst recht nicht. Darum kann man von mir vieles sagen, was man von meinem Körper nicht sagen kann. Aber was gegen den materialistischen Monismus spricht, spricht nicht automatisch für den Dualismus. Weder mein Körper noch mein Geist hat den Wein getrunken, sondern ich, die Person. Und was den Steuerungsdiskurs betrifft, so steuere weder ich mein Gehirn noch mein Gehirn mich. Lebensweltlich eingeführt ist hingegen die Rede, dass Personen sich und ihr Verhalten steuern. Die Rede von der «Steuerungsfähigkeit» eines Akteurs ist auch in der Psychiatrie und in der Strafrechtsdogmatik etabliert.

Sich einen Ruck geben: Wie macht man das?

Nun steht noch der Einwand im Raum, dass der Begriff der Selbststeuerung ob seiner Selbstbezüglichkeit paradox sei. Diesem Einwand geben insbesondere Redeweisen wie «Gib dir einen Ruck!» oder «Überwinde dich!» Nahrung, denn, so Platon, «es ist doch immer derselbe, der in allen diesen Redensarten auf beiden Seiten angeführt wird» (Politeia 431 a). Platons Einwand der Widersprüchlichkeit ist ein logischer, aber der Einwand lässt sich auch physikalisch und psychologisch wenden. Der Münchhausentrick, sich am eigenen Schopf aus dem Sumpf zu ziehen, ist zweifellos physikalisch unmöglich. Ob er auch psychologisch unmöglich ist, ist nicht so leicht zu sagen. Wenn man die reflexiven Redeweisen in absurditätsvermeidender Weise interpretiert, ist es *nicht* exakt derselbe oder dasselbe, was auf beiden Seiten angeführt wird: Der Adressat der Aufforderung, sich selbst zu überwinden, ist die Person. Das, wozu aufgefordert wird, ist hingegen nicht die Person, sondern etwas, was sie tun soll. Bei näherer Betrachtung verflüchtigt sich also der Anschein der Paradoxie. Berücksichtigen wir noch die Zeitverhältnisse. Die Aufforderung, etwas Bestimmtes zu tun, richtet sich immer auf die Zukunft. Niemand hat die Fähigkeit, seine gegenwärtigen Taten, Dispositionen oder Charakterzüge anders sein zu lassen, als sie nun einmal sind. Ebenso wenig wie wir die Vergangenheit ändern können, können wir tatsächlich Vorhandenes anders sein lassen, als es aktuell ist. (Genau genommen folgt dies schon aus der Unbeeinflussbarkeit der Vergangenheit, denn jede vermeintlich gegenwärtige Zeitspanne zerfällt ja in vergangene und zukünftige Teile.) Eine Person, die sich selbst einen Ruck geben, sich zusammenreißen oder im Zaum halten soll, wird aufgefordert, ihr eigenes zukünftiges Verhalten in einer Weise zu gestalten, die nicht ihren bisherigen Dispositionen entspricht. Was soll daran paradox sein?

Eingangs habe ich gegen Platon behauptet, wir wüssten schon ganz gut, was mit der Aufforderung, sich einen Ruck zu geben, gemeint ist. Wissen wir das wirklich? Stellen wir uns einen Mehrfachstraftäter, einen Neurotiker oder einfach jemanden vor, der von einer schlechten Gewohnheit loskommen möchte. Handelt es sich um schwere pathologische Fälle, ist die Steuerungsfähigkeit verloren; von diesen Fällen spreche ich hier nicht. Nach Kant muss von der zu einer unmoralischen Tat disponierten Person erwartet werden, dass sie sich im Augenblick der Versuchung zusammenreißt und ihr widersteht. Das gilt selbst für jemanden, der bisher «noch so böse gewesen» ist, «bis zur Gewohnheit als anderer Natur»: Es ist auch für ihn «nicht allein seine Pflicht gewesen, besser zu sein; sondern es ist jetzt noch seine Pflicht, sich zu bessern: er muß es also auch können» (Rel. B 43/A 39). Wie dieser plötzliche Sinneswandel genau vonstattengehen soll, ist nach Kant psychologisch nicht bis ins Letzte aufzuklären. Der Grund dafür dürfte sein, dass alles, was für diese Umkehr zu geschehen hat, ja schon etwas ist, was die Person tun muss. *Sie* muss sich diesen Ruck geben, und wenn man weiter fragen wollte, wie sie das denn machen soll, müsste die Antwort wiederum etwas nennen, was sie eben tun muss. Auch jede Psychotherapie, soll sie erfolgreich sein, muss früher oder später an die elementare Fähigkeit des Patienten appellieren können, sich einen Ruck zu geben.

Wer sich fragt, wie man es anstellt, sich einen Ruck zu geben, hat die Pointe der Aufforderung schon verpasst. Wer da sagt «Es muss ein Ruck durch mich gehen», wird lange warten. Deshalb wird die Steuerungsfähigkeit ja im Strafrecht strikt von der Einsichtsfähigkeit unterschieden. Wer auf eine besondere Erleuchtung wartet, erwartet vom Intellekt etwas, was nur der Wille leisten kann. Noch einmal: Alles, was dazu geschehen muss, damit der Ruck stattfindet, ist etwas, was die Person *tun* muss. (Es gibt hier einen engen Zusammenhang mit der von einigen Handlungstheoretikern erkannten *Nichtanalysierbarkeit* des Handlungsbegriffs durch «Körperbewegung plus X»-Analysen. Es bleibt bei allen diesen Analysen ein nichtanalysierter Rest, nämlich das Moment des Ausführens oder Vollziehens.)

In Kants Moralpsychologie besteht der geforderte Ruck in einer «Umwandlung der Denkungsart», durch die der aus Gewohnheit böse Mensch seine falsche Präferenzordnung «durch eine einzige unwandelbare Entschließung umkehrt» (Rel. B 54 f./A 51). Der Einwand, dass man dazu vielleicht nicht in der Lage sei, verfängt nicht; denn woher sollte man das wissen, bevor man es versucht hat? Dieses Argument macht auch in außermoralischen Kontexten einen guten Sinn. Eben weil der geforderte Ruck nicht wie ein Naturgeschehen erwartet oder vorausgesehen werden kann, sondern nur durch eigene Anstrengung in die Welt kommt, hat die Selbstauskunft, man sei dazu nicht in der Lage, stets einen schalen Beigeschmack. Aus gutem Grund versucht der Strafrichter nicht festzustellen, ob der Täter seine Steuerungsfähigkeit *ausgeübt* hat. Entscheidend ist allein, ob sie vorhanden war. Wenn der Täter die Einsichts- und die Steuerungsfähigkeit besaß, und dazu wird im Zweifelsfall der psychiatrische Gutachter gehört, dann hätte er sie aktualisieren *können*, dies genügt für die Beurteilung der Schuldfähigkeit.

Es kann und sollte bei der Rede bleiben, dass Personen sich und ihr Verhalten steuern. Diese Rede setzt keine bestimmte Lösung des Geist/Körper-Problems voraus. Allgemein ist unser Alltagsdualismus so lange harmlos, wie die entsprechenden Redeweisen nicht philosophisch oder wissenschaftlich überstrapaziert werden. Lebensweltlich eingespielte Redeweisen haben sich nicht entwickelt, um philosophische Probleme zu lösen. Dass ich mein Verhalten steuern kann, besagt nicht, dass eine immaterielle Seelensubstanz als Steuerzentrale des Gehirns fungiert. Umgekehrt folgt aus der Tatsache, dass ich nichts denken oder tun kann, ohne dass gleichzeitig etwas in meinem Gehirn geschieht, nicht, dass mein Gehirn mich steuert. In Teufels Küche kommen wir immer dann, wenn wir für Fähigkeiten, die richtigerweise Personen zugeschrieben werden, neue Träger postulieren, sei es eine immaterielle Seelensubstanz, sei es eine subpersonale Instanz im Gehirn.

Literatur

Bennett, M. R./Hacker, P. M. S.: Philosophical Foundations of Neuroscience. Oxford 2003.

Descartes, R. (Med.): Meditationen über die Grundlagen der Philosophie, mit den sämtlichen Einwänden und Erwiderungen. Übers. von Artur Buchenau. Hamburg 1994.

— (1649): Die Leidenschaften der Seele. Übers. von K. Hammacher. Hamburg 1984.

Geyer, Chr. (Hg.): Hirnforschung und Willensfreiheit. Zur Deutung der neuesten Experimente. Frankfurt/M. 2004.

Kant, I. (KpV): Kritik der praktischen Vernunft (1788). Weischedel-Werkausgabe Bd. VII. Frankfurt/M. 1968.

— (Rel.): Die Religion innerhalb der Grenzen der bloßen Vernunft (1793). Weische-del-Werkausgabe Bd. VIII. Frankfurt/M. 1968.

Keil, G.: «Über den Homunkulus-Fehlschluß». In: Zeitschrift für philosophische For-schung 57 (2003), S. 1–26.

—: Willensfreiheit. Berlin/New York 2007.

Kemmerling, A.: «Ich, mein Gehirn und mein Geist: Echte Unterschiede oder falsche Begriffe?» In: N. Elsner/G. Lüer (Hg.): Das Gehirn und sein Geist. Göttingen 2000, S. 223–241.

Pascal, B.: Gedanken über die Religion und einige andere Gegenstände (Pensées). Berlin 1840.

Platon: Phaidros. Sämtliche Werke Band 2 (Übers. Schleiermacher). Hg. von U. Wolf. Reinbek bei Hamburg 1994.

—: Politeia. Sämtliche Werke Band 2 (Übers. Schleiermacher). Hg. von U. Wolf. Rein-bek bei Hamburg 1994.

Roth, G.: Fühlen, Denken, Handeln. Wie das Gehirn unser Verhalten steuert. Frank-furt/M. 2001.

—: «Worüber dürfen Hirnforscher reden – und in welcher Weise?» In: Geyer (Hg.) 2004, S. 66–85.

Ryle, G.: Der Begriff des Geistes. Stuttgart 1969 (Orig. 1949).

Singer, W.: «Verschaltungen legen uns fest: Wir sollten aufhören, von Freiheit zu spre-chen». In: Geyer (Hg.) 2004, S. 30–65.

—: «Die Beweislast liegt bei Ihnen!» [Offener Brief an Peter Janich]. FAZ.NET vom 17. 7. 2008.

Strawson, P. F.: Einzelding und logisches Subjekt (Individuals). Stuttgart 1972 (Orig. 1959).

Wittgenstein, L. (PU): Philosophische Untersuchungen [1953]. Schriften Bd. 1. Frank-furt/M. 1960.

Geert Keil

8. Muss Strafe sein, auch wenn der Wille unfrei ist?
Das Schuldprinzip und die Willensfreiheit

Die Debatte über Willensfreiheit und Determinismus

In der philosophischen Debatte über die Willensfreiheit und den Determinismus lassen sich begriffliche, metaphysische und normative Fragen unterscheiden. Umstritten ist unter anderem, inwieweit sich die normativen Fragen, von denen dieser Beitrag vornehmlich handelt, aus dem Kontext der anderen Fragen herauslösen lassen. Zum Überblick:

1. Bei den *begrifflichen* Fragen der Freiheitsdebatte geht es um die Erläuterung der einschlägigen Grundbegriffe und ihrer Beziehungen untereinander. Was ist unter Willensfreiheit zu verstehen? Wie unterscheidet sich Willensfreiheit von anderen Freiheiten, z. B. von der Handlungsfreiheit und von politischen Freiheiten? Was genau besagt die These des Determinismus? Sind Willensfreiheit und Determinismus miteinander vereinbar oder nicht? Dass es sich auch beim Vereinbarkeitsproblem um eine begriffliche Frage handelt, leuchtet vielleicht nicht unmittelbar ein. Der entscheidende Punkt ist, dass hier nicht die Wahrheit des Determinismus und der Freiheitsannahme zur Debatte stehen, sondern lediglich, ob beide Annahmen miteinander vereinbar sind. Ob das der Fall ist, entscheidet sich aber auf der begrifflichen Ebene.

2. *Metaphysischen* Charakters sind die Fragen, ob der menschliche Wille frei und ob der universale Determinismus wahr ist. Oft wird angenommen, dass zumindest die Frage nach der Wahrheit des Determinismus eine empirische sei und ihre Beantwortung der Physik obliege. Das ist aber falsch. Die These des universalen Determinismus besagt, dass der gesamte Weltlauf durch Naturgesetze und Anfangsbedingungen alternativlos fixiert ist. Diese These ist nicht empirisch testbar, weil man dazu die Welt zweimal exakt in denselben Zustand versetzen müsste. Da dies nicht möglich ist, lässt sich das unterschiedliche Verhalten eines Systems bei der Wiederholung eines Experiments stets den minimal unterschiedlichen Anfangsbedingungen zuschreiben. Nennt man die

Frage, ob der Determinismus wahr ist, deshalb eine metaphysische, so ist dabei kein pejorativer Begriff von Metaphysik zugrunde gelegt, sondern der aristotelische: Die Metaphysik, Aristoteles nannte sie «Erste Philosophie», untersucht diejenigen ersten und allgemeinsten Prinzipien, auf denen alle kognitiven Unternehmen beruhen, die aber mit den Methoden der Einzelwissenschaften nicht thematisiert werden können. Ein Beispiel dafür ist der Satz vom Widerspruch, dem zufolge dasselbe demselben in derselben Hinsicht nicht zugleich zukommen und nicht zukommen kann. Es liegt auf der Hand, dass sich über die Geltung dieses Satzes nicht empirisch entscheiden lässt. Gleichwohl kann man die Sache nicht einfach auf sich beruhen lassen. Dass eine Frage metaphysischen Charakters ist, bedeutet für Aristoteles nicht, dass sie keiner vernünftigen Behandlung zugänglich wäre.

Im Unterschied zum Satz vom Widerspruch scheint allerdings die These, dass der menschliche Wille frei sei, zumindest empirische Anteile zu haben, denn sie schließt Annahmen über die Fähigkeiten des Lebewesens Mensch ein. Auch wenn empirische Tatsachen über die Existenz der Willensfreiheit nicht entscheiden, könnte es sich um eines derjenigen metaphysischen Probleme handeln, über das sich *unter Zuhilfenahme empirischen Wissens* vernünftig entscheiden lässt – das ist ein subtiler Unterschied, der leicht übersehen wird.

3. *Normative* Fragen spielen in der Freiheitsdebatte eine Rolle, weil Menschen ein eminentes Interesse an der Zurechnung von Handlungen, an der moralischen Verantwortung sowie an den Praxen des Lobens, Tadelns, Belohnens und Bestrafens haben. Dieses Interesse teilen Philosophen mit Strafrechtlern, Politikern und gewöhnlichen Staatsbürgern, die niemals eingehend über Willensfreiheit nachgedacht haben. Das menschliche Zusammenleben muss auf irgendeine Weise geregelt werden, Normensysteme müssen etabliert, gravierende Rechtsverletzungen sanktioniert werden. Diese Regelungspraxis kann nicht darauf warten, was Philosophen oder Hirnforscher am Ende aller Tage über die Willensfreiheit herausgefunden zu haben behaupten. Plausibel erscheint deshalb der Vorschlag, unsere normativen Praxen des Lobens und Tadelns, Belohnens und Bestrafens nicht von der Klärung metaphysischer Thesen abhängig zu machen. Diese agnostische Haltung zum philosophischen

Freiheitsproblem ist mittlerweile auch in der Strafrechtslehre weit verbreitet.

Kompatibilismus und Inkompatibilismus

Es ist in der Philosophie der Gegenwart üblich geworden, den nichtnormativen Teil des Willensfreiheitsproblems in zwei Teilprobleme aufzuspalten. Das *traditionelle Problem* lässt sich durch die Frage «Freiheit oder Determinismus?» ausdrücken. Dagegen betrifft das *Vereinbarkeitsproblem* die Frage, ob Freiheit und Determiniertheit einander ausschließen oder nicht. Dass sie es tun, ist eine stillschweigende Voraussetzung des traditionellen Freiheitsproblems. Wenn diese Voraussetzung irrig sein sollte, löst sich das traditionelle Problem auf. Die Auffassung, dass Determinismus und Willensfreiheit miteinander vereinbar sind, nennt man *Kompatibilismus.* Im Lager des Kompatibilismus ist noch folgende Differenzierung wichtig: Klassische Kompatibilisten wie Hume oder Schlick halten den Determinismus für wahr, und manche von ihnen meinen sogar, dass Freiheit die Wahrheit des Determinismus erfordert. Diese Position kann man *deterministischen Kompatibilismus* nennen. Andere Kompatibilisten bleiben bezüglich der Wahrheit des Determinismus indifferent, da sie diese Frage schlicht für irrelevant halten. Diese Position, prominent vertreten durch Peter Strawson, kann man *agnostischen Kompatibilismus* nennen.

Auf den ersten Blick halten Kompatibilisten eben diejenigen Phänomene für vereinbar, die Inkompatibilisten für unvereinbar halten. Dieser Eindruck trügt aber, denn beide Lager legen typischerweise nicht denselben Freiheitsbegriff zugrunde. Inkompatibilisten operieren mit einem stärkeren Freiheitsbegriff als Kompatibilisten. Freiheit, die ihren Namen verdient, schließt für Inkompatibilisten die Fähigkeit ein, *unter gegebenen Bedingungen so oder anders zu handeln.* Kompatibilisten halten diese Fähigkeit für illusionär. Von Moore ist ein weniger anspruchsvoller Begriff des Anderskönnens vorgeschlagen worden, dem zufolge «Er hätte anders handeln können» nichts anderes bedeutet als «Er hätte anders gehandelt, wenn er sich anders entschieden hätte». Diese sogenannte *kon-*

ditionale Analyse des Könnens ist mit dem Determinismus vereinbar, denn sie sagt ja nichts darüber, *ob* und unter welchen Bedingungen es möglich gewesen wäre, dass die Person sich anders entscheidet. Dass diese Frage offen bleibt, ist freilich auch der wunde Punkt von Moores Analyse. Wer nicht schon auf den Kompatibilismus eingeschworen ist, möchte ja wissen, *ob* der Handelnde sich in der gegebenen Situation anders hätte entscheiden können. Wenn die tatsächliche Entscheidung durch Naturgesetze und Anfangsbedingungen alternativlos festgelegt war, wie es der deterministische Kompatibilist lehrt, wäre in der gegebenen Situation keine andere Entscheidung möglich gewesen.

Klassische Kompatibilisten vertreten die Auffassung, dass die Zurechnung von Handlungen nicht nur keine indeterministische Freiheit erfordert, sondern im Gegenteil sogar den Determinismus voraussetzt. Damit man einer Person ihre Entschlüsse und Handlungen zurechnen kann, so das einschlägige Argument von Hume (vgl. 1739, S. 264), müsse sie eine gewisse charakterliche Stabilität aufweisen. Eine Person, deren Entscheidungen unvorhersehbar und kapriziös wären, sei weder ein geeigneter Adressat für vernünftige Ratschläge noch für Lob und Tadel. Wir tadeln und loben ja nicht die Taten selbst, sondern Personen *für* ihre Taten, und wir möchten dadurch das künftige Verhalten der Person beeinflussen. Bei zu sprunghaften, erratischen Charakteren liefe diese Praxis ins Leere. Folglich erfordere die Zurechnung von Verantwortung den Determinismus. In der Rechtstheorie hat Hans Kelsen eine ähnliche Auffassung vertreten: «Die Errichtung einer normativen, das Verhalten der Menschen regelnden Ordnung, auf Grund deren allein Zurechnung erfolgen kann, setzt geradezu voraus, daß der Wille der Menschen, deren Verhalten geregelt wird, kausal bestimmbar, also nicht frei ist» (1934, S. 97). Interessant an dieser Überlegung ist unter anderem, dass sie nicht auf einen Beweis der Wahrheit des Determinismus angewiesen ist. Der Determinismus wird vielmehr *postuliert*, damit die genannten normativen Praxen ihren Sinn behalten können. Diesen Zusammenhang hat am deutlichsten Schlick betont: Wir könnten den Determinismus zwar nicht beweisen, aber wir müssten ihn «in allem unserem praktischen Verhalten voraussetzen», da andernfalls Strafe wirkungslos bliebe und unverursachtes Wollen die Verantwortung aufhöbe (1930, S. 168).

So verbreitet diese Argumentation ist, so wenig überzeugt sie bei näherer Betrachtung. Sie hat mindestens drei Probleme:

1. Richtig ist, dass Strafandrohungen nur dann eine abschreckende Wirkung haben, wenn potenzielle Täter sich von ihnen motivieren lassen. Dass jemand eine Drohung in seine Überlegungen einbezieht und dass er durch sie determiniert wird, sind aber zwei verschiedene Dinge. Determinismus ist die Lehre, dass der gesamte Weltlauf durch Naturgesetze und Anfangsbedingungen alternativlos festgelegt ist, nicht mehr und nicht weniger. *Psychologischer* Determinismus ist die Lehre, dass das Verhalten einer Person durch ihren Charakter und ihre gegenwärtigen Motive alternativlos festgelegt ist. Was durch Strafandrohungen und Verantwortungszuschreibungen tatsächlich vorausgesetzt wird, ist etwas viel Schwächeres, nämlich die *begrenzte* Vorhersehbarkeit des Verhaltens von Personen. Diese begrenzte Vorhersehbarkeit wird aber schon dadurch gewährleistet, dass jemand sich in seinem Verhalten hinreichend oft von nachvollziehbaren Motiven leiten lässt. Damit dies der Fall ist, muss nicht der Determinismus wahr sein. – Gerhard Roth will mit folgendem Beispiel das Gegenteil beweisen: Jemand hat einen Text mit vielen schwierigen Argumenten verloren und schreibt ihn neu. Später findet er den verloren geglaubten Text wieder und stellt fest, dass die beiden Texte einander sehr ähneln. Nach Roth erweist dies die Wahrheit des psychologischen Determinismus, dass nämlich «in uns ähnliche Anstöße zu ähnlichen Gedankengängen führen, ohne dass wir uns dessen bewusst sind» (2001, S. 436). Ebenso gut könnte man aber argumentieren, dass die Geschichte Folgendes zeigt: Was gestern gute Argumente waren, sind noch heute gute Argumente, und glücklicherweise sind disziplinierte Denker in der Lage, der inneren Logik eines Gedankengangs mehr als einmal zu folgen.

2. Während Hume selbst keinen echten Determinismus vertritt, unterstellt er seinem Gegner einen extremen Indeterminismus, nämlich die völlige Abwesenheit irgendeiner «Gleichförmigkeit im menschlichen Handeln», was es unmöglich machen würde, «irgendwelche allgemeinen Beobachtungen über die Menschheit zu sammeln» (1748, S. 112). Dieser rhetorische Trick wird nur selten durchschaut: Hume stellt die Verneinung des Determinismus als die extreme Auffassung dar,

dass es in der Welt völlig chaotisch zugeht, dass Menschen nicht einmal minimal stabile Charakterzüge aufweisen und dass sie unter gegebenen Bedingungen losgelöst von ihren psychischen Dispositionen grundlos Beliebiges wählen können. Auf die Annahme dieser Art von Freiheit, die man traditionell *Willkür*- oder *Indifferenzfreiheit* nennt, ist der Libertarier, also der Vertreter eines indeterministischen Freiheitsbegriffs, aber nicht verpflichtet. Nur wenige Philosophen von Rang haben die Idee der grundlosen Wahl vertreten. Am nächsten kommt ihr noch der *acte gratuit* im französischen Existenzialismus, aber auch dort handelt es sich eher um einen literarischen Topos als um eine philosophische These. Um einen Beitrag zur Vereinbarkeitsdebatte zu leisten, wäre zu zeigen gewesen, dass die Ablehnung des universalen Determinismus gleichbedeutend mit der Annahme eines im beschriebenen Sinn unbedingt freien Willens ist, sodass der Libertarier auf diese Annahme verpflichtet wäre.

3. Würde man Humes Argument, dass die Zurechnung von Handlungen eine gewisse charakterliche Stabilität des Akteurs voraussetzt, tatsächlich im Sinne eines strengen psychologischen Determinismus auslegen, so wäre dies mit unserer tatsächlichen Praxis des Aufforderns, Tadelns und Zuschreibens von Verantwortung gerade nicht vereinbar. Diese Praxis spricht gegen die Annahme, dass unsere Entscheidungen stets durch unseren Charakter und die gegenwärtige Motivlage determiniert sind. Wir fordern nämlich, wie Tugendhat (2007, S. 62) richtig bemerkt, «voneinander und von uns selbst durchaus auch, uns auf eine Weise zu verhalten, die im Gegensatz zu unserem bisherigen Charakter steht. Man muss zwischen Person und Charakter unterscheiden. Man macht nicht den Charakter verantwortlich, sondern den ‹Ich›-Sager.»

Agnostischer Kompatibilismus

Im Unterschied zum deterministischen Kompatibilismus bleibt der agnostische Kompatibilismus bezüglich der Wahrheit des Determinismus indifferent. Peter Strawson, der wichtigste Vertreter dieser Position, behauptet sogar, nicht einmal genau zu wissen, was die These des Determinismus besagt. Auf dieses kokette Eingeständnis hin könnte man Strawson raten, sich durch Blick in ein gutes Philosophielexikon Aufschluss zu verschaffen. Doch sein Eingeständnis hat die rhetorische Funktion, dem Leser die *Irrelevanz* der Determinismusfrage nahezubringen. Strawsons Thema sind unsere moralischen Haltungen und Reaktionen wie Dankbarkeit, Wohlwollen, Übelnehmen, Verachtung oder Zuneigung, die wir gegenüber anderen Personen und ihren Handlungen einnehmen, sowie unsere Praxis des Tadelns und Lobens, Strafens und Belohnens, in denen diese Haltungen ihren Ausdruck finden. Ein frei handelndes Wesen zu sein bedeutet, ein geeignetes Objekt für die genannten «nichtdistanzierten» Haltungen zu sein. Diese Haltungen und Praxen sind überdies in *reziproke* Verhältnisse eingebettet, sie sind «natürliche menschliche Reaktionen auf den guten oder bösen Willen oder die Gleichgültigkeit anderer uns gegenüber, wie sie in *ihren* Haltungen und Handlungen sich zeigt» (1962, S. 212).

Strawsons Hauptthese lautet nun, dass dieses Geflecht von Haltungen und Praxen eine *Lebensform* bildet, die wir nicht als ganze aufgeben könnten, selbst wenn wir den Determinismus für wahr hielten. Darin besteht sein Kompatibilismus: in der Behauptung, dass unser Festhalten an diesen Haltungen und Praxen nicht die Falschheit des Determinismus erfordere. Dabei leugnet Strawson nicht, dass wir unsere teilnehmende, nichtdistanzierte Einstellung im Einzelfall durch eine «objektive» ersetzen können. Wir machen kleine Kinder oder psychisch gestörte Personen zum Objekt sozialer Techniken wie Erziehung, Therapie oder Konditionierung. Aber die Einnahme einer objektiven Haltung ist eben nicht der Normalfall, sondern der begründungsbedürftige Ausnahmefall, und die Begründung kann nach Strawson nicht der Determinismus sein. Der Determinismus ist eine universale These und begründet gerade nicht die Ausnahme von der Regel.

Die zentrale Stellung der These der *Unaufgebbarkeit* unserer Haltungen und Praxen verführt dazu, Strawsons Argumentation gegen den Strich zu lesen, denn diese These ist ja nicht charakteristisch für den Kompatibilismus. Dass wir unsere auf nichtdistanzierten Haltungen beruhende Lebensform nicht einfach aufgeben könnten, selbst wenn wir es wollten, zeigt ja noch nicht, dass wir den Determinismus ernstlich für wahr halten können. Dafür müsste unabhängig argumentiert werden, was Strawson als agnostischer Kompatibilist aber nicht tut.

Aber vielleicht wird umgekehrt ein Schuh daraus: Dass wir jemanden für das, was er getan hat, loben oder tadeln, beruht auf der Annahme, dass er eine Wahl hatte. Eine Wahl zu haben heißt aber, so oder anders entscheiden zu können. Der Handelnde hat eine von mehreren Möglichkeiten ergriffen – diese Annahme bringt jedenfalls jeder mit, der noch nicht durch kompatibilistische Philosophie belehrt worden ist. So betrachtet, spricht der Umstand, dass wir unsere moralischen Reaktionen nicht nach Belieben abstellen können, dafür, dass wir auch die Unterstellung des So-oder-Anderskönnens nicht einfach aufgeben können. Das aber würde bedeuten, dass wir den Determinismus, der ja die direkte Negation des Bestehens alternativer Möglichkeiten ist, gar nicht ernsthaft für wahr halten können. Strawson hat recht, dass wir im Alltag wie vor Gericht Menschen verantwortlich machen oder entschuldigen, ohne einen Gedanken an den Determinismus zu verschwenden. Aus diesem Umstand schließen agnostische Kompatibilisten, dass unsere Praxen auch in einer deterministischen Welt gerechtfertigt wären. Zwischen beiden Behauptungen besteht aber eine große Lücke.

Zu der schwierigen Frage, wie man sich menschliche Handlungen und Entscheidungen ohne das Bestehen alternativer Möglichkeiten vorzustellen hat, nimmt Strawson überhaupt nicht Stellung. Dazu passt, dass er den genauen Sinn nicht nur der Determinismusthese, sondern auch der libertarischen Gegenposition offen lässt. Nur der Schlusssatz seines Aufsatzes, in dem er sich gegen den «Rekurs auf die obskure und panikhafte Metaphysik der libertarischen Willensfreiheit» (S. 233) wendet, deutet an, dass Strawson offenbar Standardeinwände gegen die libertarische Freiheitskonzeption teilt, ohne sie dem Leser allerdings darzulegen. – Strawsons Argumentation hat viele Anhänger gefunden, so dass man heute von den «reactive attitude theories» als einer eigenen Spielart des Kompatibilismus spricht.

Das Schuldprinzip: Keine Strafe ohne Schuld?

Konfrontieren wir nun die philosophische Lehre des Kompatibilismus mit den Annahmen über den Zusammenhang von Freiheit, Verantwortung, Strafe und Schuld, die unserer Rechtsordnung zugrunde liegen. Unter dem *Schuldprinzip* versteht man in der Strafrechtsdogmatik den Grundsatz «Keine Strafe ohne Schuld» *(nulla poena sine culpa)*. Das Schuldprinzip ist keine Beschreibung eines empirischen Zusammenhangs, sondern eine normative Setzung. Eine übliche Begründung für das Schuldprinzip lautet, dass es *ungerecht* wäre, jemanden zu bestrafen, dem kein schuldhaftes Versagen vorzuwerfen ist, und sei der durch ihn verursachte Schaden noch so groß. Ein Beispiel wäre der nach menschlichem Ermessen unvermeidbare Autounfall. Dieser bleibt im Unterschied zu einem Fahrlässigkeitsdelikt unbestraft, weil der Fahrer «nichts dafür konnte». Ein guter erster Test für das Vorliegen von Schuld ist die Frage, ob der Schaden bei genügender Sorgfalt hätte vermieden werden können. Bei Fahrlässigkeitsdelikten ist die Vermeidbarkeit gegeben, deshalb ist der fahrlässige Verursacher eines Unfalls nicht schuldlos, wiewohl seine Schuld geringer ist als im Falle vorsätzlichen Handelns.

Das Schuldprinzip ist nicht auf den ersten Seiten der abendländischen Rechtsgeschichte verzeichnet. Im ländlichen Frankreich war es noch bis ins 17. Jahrhundert üblich, Tiere wegen angeblicher Verbrechen vor Gericht zu stellen und zu bestrafen. Dies erscheint uns als eklatante Verletzung des Schuldprinzips. Eine Gesellschaft, die das Schuldprinzip akzeptiert, muss der Versuchung widerstehen, für jedes Unglück einen Sündenbock zu suchen. Alternativ könnte man einen anspruchsloseren Schuldbegriff zugrunde legen, nämlich einen, der allein auf den *kausalen* Beitrag zu einem Geschehen abstellt. Eine solche Rede über Schuld ist durchaus nicht ungewöhnlich. Wenn der Bauer die Schuld an der Missernte dem Wetter zuschreibt, wissen wir, was gemeint ist. Aber schon das nächste Beispiel zeigt, dass wir diesen Schuldbegriff im Allgemeinen nicht mit dem moralisch und rechtlich relevanten verwechseln: In Lappland finden gelegentlich Demonstrationen für mehr Sonnenschein im Winter statt. Das ist komisch, weil Demonstrationen üblicherweise einen Adressaten haben, der zur Behebung des Missstandes aufgefordert wird. In einem anspruchslosen kausalen Sinn ist das Ausbleiben der Sonne «schuld» daran, dass die Lappen depressiv werden; aber niemand, der den frühkindlichen Animismus überwunden hat, wird die Sonne für ihr Ausbleiben bestrafen wollen. Der obengenannten Testfrage auf das Vorliegen von Schuld – «Hätte das Geschehen vermieden werden können?» – lässt sich eine zweite zur Seite stellen: Gibt es einen Adressaten, den man zum Unterlassen auffordern kann? Im Falle der ausbleibenden Sonne lautet die Antwort zweimal «nein». Die Demonstranten dürften es genauso sehen. Ihre Parolen bestätigen das durch die beiden Testfragen ausgedrückte Kriterium in selbstironischer Brechung.

In der Strafrechtsdogmatik ist das Schuldprinzip zum einen Grundlage der Straf*begründung*. Nach einem Urteil des Bundesverfassungsgerichts wäre eine Bestrafung ohne Schuld «eine mit dem Rechtsstaatsprinzip unvereinbare Vergeltung für einen Vorgang, den der Betreffende nicht zu verantworten hat. Die strafrechtliche (...) Ahndung einer Tat ohne Schuld des Täters ist demnach rechtsstaatswidrig».[1] Zum anderen dient das Schuldprinzip zur Ermittlung eines gerechten Straf*maßes*. Im Strafgesetzbuch heißt es dazu: «Die Schuld des Täters ist Grundlage für die Zumessung der Strafe» (§ 46 Abs. 1, Satz 1). Als Umstände, die das Gericht bei der Bemessung der Strafe abzuwägen hat, nennt das Strafgesetzbuch unter anderem die Beweggründe des Täters, seine Gesinnung, die Art der Tatausführung, sein Verhalten nach der Tat und sein Bemühen um Wiedergutmachung.

Keine Schuld ohne freien Willen?

Das Prinzip «Keine Strafe ohne Schuld» lässt für sich genommen offen, ob Schuld ihrerseits einen im libertarischen Sinn freien Willen voraussetzt. Libertarier nehmen ein So-oder-Anderskönnen unter gegebenen Bedingungen an. Die entscheidende Klausel ist «unter gegebenen Bedingungen», denn erst sie macht den Freiheitsbegriff zu einem indetermi-

---

1 BVerfGE 20, 323 (331) (Entscheidung des Bundesverfassungsgerichts vom 25. Okt. 1966).

nistischen. Auch die Kompatibilisten nehmen ja ein So-oder-Anderskönnen an, fassen dieses aber im Sinne der konditionalen Analyse auf: Dass jemand hätte anders handeln können, bedeute nur, dass er sich unter anderen Bedingungen anders entschieden hätte.

Wie sieht es nun das deutsche Strafrecht? Hier ist zunächst zu bemerken, dass der Gesetzgeber nicht positiv erklärt, worin Schuldfähigkeit besteht. Vielmehr *unterstellt* er deren Vorhandensein im Normalfall und spezifiziert in §§ 20–21 StGB nur die Ausnahmen. Verneint wird die Schuldfähigkeit eines Täters, wenn dieser bei Begehung der Tat «unfähig ist, das Unrecht der Tat einzusehen oder nach dieser Einsicht zu handeln» (§ 20). Im Umkehrschluss würde dies besagen, dass ein Täter immer dann schuldfähig ist, wenn er bei Begehung der Tat im Besitz von Einsichts- und Steuerungsfähigkeit war. An Einsichtsfähigkeit mangelt es beispielsweise kleinen Kindern und dementen Personen. Freiheitstheoretisch brisanter ist die Steuerungsfähigkeit, denn sie bietet einen Ansatzpunkt für normative Beurteilungen. Man kann zu einem Dementen oder zu einem Kleinkind schlecht sagen «Sei einsichtsvoller, als du nun einmal bist!», aber man kann zu einem zur Straftat disponierten Menschen sehr wohl sagen «Beherrsche dich, reiße dich zusammen!» Solche Aufforderungen sprechen auf den ersten Blick für einen indeterministischen Freiheitsbegriff, denn der Auffordernde muss unterstellen, dass es dem Aufgeforderten in der gegebenen Situation möglich ist, sich selbst zu beherrschen, auch wenn er vorab anders disponiert sein sollte. Mehr noch: Man wird jemanden typischerweise nur dann zur Selbstbeherrschung auffordern, wenn er nicht ohnehin schon dazu disponiert ist. Plausiblerweise ist auch mit nachträglichen Vorwürfen die Unterstellung des So-oder-Anderskönnens verbunden. Wenn wir zu anderen oder zu uns selbst sagen: «Das hättest du nicht tun sollen», dann unterstellen wir, dass dies auch möglich gewesen wäre. Aus dem Sollen *folgt* vielleicht nicht das Können, aber ohne das Können sind solche Vorhaltungen witzlos. Wenn die Person in der gegebenen Situation nicht hätte anders handeln können, scheint jeder Vorwurf gegenstandslos zu sein.

Die natürlichste Interpretation des So-oder-Anderskönnens ist also die libertarische. In diesem Sinn hat der Strafrechtler Welzel in einer vielzitierten Formulierung auch den Schuldbegriff bestimmt: «Die

Schuld macht dem Täter den persönlichen Vorwurf, daß er die rechtswidrige Handlung nicht unterlassen hat, obwohl er sie unterlassen konnte» (1969, S. 138). Der Bundesgerichtshof hat sich diese Auffassung in einem Grundsatzurteil zu eigen gemacht: «Mit dem Unwerturteil der Schuld wird dem Täter vorgeworfen, daß er sich für das Unrecht entschieden hat, obwohl er sich für das Recht hätte entscheiden können.»[1]

Freilich gibt es auch in der Strafrechtslehre viele Kompatibilisten. In der juristischen Literatur ist gelegentlich folgende kompatibilistische Analyse von «Er hätte anders handeln können» vorgeschlagen worden: Die wahre Bedeutung des Urteils soll sein: ‹Eine andere Person mit durchschnittlichen Fähigkeiten hätte in dieser Situation anders gehandelt› (vgl. z. B. Jescheck 1988, S. 368). Es ist nicht leicht zu sehen, was – außer dem Wunsch, den Inkompatibilismus zu vermeiden – diese Analyse rechtfertigen könnte. Wenn sie richtig wäre, müsste der Vorwurf «Du hättest anders handeln sollen» auf die absurde Forderung hinauslaufen: «Du hättest eine andere Person sein sollen, nämlich eine mit durchschnittlichen Fähigkeiten». Der zur Rede Gestellte könnte dann zurückfragen, warum der Umstand, dass jemand anders an seiner Stelle anders gehandelt hätte, irgendeine Relevanz für die Frage haben sollte, ob er selbst anders hätte handeln können. Man kann, so der Strafrechtler Roxin, «einen sittlichen Vorwurf gegen eine individuelle Person unmöglich auf Fähigkeiten stützen, die andere Personen vielleicht haben, die aber dem Täter gerade fehlen» (2006, S. 861).

In jüngerer Zeit zeichnet sich in der deutschen Strafrechtslehre ein Umschwung zugunsten agnostischer Positionen ab. Die Mehrheit der deutschen Strafrechtslehrbücher und -kommentare, fast möchte man von einer «herrschenden Lehre» sprechen, halten mittlerweile die Annahme der Willensfreiheit, da «empirisch unbeweisbar» und «forensisch nicht greifbar», für eine «normative Setzung» oder «Zuschreibung» und empfehlen im Theoretischen eine «agnostische» Haltung (so z. B. Jakobs und Roxin). Das vielzitierte Wort des Strafrechtlers Kohlrausch, das den Schuldvorwurf begründende Anderskönnen sei eine «staatsnotwendige

---

1   Entscheidungen des Bundesgerichtshofs in Strafsachen 2, 200 (Urteil von 1952).

Fiktion», wird allerdings weithin abgelehnt. In dieser Lage wären eigentlich besondere Anstrengungen zur *Rechtfertigung* der normativen Freiheitszuschreibung erwartbar. Von diesen Anstrengungen ist aber wenig zu sehen. Man hat sich in der Strafrechtsdogmatik, wie aus ihrem Kreise angemerkt worden ist, «mit einem prinzipiellen Agnostizismus in der Freiheitsfrage seit langem erstaunlich ehrgeizlos arrangiert» (Merkel 2008, S. 9). Merkel verbindet diese Diagnose mit einer deutlichen Kritik an seiner Zunft. Er beklagt, dass die Strafrechtslehre «die Diskussionen und Argumente der Gegenwartsphilosophie fast gänzlich ignoriert und deshalb viele Facetten des Problems nicht wahrnimmt» (ebd.).

Abschied vom Schuldprinzip?

Eine alles andere als agnostische Haltung nehmen Wolf Singer und Gerhard Roth ein, die Wortführer der neurowissenschaftlich inspirierten Freiheitskritik. Roth und Singer leugnen zum einen den freien Willen und damit auch die Fähigkeit des Straftäters, sich in der gegebenen Situation gegen die Straftat zu entscheiden. Zum anderen leiten sie aus ihrer Freiheitskritik die rechtspolitische Forderung nach einer allgemeinen Abkehr vom Schuldprinzip ab.

Die Behauptung, die Annahme eines freien Willens sei durch neurowissenschaftliche Befunde widerlegt, kann hier nicht geprüft werden. Ich habe an anderer Stelle dafür argumentiert, dass sie abwegig ist (Keil 2007, bes. S. 154–191). Hier möchte ich nur auf folgende offene Fragen hinweisen: Leugnen die betreffenden Hirnforscher *allgemein* die Willensfreiheit, weil es zu jedem psychischen Vorgang neuronale Ursachen oder Korrelate gibt, oder führen sie *besondere* Störungen bei psychisch kranken Personen an? Berufen sie sich auf etwas, was uns alle betrifft, nämlich den neurophysiologischen Determinismus oder die Libet-Experimente zur Datierung von Willensentschlüssen, oder berufen sie sich auf Veränderungen im präfrontalen Kortex bei Gewalttätern? Sind wir alle unfrei oder nur manche? Roth behauptet offenbar beides. So schreibt er über Gewaltverbrecher mit Veränderungen im orbitofrontalen Kortex: «Der Täter wäre im strafrechtlichen Sinne nicht schuldig, weil er ja nicht anders handeln konnte» (2004, S. 78). Über uns alle behauptet er: «Menschen können im Sinne eines *persönlichen moralischen Verschuldens* nichts für das, was sie wollen und wie sie sich entscheiden» (2006, S. 17). Diese Doppelstrategie wirft kein gutes Licht auf Roths Freiheitskritik, denn beide Überlegungen schwächen einander. Hier können wir auf Strawsons Argumentation zurückgreifen: Besondere Fähigkeitseinschränkungen sind eben nicht der Normalfall, sondern der Ausnahmefall. Der Determinismus aber ist eine universale These und begründet gerade nicht die Ausnahme von der Regel. Wenn also Veränderungen im präfrontalen Kortex als schuldmindernde Besonderheiten angeführt werden, kann nicht zugleich der neurophysiologische Determinismus gegen *jede* Schuldzuschreibung ins Feld geführt werden.

Singer genügen schon «problematische Verhaltensdispositionen» als Grund, moralische Urteile zu unterlassen:

«Keiner kann anders, als er ist. Diese Einsicht könnte zu einer humaneren, weniger diskriminierenden Beurteilung von Mitmenschen führen, die das Pech hatten, mit einem Organ volljährig geworden zu sein, dessen funktionelle Architektur ihnen kein angepaßtes Verhalten erlaubt. Menschen mit problematischen Verhaltensdispositionen als schlecht oder böse abzuurteilen, bedeutet nichts anderes, als das Ergebnis einer schicksalshaften Entwicklung des Organs, das unser Wesen ausmacht, zu bewerten.» (2004, S. 63)

Die geforderte Abkehr vom Schuldprinzip mündet allerdings bei Roth und Singer nicht in die Forderung, auf Sanktionen für Straftaten überhaupt zu verzichten. Werde der Schuldvorwurf aufgegeben, so träten andere Strafzwecke in den Vordergrund, insbesondere der Zweck der Spezialprävention. Um zu verhindern, dass der Täter ein zweites Mal zuschlägt, müsse er bestimmten Erziehungsprogrammen unterworfen werden. Dazu Singer: Wir müssen «versuchen, durch Erziehung, Belohnung und Sanktionen Entscheidungsprozesse so zu beeinflussen, dass unerwünschte Entscheidungen unwahrscheinlicher werden» (2004, S. 64). «Mit anderen Worten: wir würden hübsch das gleiche tun wie jetzt auch schon. Allein die Betrachtungsweise hätte sich geändert» (2003, S. 34). Bleiben Erziehung und Therapie wirkungslos, müsse man den Täter so lange wie erforderlich, gegebenenfalls für immer, inhaftieren oder sicherungsverwahren. Vor dauerhaft gefährlichen Straftätern müsse sich die Gesellschaft schützen.

Hirnforscher haben nicht mehr und nicht weniger Recht als andere Staatsbürger, sich zu rechtspolitischen Fragen zu äußern. Sie haben allerdings keine besondere Kompetenz dazu und können deshalb auch keine besondere Autorität für ihre Einlassungen beanspruchen. In der Sache ist gegen Roths und Singers Vorschläge vieles einzuwenden. Im deutschen Strafrecht fungiert das Schuldprinzip, wie oben erwähnt, auch zur Ermittlung eines gerechten Straf*maßes*. Fällt der Beurteilungsmaßstab der persönlichen Schuld des Täters weg, so gibt es keinen prinzipiellen Einwand dagegen, beliebige Straftäter lebenslang wegzusperren. Wer wollte beim Gelegenheitsladendieb mit Sicherheit die Rückfallgefahr ausschließen? Es hinge allein vom Sicherheitsbedürfnis der Gesellschaft ab, welches Strafmaß jeweils als angemessen erachtet wird. Aus dieser Perspektive grenzt Singers obenzitierte Behauptung, die Ersetzung des Schuldprinzips durch den Präventionsgedanken führe zu einer «humaneren, weniger diskriminierenden Beurteilung» von Straftätern, an Zynismus. Auch nach Roth ist der «Sühne- und Vergeltungsschuldbegriff inhuman (...). Er sinnt nämlich auf Rache» (2006). Singer und Roth verkennen, dass der humane Gehalt des Schuldprinzips, welches allein die Schuld des Täters zur «Grundlage für die Zumessung der Strafe» macht (§ 46 StGB), gerade in der *Begrenzung* des atavistischen Rachebedürfnisses besteht.

Ersetzt man die heute negativ besetzten Begriffe «Rache» und «Vergeltung» durch den positiv besetzten der «Gerechtigkeit», so wird eine weitere Schwäche der Ersetzung des Schuldprinzips durch den Präventionsgedanken deutlich. Dazu folgendes Beispiel: Hätte man im Jahr 1945 alle lebend gefassten KZ-Kommandanten psychiatrisch begutachtet, so hätten die Gutachter vermutlich bei vielen von ihnen eine Wiederholungsgefahr verneint – und sei es aus dem Grund, dass die historisch-politische Konstellation, in der sozial angepasste Familienväter zu Massenmördern wurden, nicht mehr besteht. Man hätte diese Täter also freilassen müssen. Dass dies für viele Menschen – nicht nur für die Opfer! – eine unerträgliche Vorstellung ist, ist nicht bloß Ausdruck eines unaufgeklärten Rachebedürfnisses. Plausiblerweise steht hier vielmehr ein weiterer Strafzweck im Hintergrund, von dem bisher nicht die Rede war. Der Rechtsphilosoph Merkel hat jüngst in Anknüpfung an die Strafzwecklehre von Jakobs die Auffassung verteidigt, dass das durch die strafende Reaktion des Staates geschützte Rechtsgut die Geltung der verletzten Norm selbst sei. Würde der Staat als Garant des Rechts den Normbruch ohne strafende Reaktion hinnehmen, so würde er der Erosion der Norm Vorschub leisten. Die Strafe ist also «vorrangig die ‹Reparatur› der verletzten Norm (...): die symbolische Wiederherstellung der verletzten Normgeltung und damit die Sicherung ihres Fortbestands in der Zukunft» (Merkel 2008, S. 126). Und diese Wiederherstellung der Normgeltung wird nicht schon durch die Aussicht auf künftiges rechtstreues Verhalten erreicht: «ohne irgendein ‹Bezahlenmüssen› des Täters für den *geschehenen* Normbruch ist eine glaubhafte Restitution der Normgeltung nicht möglich» (S. 129). Von diesem Zusammenhang «zwischen lädierter Normgeltung und ihrer Restitution durch den Strafschmerz des Verletzers» gibt es nach Merkel ein «kollektives Bewusstsein», das tief «in einem komplexen Netz reaktiver Einstellungen, mit denen wir einander begegnen», verankert ist (S. 130; der Bezug auf Strawson ist unverkennbar).

Roth hat vorausgesagt, dass die Gesellschaft spätestens um 2010 Abschied vom Schuldprinzip und von der Freiheitsannahme genommen haben werde. Warten wir es ab.

Können und Sollen

Viele kompatibilistische Philosophen und Strafrechtler schlagen vor, moralische und strafrechtliche Verantwortung nicht von der Annahme libertarischer Willensfreiheit abhängig zu machen. Das Hauptargument für diese Entkopplung, dass nämlich unsere Zurechnungspraxis nicht auf die Klärung einer hochumstrittenen philosophischen These angewiesen sein sollte, ist nicht leicht von der Hand zu weisen. Im einfachsten Fall besteht die Entkopplung darin, dass man die moralische und/oder rechtliche Verantwortung des Täters für ein Geschehen als etwas ansieht, was nicht herausgefunden, sondern zugeschrieben wird: Wir *machen* einander für unsere Taten verantwortlich. Wenn der Täter ein psychisch gesunder, einsichts- und steuerungsfähiger Erwachsener ist, können philosophische Doktrinen über Willensfreiheit und Determinismus nichts an seiner Schuldfähigkeit ändern. Solange die Einsichts- und Steuerungsfähigkeit nur vorhanden waren, interessiert es den Gesetzgeber nicht einmal, ob der Täter diese beiden Fähigkeiten im Einzelfall aktualisiert hat. Er hätte sie aktualisieren können; dies genügt für die Beurteilung der Schuldfähigkeit. Wenn er sie nicht aktualisiert hat, richtet sich der Vorwurf darauf, dass er sie hätte aktualisieren *sollen*. Die faktische Ausübung der Steuerungsfähigkeit wird also nicht empirisch festgestellt, sondern normativ gefordert.

Ob diese «askriptivistische» Auffassung der strafrechtlichen Verantwortung wirklich determinismusverträglich ist, ist eine andere Frage. Der Determinist behauptet ja, dass der Täter in der gegebenen Situation nicht anders handeln konnte, weil Naturgesetze und Anfangsbedingungen das tatsächliche Geschehen, also auch seine Entscheidung, alternativlos festgelegt haben. Und einer starken Intuition zufolge wäre es ungerecht, jemanden für etwas zur Rechenschaft zu ziehen, was er nicht vermeiden konnte. Der Umstand, dass die meisten Deterministen mit Hilfe der konditionalen Analyse des Könnens einen eingeschränkten Sinn des Anderskönnens zu bewahren versuchen, zeigt, dass ihnen diese Intuition nicht ganz fremd ist.

Einen ganz eigenen Weg, die Verantwortungszuschreibung zu retten, hat Kant entwickelt. Ihm zufolge kann es für jemanden, der die unbedingte Pflicht eingesehen hat, dem kategorischen Imperativ zu folgen, keine offene Frage mehr sein, ob er dazu auch in der Lage ist. Kant nennt es eine «offenbare Ungereimtheit, nachdem man diesem Pflichtbegriff seine Autorität zugestanden hat, noch sagen zu wollen, daß man es doch nicht *könne*» (ZeF, B 71/A 66). Dass jemand das Gebotene nicht tun kann, schließe schon der römische Rechtsgrundsatz «Ultra posse nemo obligatur» aus: Was zu tun unmöglich ist, kann eben auch nicht geboten sein. Hinsichtlich dieses Grundsatzes kehrt Kant allerdings auf charakteristische Weise die Begründungsrichtung um. Die übliche Lesart des Grundsatzes lautet, dass die Befolgung einer Norm nur dann geboten sein kann, wenn sie dem Adressaten auch möglich ist, wenn er also die entsprechende Fähigkeit und Gelegenheit hat. Kants berühmte Formel «Du kannst, weil Du sollst» kehrt nun diese Abhängigkeit um. Diese Umkehrung ist freiheitstheoretisch brisant, weil Kant an vielen Stellen den Schluss vom Anderssollen auf das Anderskönnen geradezu als Freiheits*beweis* einzusetzen scheint. Beispielsweise erklärt er, der Verbreiter einer «boshaften Lüge» habe «jetzt, in dem Augenblicke, da er lügt, gänzlich Schuld; mithin war die Vernunft, unerachtet aller empirischen Bedingungen der Tat, völlig frei» (KrV B 583/A 555). Das primäre Datum scheint also die moralische Schuld des Täters zu sein, aus dem man seine Freiheit *folgern* kann. Dieser Schluss erscheint äußerst kontraintuitiv. Sollte nicht umgekehrt die Freiheit des Akteurs Voraussetzung für seine Schuld sein?

Nun verbindet Kant mit dem Prinzip «Du kannst, weil Du sollst» einen präzisen Sinn. Das Prinzip ist vor dem Hintergrund seiner Auffassung zu verstehen, dass der Mensch sich selbst als freies Wesen epistemisch nicht vollständig transparent ist, dass er also aus der Selbstbeobachtung nicht sicher wissen kann, wie weit seine Fähigkeiten reichen. Vielmehr merken wir, dass wir etwas können, oft erst daran, dass wir es sollen. Kant drückt das so aus, dass das moralische Gesetz in uns die *ratio cognoscendi* der Freiheit sei, die Freiheit umgekehrt aber die *ratio essendi* des moralischen Gesetzes (vgl. KpV A 5 Fn.). Das moralische Gesetz ist der Erkenntnisgrund unserer Freiheit, aber damit es da etwas zu erkennen gibt, muss Freiheit wirklich sein. Sie bleibt also der Realgrund des moralischen Gesetzes. «Freiheit und unbedingtes praktisches Gesetz weisen also wechselweise auf einander zurück» (ebd., A 52). Wir können im Theoretischen nicht unabhängig wissen, ob wir frei sind, aber wir merken es daran, dass wir den kategorischen Imperativ in uns tragen. Dieser ist, der Jahrtausendidee der Selbstgesetzgebung der praktischen Vernunft zufolge, kein fremdes Gebot, sondern ein Sollensanspruch, der aus der Natur unseres Willens stammt.

Seinen positiven Freiheitsbegriff formuliert Kant als eine anthropologische Behauptung über menschliche Fähigkeiten: «Der Mensch fühlt also ein Vermögen in sich, sich durch nichts in der Welt zu irgend Etwas zwingen zu lassen. Es fällt solches zwar öfters schwer aus anderen Gründen; aber es ist doch möglich, er hat doch die Kraft dazu» (Met.,

S. 255). Das Vermögen der freien Wahl büßt man nicht dadurch ein, dass die Ausübung im Einzelfall schwerfällt. Kant kennt nur zwei Ausnahmen: Bei kleinen Kindern ist das Vermögen noch nicht ausgeprägt, in einer schweren psychischen Störung kann es verloren gegangen sein.

Für die philosophische Freiheitsdebatte interessanter sind nichtpathologische Fälle. Und hier ist zunächst die einfache Tatsache festzuhalten, dass es, da nicht alle Menschen die gleichen Neigungen und Fähigkeiten haben, manchen schwerer fällt als anderen, sich rechtstreu zu verhalten. Betrachten wir zunächst körperliche Fähigkeiten: Wenn ein kleines Kind in einen Fluss gefallen ist, ist jeder Augenzeuge moralisch und rechtlich verpflichtet, dessen Leben zu retten, also gegebenenfalls hinterherzuspringen. Diese Hilfspflicht gilt für gute wie für mäßige Schwimmer. Für Nichtschwimmer gilt sie natürlich nicht. Nun fällt es dem Leistungsschwimmer leichter, diese Pflicht zu erfüllen, als dem mittelmäßigen Schwimmer. Letzterer muss sich körperlich mehr anstrengen, um das Gebotene zu tun. Für die moralische und rechtliche Beurteilung macht diese Differenz der Anstrengung aber keinen Unterschied.[1]

Was für körperliche Fähigkeiten und Eigenschaften gilt, gilt auch für psychische. Einer aggressiven Person fällt es schwerer als einer sanftmütigen, unter bestimmten Bedingungen keine Kneipenschlägerei zu beginnen. Sie muss sich also mehr anstrengen als andere, um keine Körperverletzung zu begehen. Warum sollte dieser Unterschied die moralische oder rechtliche Beurteilung ändern? Und warum sollte die Entdeckung, dass die Aggressionsneigung mit der Aktivität der Amygdala oder mit der Konzentration eines bestimmten Neurotransmitters korreliert, etwas an der Beurteilung ändern? Wem eine gebotene Handlung oder Unterlassung aufgrund seiner angeborenen oder erworbenen Fä-

---

[1] Genauer: Im Strafrecht berücksichtigt man solche Unterschiede gegebenenfalls bei der Strafzumessung innerhalb des normalen gesetzlichen Strafrahmens für unterlassene Hilfeleistung. – Unter bestimmten Bedingungen (große Kälte, starke Strömung) besteht für den Retter selbst Gefahr für Leib und Leben; von diesen Fällen ist hier nicht die Rede. Rechtlich geboten ist nur die Hilfeleistung, die «den Umständen nach zuzumuten» ist (§ 323 c StGB).

higkeiten schwerer fällt als anderen, der muss gegebenenfalls trainieren, kompensatorische Gewohnheiten ausbilden oder sich von bestimmten Situationen fernhalten. Wir erwarten mit Recht voneinander, ungünstigen Dispositionen entgegenzuwirken.

Der Schluss von Neigungs- oder Fähigkeitsunterschieden auf den Ausschluss oder auch nur die Graduierung von Schuld oder Verantwortung ist also ein Fehlschluss. Es wäre sehr überraschend, wenn es jedem Menschen exakt gleich leicht fiele, bei passender Gelegenheit auf aggressives Verhalten oder auf eine sexuelle Belästigung zu verzichten. Bestimmte Handlungen oder Unterlassungen fallen manchen schwerer als anderen; moralisch Gehaltvolleres als diese Trivialität lässt sich von Fähigkeitsunterschieden im nichtpathologischen Bereich nicht ableiten.

Zusammenfassend: Der Gesetzgeber tut gut daran, die Schuldminderung an strenge Voraussetzungen zu binden, nämlich an das Vorliegen schwerer psychischer Störungen. Er tut auch gut daran, am Prinzip «Keine Strafe ohne Schuld» festzuhalten. Die weitere Frage, ob sich die Schuldzuschreibung auch ohne die Freiheitsannahme im Sinne des So-oder-Anderskönnens rechtfertigen lässt, muss an dieser Stelle offenbleiben.[1]

Literatur

Geyer, Chr. (Hg.): Hirnforschung und Willensfreiheit. Zur Deutung der neuesten Experimente. Frankfurt/M. 2004.

Hume, David: A Treatise of Human Nature (1739). Ed. by D. F. Norton and M. J. Norton. Oxford 2000.

—: Eine Untersuchung über den menschlichen Verstand (1748). Stuttgart 1982.

Jescheck, H.-H.: Lehrbuch des Strafrechts. Allgemeiner Teil. Berlin 1988 (4. Aufl.).

Kant, Immanuel (KrV): Kritik der reinen Vernunft (1781/87). Weischedel-Werkausgabe Bd. III/IV. Frankfurt/M. 1968.

---

[1] Ich danke Daniel Gruschke, Philipp Hübl, Wulf Kellerwessel und Hartmut Westermann für hilfreiche Anmerkungen. Die Überlegungen dieses Beitrags orientieren sich weitgehend an meinem Buch *Willensfreiheit* (Berlin/New York 2007). Dort wird für einen libertarischen Freiheitsbegriff argumentiert, der am So-oder-Anderskönnen unter gegebenen Bedingungen festhält.

— (KpV): Kritik der praktischen Vernunft (1788). Weischedel-Werkausgabe Bd. VII. Frankfurt/M. 1968.

— (ZeF): Zum ewigen Frieden (1795). Weischedel-Werkausgabe Bd. XI. Frankfurt/M. 1968.

— (Met.): Vorlesungen über Metaphysik. Akademie-Ausgabe Bd. XXVIII.1. Berlin 1902 ff.

Keil, G.: Willensfreiheit. Berlin/New York 2007.

Kelsen, H.: Reine Rechtslehre. Wien 1960 (2. Aufl.).

Merkel, R.: Willensfreiheit und rechtliche Schuld. Baden-Baden 2008.

Schlick, M.: «Wann ist der Mensch verantwortlich?» (Kap. VII aus Ders.: Fragen der Ethik. Wien 1930). Zit. nach: U. Pothast (Hg.): Seminar: Freies Handeln und Determinismus. Frankfurt/M. 1978, S. 157–168.

Roth, G.: Fühlen, Denken, Handeln. Wie das Gehirn unser Verhalten steuert. Frankfurt/M. 2001.

—: «Worüber dürfen Hirnforscher reden – und in welcher Weise?». In: Geyer (Hg.) 2004, S. 66–85.

—: «Hitler und Stalin haben sich nicht freiwillig entschieden. Gerhard Roth im Gespräch mit Michel Friedman». Welt am Sonntag vom 20. 8. 2006.

Roxin, Cl.: Strafrecht. Allgemeiner Teil. Bd. 1. München 2006.

Singer, W.: Ein neues Menschenbild? Gespräche über Hirnforschung. Frankfurt/M. 2003.

—: «Verschaltungen legen uns fest: Wir sollten aufhören, von Freiheit zu sprechen». In: Geyer (Hg.) (2004), S. 30–65.

Strawson, P. F.: «Freiheit und Übelnehmen» (1962). Zit. nach: U. Pothast (Hg.): Seminar: Freies Handeln und Determinismus. Frankfurt/M. 1978, S. 201–233.

Tugendhat, E.: «Willensfreiheit und Determinismus». In: K. P. Liessmann (Hg.): Die Freiheit des Denkens. Wien 2007, S. 45–67.

Welzel, H.: Das Deutsche Strafrecht. Eine systematische Darstellung. Berlin 1969 (11. Aufl.).

Peter Janich

9. Alles Natur?
Die Wissenschaft zwischen Natur und Kultur

Der Erfolg der modernen Naturwissenschaften ist überwältigend und unbestritten. Ob als Grundlage unserer technischen Zivilisation, ob als Stifterin wissenschaftlicher Welt- und Menschenbilder oder als Vorbild für Wissen und Wissenschaft schlechthin, Naturwissenschaft ist eine der größten, womöglich die größte Kulturleistung der Menschheit.

Wenn es nur noch eine Frage der Zeit ist, bis wir auf dem Mobiltelefon einen Blick auf jeden Ort der Erde oder in jedes Buch der Bibliotheken der Welt werfen, schwere Krankheiten mit Chips im Gehirn beherrschen oder zu Nachbarplaneten reisen können, wird gern von der Physik ein Verständnis des Weltalls und von der Biologie eine Bestimmung des Menschen in der Natur entgegengenommen. Und der Vorbildcharakter naturwissenschaftlicher Erfahrungskontrolle und mathematischer Theorien wirkt auf Psychologen, Ökonomen, ja auf alle Bemühungen um Wissen und Erkenntnis schlechthin. Was liegt näher, als den Schluss von der Naturwissenschaft auf die Natur zu ziehen und in ihr den umfassenden Gegenstand und Begriff zu suchen? Hier liegt eine aktuelle Aufgabe philosophischen Nachdenkens.

Über Natur wird viel gesprochen, im Alltagsleben, in den Wissenschaften und in der Philosophie. Leider herrscht auf keiner dieser drei Ebenen Einigkeit. In jedem der drei Fälle scheinen sich Naturfreunde und Skeptiker gegenüberzustehen.

Im Alltag ist dem einen die Natur Quelle von Erholung, Gesundheit, Schönheit, ja in irgendeiner Weise mit einem Glücksversprechen verbunden. Der andere sieht auch in Krankheit und Alter, in Katastrophen und Tod ein Naturgeschehen. Die Natur ist unerbittlich.

In den Wissenschaften haben die Naturwissenschaften allen anderen Fächern den Rang abgelaufen, was öffentliches Ansehen, Verlässlichkeit des Wissens und Gewicht für unsere Zivilisation angeht. Ob für Technik oder Medizin, für Erklärung und Prognose von Naturereignissen oder für unser Welt- und Menschenbild, die Naturwissenschaften geben heute den Ton an. Die Skeptiker sind eher in den Geistes- und Kulturwissenschaften sowie in der Philosophie zu finden. Dort verweist man darauf, dass alles Wissen über die Natur vom Menschen als Entdecker und Erzeuger dieses Wissens abhängt; man verweist auf Sprache und Geschichte, auf Kriterien und Zwecke, auf moralische Grenzen und politische Verantwortung der Naturwissenschaften.

Noch weniger Einigkeit herrscht in der Philosophie. Hier ist alles strittig. Ob die Philosophen sich ins Schlepptau der Naturwissenschaften begeben sollen oder nicht, ob sie zu den Geisteswissenschaften gehören oder als eigenständige Reflexionswissenschaft gleiche Distanz zu allen Wissenschaften wahren sollten, ob es eine eigene Naturphilosophie geben kann oder nur eine Philosophie der Naturwissenschaften, ob Natur für Erkennen und Wissen oder auch für Sollen und Dürfen als Faktor zählt – zu all diesen Fragen gibt es konträre Positionen. Strittig ist sogar das Verhältnis von Alltagsleben, Wissenschaft und Philosophie. Klärt die Wissenschaft den Alltagsverstand auf, oder bleiben Alltagsleben und Alltagssprache Grundlage auch der wissenschaftlichen Erkenntnis? Brauchen oder liefern die Naturwissenschaften eine Erkenntnistheorie? Auf welchem Weg kann ein wenig Klarheit in diese strittigen Fragen gebracht werden, von der einen oder anderen Antwort ganz zu schweigen?

Hier soll die Frage «Alles Natur?» *methodisch* angegangen werden. Da jeder Wissenschaftler und jeder Philosoph erst durch Ausbildung und Bildung zu einem solchen werden muss und dabei – natürlich – immer sein Alltagsleben weiterlebt, soll dort die Nachfrage beginnen und besonders auf das Sprechen von Natur und Natürlichkeit achten.

Wissenschaften und Philosophie werden von Menschen betrieben und haben ihren Sitz im Leben. Deshalb sollen im zweiten Schritt die Naturwissenschaften und im dritten Schritt die Philosophie diskutiert werden.

Natur und Alltagsleben

Die deutsche Alltagssprache führt die Wörter Natur, natürlich, naturgemäß und andere ganz selbstverständlich mit sich. Niemand, der diese Wörter verwendet, tut dies in der Meinung, nun wende er sich einem speziellen Bereich zu wie der Religion, dem Recht, der Technik oder irgendeinem Expertenwissen.

Wir sprechen von einem natürlichen Lachen im Unterschied zu einem unnatürlichen, manierierten, hysterischen usw. Natürlichkeit ist positiv besetzt. Wo statt natürlicher künstliche Blumen auf den Tisch gestellt werden, trifft man auf eine Kopie, einen mehr oder weniger geschmackvollen Ersatz. Wo dagegen in der Medizin Natürliches, weil krank oder verloren, durch Künstliches ersetzt wird, ist solcher Ersatz zur Verbesserung von Lebensqualität willkommen, von der Brille bis zum Hörgerät, von den künstlichen Zähnen bis zum Herzschrittmacher.

Wo Alltägliches zu Moral und Recht kommt, wird der natürliche Tod vom gewaltsamen, durch Tötung herbeigeführten Lebensende unterschieden – bei Menschen und bei Tieren. Vielfältig und schillernd sind die Beispiele, in denen Natur und Natürlichkeit sowie ihre Gegensätze mit Wertungen, Gefühlen und Stimmungen verknüpft werden, auffällig dort, wo das Natürliche und das Künstliche ökonomisch und ökologisch bewertet werden. Man denke an die Werbesprache. Dort gelten «natürlich», «rein pflanzlich» und «Bio-» als Ausweis des Zuträglichen, Gesunden oder Schönen, während «Chemie» und «chemisch» als schädlich, gefährlich und vermeidungsbedürftig gesehen werden. Dies ist natürlich Unsinn. Auch die natürlichsten Naturstoffe und die nur aus Pflanzen gewonnenen Medikamente haben aufwendige Prozesse der Gewinnung und Bearbeitung hinter sich, also genau das, was Chemiker und Pharmazeuten als Wissenschaftler der Stoffeigenschaften tun; umgekehrt gibt es hochgiftige Pflanzen, natürliche Krankheitserreger und andererseits reine künstliche Ersatzstoffe für schwer zugängliche oder teure Naturstoffe.

Auch in ökologischer Hinsicht, wenn es um sauberes Wasser, belastete Luft oder verschandelte Landschaft geht, ist der Alltagssprache mit Vorsicht zu begegnen. Natürliche, also vom Menschen nicht veränderte

Natur ist auf unserer Erde kaum mehr zu finden. Selbst im Eis menschenleerer Gegenden finden sich über die Atmosphäre die Spuren technischer Zivilisation. Und manches Naturreservat wie eine geschützte Heidelandschaft ist künstlich, d. h. erst durch frühere Rodungen, entstanden. Vor allem bleibt unklar, wie im Alltag die schöne oder gesunde Natur im Verhältnis zum Menschen zu bestimmen ist. Der Mensch hat, wie jedes Lebewesen, einen Stoffwechsel, in dem er natürliche Ressourcen verbraucht und Abfallstoffe produziert. Ist Natur also eine Fiktion, aus der man sich den Menschen wegzudenken hat, oder ist es ganz natürlich, dass Menschen und Tiere Natur verbrauchen und belasten? In diese Fragen zum «Naturbegriff» spielen offensichtlich Naturwissenschaften und Philosophie hinein.

Das Wort Natur stammt von lateinisch *nasci* (geboren werden, wachsen, entstehen). Das griechische Pendant ist das Substantiv *physis* (Natur), vom Verb *phyein* (erzeugen, pflanzen, wachsen), von dem die Wörter physisch und Physik abgeleitet sind. Natürlich bzw. physisch ist also, was ohne Einwirken des Menschen «von selbst» seine Form hat und verändert.

Was aber gilt im Alltagsleben als «natürlich», wenn dieses Wort, wie bisher ein paarmal geschehen, im Sinne von «selbstverständlich» verwendet wird? Was versteht sich da von selbst und warum? «Natürlich» ist hier metaphorisch als «Natur einer Sache» gemeint. Etwas versteht sich von selbst, wenn es dem Wesen oder der Natur einer Sache entspricht. Hier finden wir ein in die Alltagssprache abgesunkenes philosophisches Reden vor. Die Natur der Sache kann aber, wenn die Sache selbst nicht natürlich, sondern künstlich ist, aus «Kultur» im Sinne des lateinischen Wortstamms *colere, cultum* (bebauen, pflegen) stammen. Dann würde man besser «kultürlich» statt «natürlich» sagen, um die Herkunft des Wesens einer Sache und die entsprechende Selbstverständlichkeit zu benennen.

Zusammenfassend lässt sich für die Alltagssprache feststellen, dass in neutralen, nicht wertenden Verwendungen der Wörter Natur und natürlich der Gegensatz zu künstlich, technisch, gemacht und kultürlich vorherrscht.

Bei den nicht neutralen, positiv wertenden Verwendungen, etwa für die Gesundheit der Ernährung, die Schönheit einer Person, die Ursprünglichkeit einer Landschaft oder Ähnliches, wird man kritisch darauf zu achten haben, ob diese positiven Wertungen begründet sind – ebenso wie die negativen Einschätzungen des Künstlichen, Gemachten, Konstruierten oder Technischen. Und es verdient kritische Aufmerksamkeit, etwas natürlich im Sinne von selbstverständlich zu nennen. Für das kultürlich Selbstverständliche ist nämlich zu fragen, ob das, was da von Menschen gemacht ist, von seinen Gründen, Folgen und Nebenfolgen her akzeptabel ist.

Die Alltagssprache, in die der einzelne Mensch durch Lernen hineinwächst, ist belastet von vielerlei Einflüssen aus Religionen und Philosophien, aus Wissenschaften und Künsten, aus politischen, rechtlichen und technischen Umwälzungen. Oft sind Entstehungs- und Einführungszusammenhänge neuer Wortgebräuche unbekannt, oder sie passen mit unseren aktuellen Zielen, Praxen und Lebensentwürfen nicht zusammen. Dann ist philosophische Sprachkritik angezeigt. Gegenwärtig kommen wichtige Veränderungen der Alltagssprache aus den Naturwissenschaften und betreffen unser Welt- und Menschenbild. Um sie geht es jetzt.

Die Natur und die Wissenschaften

«Wissenschaft» ist ein mehrdeutiges Wort. Grob lassen sich zwei Bedeutungsfelder unterscheiden: als Wissenschaft als Betrieb (mit Berufen, Institutionen, Politikressorts) und als besondere, eben wissenschaftliche Wissensform im Unterschied zum privaten oder öffentlichen, aber nichtwissenschaftlichen Wissen. Mit Wissenschaftlichkeit des Wissens ist eine besondere Verlässlichkeit, Allgemeingültigkeit, Geprüftheit oder Ähnliches gemeint. Indessen gehen hier die Meinungen weit auseinander und reichen bis zur Resignation, Wissenschaft sei eben das, was Wissenschaftler treiben; mehr nicht.

Nicht nur im Englischen, oft auch in deutschen Übersetzungen wird «Wissenschaft» *(science)* gleichbedeutend mit «Naturwissenschaft» verwendet. Geistes- oder Kulturwissenschaften heißen im Englischen *humanities*. Mit der sprachlichen Gleichsetzung von Wissenschaft und Naturwissenschaft ist oft gemeint, dass die heutigen Naturwissenschaften das Vorbild für Wissenschaftlichkeit schlechthin abgeben. Man nennt diese Auffassung pauschal, abgeleitet vom englischen *science*, «Szientismus». Worin soll diese Vorbildrolle bestehen, und besteht sie zu Recht?

Unbestritten haben die Naturwissenschaften in den letzten 300 Jahren gewaltige Fortschritte und Erfolge erreicht. Technik und Medizin auf der Grundlage naturwissenschaftlicher Erkenntnisse haben das Gesicht der Welt verändert und das Leben der Menschen komfortabler, sicherer und länger gemacht. Heute ist aber auch die Ambivalenz dieses Fortschritts in Klimawandel, Überbevölkerung, Überalterung, Raubbau an natürlichen Ressourcen usw. zu sehen. Außerdem scheint mit dem Zuwachs naturwissenschaftlicher Erkenntnisse ein Verlust alltäglicher intuitiver Sicherheit einherzugehen. Man will heute selbst für einfachste Aufgaben wissenschaftlich informiert sein.

Zugleich sind die neuzeitlichen Naturwissenschaften, beginnend mit der Astronomie im 16. und der klassischen Mechanik im 17. Jahrhundert, neben ihrer technischen Nützlichkeit als Aufklärung bedeutsam. An die Stelle kanonischer Lehrtexte aus Religionen und spekulativen Philosophien ist der im Prinzip für jedermann mögliche Blick durchs Fernrohr, das jedermann demonstrierbare Experiment oder die nicht an Geheimwissen gebundene Berechnung getreten. Naturphänomene wie die Gezeiten der Meere, das Nordlicht, Sonnen- und Mondfinsternisse, die Jahreszeiten und unzählige Lebensphänomene können kausal erklärt und häufig exakt vorhergesagt werden. Aberglaube konnte durch Erkenntnis und Wissen verdrängt oder ersetzt werden. Auch die Entwicklung von der Feudalherrschaft zur Demokratie hat ihren Grund, außer in der Befreiung des Menschen von Not und körperlicher Schwerarbeit durch wissenschaftlich gestützte Technik, in der Befreiung des Menschen durch Aufklärung und Bildung.

Deshalb ist es verständlich, dass historische und hermeneutische (verstehende) Wissenschaften sowie akademische Fächer, die mehr eine Kunstlehre als eine Wissenschaft entwickeln (wie die Rechts- und Wirtschaftswissenschaften), unter Druck geraten sind. Häufig versuchen sie, in der Hoffnung auf vergleichbare Erfolge, Verfahren der Naturwissenschaften «szientistisch» zu kopieren.

Eine neue Qualität aber hat der tatsächliche oder vermeintliche Vorbildcharakter der Naturwissenschaften dadurch erhalten, dass sie sich in den letzten 150 Jahren dem Menschen als Forschungsgegenstand zugewandt haben. Sie erforschen ihn in seinen natürlichen, organismischen, genetischen und evolutionären Eigenschaften. Daraus werden Welt- und Menschenbilder abgeleitet und der Naturwissenschaft eine meinungsführende Rolle zugewiesen.

Tatsächlich lässt sich die spezielle Wissenschaftlichkeit der Naturwissenschaften als vermutetes Erfolgsrezept nicht so einfach an ihnen ablesen. Jede neue erfolgreiche Wissenschaft neigt zu Übertreibung und Selbstüberschätzung. Als etwa der Erfolg der klassischen Mechanik seit dem 17. Jahrhundert immer deutlicher wurde, entstand ein mechanistisches Denken, das die gesamte Welt einschließlich des Menschen als Mechanismus, d. h. als ein unter dem Einfluss von Kräften bewegtes, materielles System begreifen wollte. Aber nicht nur die Gegenstände der neuen Forschungen, auch die Naturwissenschaften selbst wurden unter dem Eindruck ihres jeweiligen Erfolgs neu gedeutet.

Das heißt, bei der Vorbildrolle der Naturwissenschaften geht es weniger um ihre Ergebnisse als vielmehr um *Meinungen über sie*, also um wissenschaftstheoretische oder philosophische Fragen. Dass die Gegenwart als *Zeitalter des Naturalismus* charakterisiert wird, ist vor allem unter den weitreichenden Deutungsansprüchen von Evolutionsbiologie, experimenteller Psychologie, der Physiologie des Zentralnervensystems («Hirnforschung») und einer bis auf die Molekül- und Atomebene zurückgreifenden Genetik zu erklären. Durch die Naturwissenschaften vom Menschen ist der Szientismus zu einem *Naturalismus* geworden.

Inhaltlich macht der Naturalismus die Natur zum Ausgangspunkt und zum Fokus aller Wissenschaften. Der Mensch gilt dabei nur noch als Teil der Natur. Philosophisch pocht der Naturalismus in vielen seiner Anhänger auf einen Alleinvertretungsanspruch auch bei Fragen, die bisher von den Geistes- und Kulturwissenschaften sowie von der Philosophie bearbeitet wurden. Deshalb ist jetzt zu klären, was das naturalistische «Alles ist Natur» bedeutet. Heißt dies, dass «Natur»
- den *Gegenstandsbereich* der (Natur-)Wissenschaften,
- die *Methoden* der Forschung sowie der Begriffs- und Theoriebildung

– oder die *Geltungskriterien* der Naturwissenschaften bestimmt?
Oder heißt «Alles ist Natur», dass
– *der Mensch und seine Leistungen* Naturgegenstände sind?
Diese Fragenkomplexe sind im Folgenden zu beantworten.

Sind die Gegenstände der Naturwissenschaften natürlich?

Die geläufige Bezeichnung «Naturwissenschaft» mit ihren Leitdiszi-
plinen Physik, Chemie und Biologie sowie einer Fülle von Spezialdis-
ziplinen legt nahe, «die Natur» als *Gegenstandsbereich* anzunehmen. Das
heißt selbstverständlich nicht, diese Natur in Wald und Flur, fernab der
Zivilisation zu suchen. Denn moderne Forschung findet im Labor statt.
Sie bedient sich einer anspruchsvollen Technik, deren alltägliche Ab-
leger auch der Laie kennt. Lupe, Fernrohr und Mikroskop, Waage, Uhr
und Meterstab, Thermometer, Barometer und sogar der Blutdruckmesser
oder der Blutzucker- und der Schwangerschaftstest stehen für technische
Verfahren, die Naturwissenschaften mit Erfolg verwenden.

Viele Verfahren des Beobachtens, Messens und Experimentierens
haben ihre Anfänge in der Alltagswelt der Bauern, Handwerker, See-
fahrer, Soldaten, Heilkundigen und Händler. Erst die neuzeitlichen Wissenschaften, etwa ab dem 17. Jahrhundert, haben solche Verfahren z. B.
in der astronomischen Beobachtungs- und Messkunst von Tycho Brahe
und Johannes Kepler, in der Experimentierkunst von Galileo Galilei und
in ihrer Mathematisierung durch Isaac Newton oder Gottfried Wilhelm
Leibniz hochstilisiert, d. h. begrifflich verallgemeinert und technisch zur
Blüte gebracht. Die Naturwissenschaften haben ein technisches, in der
Lebenswelt beginnendes Fundament für ihre Erkenntnisgewinnung.

Mehr noch, die Dinge und Sachverhalte, von denen Naturwissenschaften handeln, zeigen sich nur in den seltensten Fällen natürlich,
also «von selbst», ohne Zutun des Menschen. Sie sind «technisch» im
ursprünglichen, altgriechischen Wortsinn durch *techne*, also durch eine
Kunst von Menschen hervorgebracht, um die Natur zu überlisten. Die
klassische Disziplin der Mechanik verdankt ihren Namen dem altgriechischen Verbum *mechanaomai* (ich ersinne eine List), sodass die me-
chanische «List» (Maschine) der antiken Theatermacher zum «deus ex

machina», dem «Gott aus der Maschine» geführt hat – etwa wenn der durchaus menschliche Darsteller des Göttervaters Zeus auf einer Wolkenkulisse an Seilen und Hebeln auf die Bühne schwebte.

Hier schlägt die Unterscheidung zwischen Alltagsleben und Wissenschaft durch. Ob zwei Dinge gleich schwer, gleich groß, aus gleichem Material oder von gleicher Wirkung sind, war zunächst vor allem für Handwerker, Kaufleute und Soldaten wichtig. Eine Verbindung mit gelehrten logischen, mathematischen und philosophischen Debatten gingen solche Vergleiche erst bei der Entstehung der neuzeitlichen Physik im 17. Jahrhundert ein. Philosophen sagen dafür gern, die Gegenstände der Wissenschaften «konstituieren» sich in der Lebenswelt. Es sind die Handwerke und Künste von Köchen und Bierbrauern, von Metallscheidern, Gerbern und Färbern, Malern und Heilkundigen, die eine Vorgeschichte zur wissenschaftlichen Chemie bilden. Tier- und Pflanzenzüchter, Metzger, Feldscher und Kräutermischer haben die Gegenstände von Biologie, Pharmazie und Medizin in die Welt gebracht. All diese sind also weniger Gegenstände der Natur als vielmehr der Kultur – wieder im Ursprungssinn des Wortes Kultur, wonach primär die Ackerbauern und Viehzüchter eine vorgefundene Natur «kultivieren».

Modernste Laborverfahren, die genetische Fingerabdrücke, Spurenelemente, unsichtbare Strahlung und vieles andere mehr beherrschen, lösen sich, entgegen dem ersten Eindruck, nicht vom Alltagsleben ab. Wären diese Phänomene nämlich nur noch dem Experten zugänglich und hätten keine Verbindung zur alltäglichen Lebenswelt mehr, ginge ihnen nicht nur Anwendung und Nützlichkeit, sondern auch Wissenschaftlichkeit im Sinne klarer Begriffe, theoretischer Ordnung und empirischer Kontrolle verloren.

Zusammenfassend erweist sich *der* Gegenstandsbereich der Naturwissenschaften gerade nicht als Natur, sondern als *eine von Menschen hervorgebrachte Technik* in historischer Entwicklung. «Natur» ist ein Begriff, der angesichts der Kulturleistungen von Handwerkern, Technikern und Wissenschaftlern benötigt wird, um das von Menschen Gemachte und Bewirkte vom Natürlichen abzugrenzen. Diese Unterscheidungspraxis entspricht auch der oben erläuterten Herkunft der Wörter natürlich, physisch und technisch.

Aristoteles hat in seiner Naturlehre *(Physik)* den Gegensatz von natürlich und technisch als bloße Aspekte bestimmt: Ein Gegenstand kann zugleich natürliche und künstliche Seiten haben wie unsere durch Züchtung entstandenen Haustiere und Nutzpflanzen.

Neuzeitlich dagegen ist die Auffassung, dass der Mensch Erkenntnis vom Natürlichen durch Eingriff in das Vorgefundene gewinnt – in einem sehr wörtlichen Sinn. Mit der Hand, also handwerklich ist in das Vorhandene einzugreifen, um es nach menschlichen Zwecken zu verändern und dabei die Grenzen des Möglichen, des technisch Machbaren gegenüber der unbegrenzten Phantasie zu erfahren. Mit dem Begriff des *Erfahrens*, dessen lateinische Übersetzung auf das Wort Experiment und dessen griechische Übersetzung auf die Wörter empirisch und Empirie führen, wendet sich die Betrachtung vom Gegenstandsbereich den *Methoden* – deutsch: den Verfahren der Naturwissenschaften – zu.

Sind die Methoden der Naturwissenschaften natürlich?

Verfahren (Handlungsweisen) werden von Menschen praktiziert und in Traditionen und Institutionen gelehrt und gelernt. Menschliches Handeln richtet sich auf Zwecke. Es kann ge- und misslingen sowie seine Zwecke erreichen oder verfehlen. Dies ist prinzipiell in den modernen Naturwissenschaften nicht anders als in Handwerken und Künsten zur Zeit des Zunftwesens. Wer Naturwissenschaften studiert, kann dies nicht allein in Bibliotheken tun. Praktika üben den Physiker, Chemiker oder Biologen in die Techniken und Praxen seiner Disziplin ein, die er später als Naturforscher praktiziert. Die Unterweisung im Gebrauch einer Fachsprache ist untrennbar verbunden mit solcher Praxis.

In den Naturwissenschaften spielen Logik und Mathematik eine Rolle, die weit über das hinausgeht, was ein Handwerker benötigt. Deshalb werden zu den Methoden der Naturwissenschaften auch die Verfahren der Begriffs- und Theoriebildung gerechnet.

So benötigen etwa schon die *Klassifizierungen* von Pflanzen und Tieren ein aufwendiges logisches Instrumentarium, ein Einteilungssystem, das Aristoteles in seiner Syllogistik begründet hat. Die frühen Biologen mussten die Logik des Klassifizierens nicht nur lernen und ausüben. Sie sind dabei auch früh auf Probleme gestoßen. Ist das System des Lebendigen natürlich oder künstlich? Orientiert es sich an Abstammungs- und Verwandtschaftsverhältnissen, die von Menschen unbeeinflusst im natürlichen Fortpflanzungsgeschehen und Überlebenskampf entstehen, oder richtet es sich nach Kriterien, d. h. Unterscheidungsmerkmalen, die der Mensch nach seinen Zwecken setzt und an die Natur heranträgt? Die Biologiehistoriker nennen mit George L. Buffon und Carl v. Linné die beiden frühen Exponenten dieser Auffassungen. Beide aber bedienen sich derselben logischen Mittel des Einteilens mit Ober- und Unterbegriff, mit Gleichheiten und (konträren, kontradiktorischen und konversen) Gegensätzen.

Die Physik als Leitdisziplin der *messenden* Wissenschaften investiert ebenfalls etwas nicht Empirisches in ihre Naturbeschreibung, nämlich die Geometrie. Durch Verräumlichung, etwa als Zeigerstellung, aber auch unvermeidlich als handwerkliche Formung der Instrumente leistet sie den Übergang von Qualitäten zu Quantitäten. Längen, Dauern, Massen, Temperaturen, Ladungen, Kräfte, Felder usw. werden mit Messgeräten kontrolliert; sie geben ihnen einen Sinn und einen Bezug zur Körperwelt. Messgeräte sind keine Naturgegenstände, sondern Artefakte, also technisch hergestellte Gegenstände. Die Kunst der Messgeräteherstellung und -verwendung liegt im Realisieren und Aufrechterhalten ihrer Funktion, d. h. der Erfüllung einer speziellen Aufgabe. Naturwissenschaftliche Messverfahren sind also selbst nicht natürlich, sondern technisch.

Ohne Zweifel hat jedes Kunstprodukt, das der Mensch erzeugt, auch natürliche Eigenschaften, wie sie etwa durch das Ausgangsmaterial vorgegeben werden. Diese bleiben jedoch beiläufig, wie es für jede gut funktionierende Uhr oder Waage beiläufig ist, ob diese eine Farbe oder ein eigenes Gewicht haben. Es kommt nur darauf an, dass die Uhr die Zeitdauer und die Waage das Gewicht misst, also eine Maßzahl mit bestimmten mathematisch-logischen Eigenschaften liefert. Mehr noch, diese Funktion muss technisch und begrifflich so beherrschbar sein, dass das Messergebnis weder vom einzelnen Messgerät noch von der Person seines Benutzers abhängt. Das heißt, Messergebnisse sind wissenschaftlich, wenn sie universell und transsubjektiv gelten.

Beobachtet (wie in der Biologie) und gemessen (wie in der Physik) wird auch in der Astronomie, die erstaunlich genaue Vorhersagen künftiger Ereignisse hervorbringt. Solche Prognosen stützen sich auf Regelmäßigkeiten, die in ihrer sprachlich-begrifflichen Formulierung «Naturgesetze» heißen (wie die berühmten Kepler-Gesetze der Planetenbewegung). Aber die Geschichte lehrt, dass die natürlichen Phänomene, in der deutschen Übersetzung des griechischen *phainómenon* also die Himmelserscheinungen, mit verschiedenen geometrischen Beschreibungen verträglich sind; so kann das eine Weltbild die Erde, das andere die Sonne ins Zentrum eines geometrischen Modells des sichtbaren Himmels setzen, wie dies das ptolemäische und das kopernikanische Weltsystem getan haben. Ein umfassenderer Begriff des Naturgesetzes soll deshalb nicht bloß die natürlichen Erscheinungen abbilden, sondern eine Erklärung nach Ursache und Wirkung geben wie das berühmte Gravitationsgesetz Newtons für die Kepler-Ellipsen der Planeten.

Es ist geradezu ein Kennzeichen neuzeitlicher Naturwissenschaft, deshalb im *Experiment* das handwerkliche Verursachen von Abläufen beherrschen zu wollen, um darin ein Modell des Naturgeschehens zu gewinnen. Das Wort Modell kommt von lateinisch *modulus*, verkleinerter Maßstab. Modelle wurden zuerst von Architekten erfunden, die vor Errichtung eines Gebäudes ein Modell, einen Plan von ihm erstellen.

Experimente als kausale Modelle des Natürlichen sind selbst keine Naturereignisse, sondern in den einfachsten Fällen ein handwerkliches Ausprobieren, in den Fällen moderner Experimentierkunst technisch hochkomplexe Planungs- und Fertigungsverfahren. Experimentieren ähnelt mehr als allem anderen der Ingenieurstätigkeit: Man plant und baut im Lichte des eigenen technischen Wissens eine Maschine, um zu sehen, ob sie läuft wie erwartet. Der beinahe einzige Unterschied der Ziele naturwissenschaftlicher Experimentierkunst und industrieller Fertigung liegt in der unterschiedlichen Sicherheit, mit der sich die geplanten Abläufe (Maschinenfunktionen) einstellen. Pointiert gesagt, der Labortechniker freut sich, wenn sich die geplante Funktion der Experimentierapparatur nicht einstellt, weil er durch Beheben von Störungen etwas Neues lernt. Der Ingenieur in technischer Produktion dagegen freut sich, wenn seine Geräte funktionieren wie geplant, weil sie dann verkauft werden können.

Zusammenfassend ist deshalb für die *Forschungsmethoden der Natur-wissenschaften* sowie für ihre Begriffs- und Theoriebildung festzustellen: Aufbauend auf vor- und außerwissenschaftlichen Praxen von Handwerken und Künsten werden Verfahren des Beobachtens, Messens und Experimentierens entwickelt und verfeinert (hochstilisiert). Man wartet nicht, bis die Natur dem Menschen irgendwelche Phänomene anbietet. Man provoziert stattdessen in den Naturwissenschaften künstlich, also mit technischen Mitteln, das Beobachtbare, Messbare, Erfahrbare. Anlässe und Ziele sind dabei gemischt aus technischem Erfindergeist und naturbezogener Neugier.

Naturgesetze, die sich schon in ihrer Bezeichnung an der durch einen Gesetzgeber gesetzten Regelung orientieren, beschränken sich nicht auf die Beschreibung natürlicher Regelmäßigkeiten. Selbst die Bezeichnung «Beschreibung» ist mit Vorsicht zu nehmen. Sogar in natürlichen Phänomenbereichen wie bei den Bewegungen der Himmelskörper sind alle Phänomene immer nur Phänomene *für* einen menschlichen Betrachter. Dieser benutzt Winkelmesser, Fernrohre und Uhren, um diese «natürlichen» Phänomene in seine geometrische und kinematische Ordnung naturgesetzlicher Weltbilder einzuordnen. Das heißt, der Mensch bleibt durch seine Begriffe, durch seinen Einsatz von Logik und Geometrie ebenso wie durch seine selbstgeschaffenen Geräte mit ihren universellen und transsubjektiven Qualitäten ein unverzichtbarer Gesetzgeber auch dieser Form von Naturgesetzen.

Umso mehr ist er Gesetzgeber, wenn er Phänomene nach Ursache und Wirkung erklären möchte und zu diesem Zweck auf sein eigenes Bewirkenkönnen von Verläufen im Experiment zurückgreift, um Erfahrungen zu sammeln. Im Experiment widerfährt dem Experimentator relativ zum technischen Gelingen der Apparateherstellung, was er erfolgreich in Gang setzen kann und was nicht. Naturwissenschaftliche Erfahrung ist technisch provozierte Widerfahrnis.

Damit wird sichtbar: Die Gegenstände der Naturwissenschaften verdanken sich den technischen Methoden des Beobachtens, Messens und Experimentierens in engster Abhängigkeit zur investierten Logik und Mathematik. Insofern ist es kein Geheimnis, warum die Mathematik auf die Natur passt. Der Mensch hat ja selbst den technischen Zugang zu naturwissenschaftlicher Erfahrung mathematisch strukturiert und unter Regeln gesetzt. Historisch hat zuerst Galilei gesagt, das Buch der Natur sei in mathematischen Zeichen geschrieben, nachdem der christliche Kirchenvater Augustinus empfohlen hatte, auch im «Buch der Natur» (statt nur in der Bibel) zu lesen, um Gottes Größe zu bewundern. Die Passung von Mathematik und Natur ist eine menschliche Kulturleistung, was aber weder Augustinus noch Galilei gesehen haben.

Macht die Natur Naturwissenschaft möglich?

Selbst der Versuch verbietet sich, der Natur die Möglichkeit von Forscherhandlungen des Beobachtens, Messens und Experimentierens anlasten oder verdanken zu wollen nach dem Motto «Naturgesetze muss man voraussetzen; sie erklären, dass Beobachtungen, Messungen und Experimente möglich bzw. wiederholbar sind». Zwar haben auch Laborinstrumente natürliche Eigenschaften; aber diese reichen gerade nicht aus, Erkenntnisse zu liefern. Eine Pendeluhr läuft nicht wegen der Pendelgesetze gleichförmig, denn diese gelten auch, wenn die Uhr defekt ist und überhaupt nicht oder nicht ‹richtig› läuft. Vielmehr hängen alle Ergebnisse ab von der Erfüllung der Forderungen nach der ‹richtigen› Funktion, die Hersteller und Benutzer von Fernrohr und Mikroskop, von Uhr und Waage wie auch von Experimentierapparaturen erwarten und deshalb technisch erzwingen. Kurz, die Ungestörtheit der verwendeten Instrumente und damit die Realisierung menschlicher Zwecke führen zu brauchbaren Ergebnissen und machen Naturwissenschaften «möglich». Nicht nur der Gegenstandsbereich der Naturwissenschaften, auch die Methoden verdanken sich menschlichen Handlungen, deren Möglichkeit nur durch Vollzug, nicht durch logisches Schließen aus Naturgesetzen ausgewiesen wird.

Ist menschliches Naturerkennen selbst natürlich?

Bleibt zu fragen, ob wenigstens die Erkennbarkeit der Natur letztlich nicht doch der Natur geschuldet ist, weil nämlich der Mensch als erkennendes Subjekt naturgeschichtlich die Qualität ererbt habe, mit seinem «Erkenntnisapparat» (Sinnesorgane und Hirn) auf die Natur zu passen.

Wenn, so das naturalistische Argument, unsere Erkenntnisfähigkeit selbst ein Produkt des Evolutionsgeschehens ist, wäre Naturerkenntnis aus Anpassung des menschlichen Geistes an die zu erkennende Natur naturgesetzlich erklärt. Die Quelle dieser Auffassung ist unschwer in Überlegungen zur natürlichen Evolution zu vermuten. Man nennt diese Auffassung «evolutionäre Erkenntnistheorie». Sie erklärt menschliche Erkenntnis aus der naturgeschichtlichen Anpassung des Erkenntnisapparats an die jeweils zu erkennende Wirklichkeit.

Ausdrücklich auf die Wissenschaften selbst bezogen wurde dieser Naturalismus in der Physik. Dies ist ein für das Selbstverständnis der Naturwissenschaften wichtiges Ereignis. 1894 hat Heinrich Hertz in seinen *Prinzipien der Mechanik* eine eigene Philosophie des Naturerkennens formuliert. Es besteht darin, sich «innere Scheinbilder oder Symbole der äußeren Gegenstände» zu machen, und zwar derart, dass «naturnotwendige Folgen der äußeren Gegenstände» auf «denknotwendige Folgen» zwischen den inneren Bildern abgebildet würden. Dazu müssten «gewisse Übereinstimmungen vorhanden sein zwischen der Natur und unserem Geiste». Und Hertz fährt fort, dass «solche Übereinstimmungen in der Tat bestehen», wie die Erfahrung lehre. Hier wird also ausdrücklich das Naturerkennen als Abbilden in den Geist gefasst und dessen Geltung einer Strukturgleichheit zwischen Natur und Geist zugeschoben – was man angeblich wiederum aus Erfahrung wissen könne.

Dieses Verständnis einer äußeren Natur, in der vom Menschen unabhängig Kausalgesetze gelten, und deren wieder zwangsläufig natürlichen Abbildung in unserem Geist durch Erfahrung prägt wohl auch heute noch das Selbstverständnis der meisten Naturwissenschaftler. Aber es ist nicht haltbar. Hertz müsste zwei voneinander unabhängige Beschreibungen haben, eine der äußeren Gegenstände mit ihren Kausalfolgen und eine der inneren Scheinbilder mit ihren Denkfolgen, um beide vergleichen und ihre Strukturgleichheit feststellen zu können. Die Naturwissenschaften haben aber nur eine einzige «Naturbeschreibung», nämlich ihre Sprache und ihre Verfahren der Forschungspraxis. Zugespitzt folgt daraus, dass die These von der Passung unseres Geistes auf die zu erkennende Natur sinnlos ist. Es wurde dabei schlicht übersehen, dass wir mit denselben Organen erkennen und irren. Naturvorgänge sind nun einmal, wie sie sind; aber sie sind weder wahr noch falsch. Die Naturalisierung des Erkennens bringt dieses zum Verschwinden.

Macht die Natur naturwissenschaftliche Forschungsergebnisse gültig?

Theorien, ja selbst Modelle sind keine vollständigen und keine partiellen Abbilder der Natur. Sie gewinnen auch keine «Objektivität» von ihren Objekten. Die Bildmetapher für naturwissenschaftliche Erkenntnis ist falsch. Denn bei jeder Abbildung lässt sich eine Komponente des Bildes mit der entsprechenden Komponente des Abgebildeten vergleichen, wie eine Rosenblüte auf dem Foto mit der Blüte der fotografierten Rose selbst. Beide Komponenten werden in derselben Sprache beschrieben, etwa mit «samtrot» für die Farbe von Rose und Abbild. Damit lässt sich eine gute farbgetreue von einer schlechten blaustichigen Abbildung unterscheiden.

In den Naturwissenschaften dagegen hat der Mensch keinen zusätzlichen, außerwissenschaftlichen Zugriff auf die Natur als Gegenstand seiner Theorien oder Modelle. Im Unterschied zum Abbilden einer Rose sind da keine «Natureigenschaften» außerhalb des naturwissenschaftlichen Wissens, die sich Stück für Stück mit diesem Wissen vergleichen ließen, um die Qualität (Geltung) des Wissens zu prüfen. Es gibt nämlich keine Sprache, die, analog zum Wort «samtrot» bei Rose und Foto, auf Naturgegenstände und auf ihre sprachliche «Abbildung» gleichermaßen passt. Kurz, naturwissenschaftliches Wissen ist kein Abbild der oder einer «Natur».

Nachdem weder die Gegenstände noch die Methoden der Naturwissenschaften natürlich sind, kann also auch der Grund für die Geltung naturwissenschaftlicher Ergebnisse nicht natürlich sein. Sorgfältig besehen haben die Naturwissenschaften keinen Grund, sich «Natur»-Wissenschaften zu nennen. Den häufig anzutreffenden Deutungen von Naturwissenschaftlern, was «die Natur» so alles will, kann oder getan hat, ist mit der vorsichtigen Frage zu begegnen, was dabei das Wort «Natur» bedeutet und woher man denn dies alles – neben der Naturwissenschaft – wissen wolle. Ihren Gegenständen, Methoden und tatsächlich wirksamen

Geltungskriterien nach sind die Naturwissenschaften in Wahrheit Technikwissenschaften. Und sie sind dies (wie in der Astronomie oder in der Evolutionsbiologie) selbst dort, wo sie sich mit Gegenständen befassen, die nicht vom Menschen künstlich hergestellt, sondern in diesem Sinn «natürlich» sind – wegen der technischen Mittel, deren künstliche Funktion erst die Geltung der Ergebnisse sichert. In der Evolutionsbiologie ist dies, wie man seit Charles Darwin weiß, das Züchterwissen.

Ist der Mensch als Erkenntnissubjekt ein Naturgegenstand?

Bleibt also letztlich zu fragen, ob die These «alles ist Natur» vielleicht nur die Natürlichkeit des Menschen selbst betont. Niemand bezweifelt, dass auch die Naturwissenschaften vom Menschen enorm erfolgreich sind. Die aktuelle Bezeichnung «Lebenswissenschaften» fasst eine Vielfalt von Fächern zusammen, die von Organismustheorien über physiologische Teildisziplinen bis zu empirischem Wissen über Fortpflanzung und Vererbung reichen. Auch experimentelle Psychologie und evolutionäre Theorien der Naturgeschichtsschreibung verzeichnen große Erkenntnisfortschritte. Dennoch tobt hier der Streit zwischen Naturalisten und Skeptikern besonders heftig.

Dieser Streit betrifft nicht, was gern vor allem von Naturwissenschaftlern übersehen wird, die naturwissenschaftlichen Ergebnisse selbst. Was in Hirnen und Sinnesorganen, in Samen- und Eizellen, in Populationen und Biotopen, in Erdgeschichten und Stammbäumen geschieht, ist getrost der Fachkompetenz der naturwissenschaftlichen Experten zu überlassen.

Aber wo diese Experten die Reichweite ihrer Methoden und Begriffe überschreiten und zu philosophieren beginnen, lohnt es nachzufragen. Nicht dass ihnen Philosophieren verwehrt sein soll! Jede sprachliche Äußerung, die sich auf Befragen nach Bedeutung und Geltung auszuweisen versteht, kann unabhängig von ihrem Autor Gegenstand eines wissenschaftlichen Diskurses sein. Keine Naturwissenschaft ist ohne Philosophie möglich, was schon jedes naturwissenschaftliche Lehrbuch zeigt. Etwa die Klassifizierung eines Satzes als gesichert oder hypothetisch, als Naturgesetz, Prinzip, Definition, Messergebnis oder Ähnliches ist ja keine Aussage über einen Naturgegenstand, sondern über ein menschliches Sprachprodukt, ist also wissenschafts*theoretisch*.

Zunächst ist es nur ein naturalistisches Programm, alle Gegenstände der vorgefundenen Welt durch eine naturwissenschaftliche Brille zu betrachten, d. h. naturwissenschaftlichen Verfahren zu unterwerfen. Dieses Programm macht keine Unterschiede zwischen natürlichen und künstlichen Gegenständen. Ob solche Anwendungen von Methoden sinnvoll sind, hängt von ihrem Zweck ab.

So kann es sinnvoll sein, ein Gemälde oder eine alte Partitur mit physikalischen und chemischen Labormethoden zu untersuchen, etwa um eine Echtheitsprüfung oder eine Datierung vorzunehmen. Dies kann wichtige Argumente liefern, ob das Gemälde tatsächlich von Albrecht Dürer, die Partitur tatsächlich von Johann Sebastian Bach ist. Aber was das Bild darstellt und ob die neu gefundene Bach-Partitur über «Das wohltemperierte Klavier» hinausgeht, ist mit naturwissenschaftlichen Mitteln nicht erreichbar.

Die Beispiele verweisen erneut darauf, dass die Natürlichkeit von Gegenständen nur ein Aspekt ist und keine «ontologische» Einteilung der Welt. Wie oben über Haustiere und Nutzpflanzen gesagt, kann ein und derselbe Gegenstand sowohl natürlich als auch künstlich sein – eben in einzelnen Aspekten. Gegenüber dem programmatischen Anspruch, ausnahmslos alle Aspekte zu den natürlichen zu rechnen oder auf sie zurückzuführen, ist er schon bei den einfachsten Dingen des Alltagslebens abwegig, umso mehr beim Menschen. Betrachten wir dazu als einfaches Beispiel ein Weinglas.

Physikalisch und chemisch lassen sich die vermessene geometrische Form, das Fassungsvermögen, das Gewicht, die Dichte und die chemische Zusammensetzung des Glases feststellen. Aber wem z. B. das Glas gehört, bleibt den naturwissenschaftlichen Verfahren für immer verschlossen. Denn «gehören» ist keine Beschreibung des Glases, sondern eine Zuschreibung, die sich auf eine vergangene, zwischenmenschliche, praktische Handlung wie kaufen, schenken, stehlen o. Ä. bezieht.

Tatsächlich gehen heute unter Naturwissenschaftlern prominente Stimmen so weit, sämtliche Bereiche der Kultur naturwissenschaftlichen Verfahren unterwerfen zu wollen. Hier schlägt das Naturalisierungsprogramm in eine Weltanschauung um. Mit Verweis auf die bisherigen Erfolge und mit Hoffnung auf die künftigen Leistungen der Naturwissenschaften wird behauptet, alles sei Natur, weil alles einen natürlichen, d. h. Naturgesetzen unterliegenden materiellen Träger habe. Also könne auch der Besitzwechsel eines Weinglases nicht ohne die Hirne der beteiligten Personen stattfinden und müsse deshalb aus ihrer Funktion erklärt werden.

Ein solcher Satz selbst ist jedenfalls nicht naturwissenschaftlich, sondern wissenschaftstheoretisch. Er ist nicht durch empirische Laborverfahren zu prüfen, sondern stammt aus der Umdeutung eines (vorschreibenden) Programms zu einer (beschreibenden) Beurteilung der Naturwissenschaften. Die Naturwissenschaften selbst sind aber weder natürliche noch naturwissenschaftliche Gegenstände, sondern eine historische Praxis mit sich ändernden Maßstäben, Mitteln und Ergebnissen. Schon Hertz hat – siehe oben – übersehen, dass die Erfahrung, die angeblich die Übereinstimmung von Natur und Geist zeigt, selbst keine physikalische, sondern im günstigsten Fall eine historische Erfahrung ist; ohne dass Hertz zeigen kann, wie aus dem Erfolg der Physik seine Passungstheorie von Natur und Geist folgen sollte. Behauptungen *über* Naturwissenschaften haben ersichtlich einen anderen Gegenstandsbereich als Behauptungen *der* Naturwissenschaften. Sie sind philosophisch. Und wenn sie nicht nur ein Glaubensbekenntnis oder eine Weltanschauung zum Besten geben wollen, sind sie begründungspflichtig. Diese Begründungspflicht einzulösen ist nicht nur bisher nicht gelungen, sondern kann aus prinzipiellen Gründen nicht gelingen.

Um dies einzusehen, sei die These betrachtet, der Mensch sei «Teil der Natur». Nicht nur Biologen, selbst Philosophen gestatten sich heute Formulierungen wie «Menschen und andere Tiere». Sie machen sich dabei die Betrachtungsweise biologischer Systematisierung zu eigen, wenden also biologische Methoden an, ohne zu überlegen, ob diese im gegebenen Zusammenhang zweckmäßig sind oder nicht. Der Homo sapiens sapiens mag noch so viele, teils schon aus der antiken Philosophie stammende Zusätze wie vernunft- und sprachbegabt, staats-, rechts- und verantwortungsfähig, lachend, spielend usw. erhalten, immer bleibt es begründungspflichtig, warum der Mensch primär der Biologie unterworfen und als Spezies im biologischen Sinn klassifiziert wird. Weil aber weder Grund noch Zweck genannt werden, warum diese – für evolutionsbiologische Zwecke durchaus sinnvolle Betrachtung – die einzig wissenschaftliche oder gar die einzig mögliche sein soll, handelt es sich bei diesem Vorgehen nur um eine Ideologie. Wenn schon beim Weinglas falsch ist, «natürliche» mit kultürlichen Eigenschaften zu verwechseln, ist es umso mehr beim Menschen.

Es ist Teil unserer Kultur, dass wir nur Menschen Verdienst und Verschulden zuschreiben, nicht Tieren. Verursacht ein Hund einen Verkehrsunfall, wird nicht das Tier, sondern der Hundehalter zur Verantwortung gezogen. Trifft die Feuerwehr auf einem brennenden Bauernhof ein, fragt sie zuerst, ob Menschenleben in Gefahr sind; erst dann werden die Tiere gerettet und danach die Gebäude. Gesetzlich galten Tiere bis vor kurzem als Sachen. Heute sind auf sie «für Sachen geltende Vorschriften entsprechend anzuwenden, soweit nicht etwas anderes bestimmt ist» (§ 90 a BGB). Niemand, der sich einen Hund oder ein Rind kauft, wird auf eine Stufe mit einem Sklavenhalter gestellt, der einen Menschen kauft. Kurz, sowohl das Programm wie die Behauptung, «alles» ist Natur, kollidiert beim Menschen mit geltenden Wertmaßstäben von Moral und Recht.

Wenn Naturalisierungsprogramme in ihrer überzogenen Form unter dem Vorzeichen der Wissenschaftlichkeit aufgestellt, propagiert und verfolgt werden, kommt es nicht nur zu Konflikten mit Moral und Recht, sondern mit den unverzichtbaren Normen der Wissenschaftlichkeit selbst. Denn der Mensch kann nur vom Menschen zum Objekt naturwissenschaftlicher Forschung gemacht werden. Das heißt, der Mensch ist nie nur Objekt, sondern immer auch Subjekt einer Naturwissenschaft vom Menschen. Als Forscher am Menschen erhebt der Mensch aber nicht nur faktisch Ansprüche auf die Geltung seiner Ergebnisse, sondern er muss zu deren Einlösung auch bestimmte Kriterien der Wissenschaftlichkeit erfüllen. Dazu zählen die autorenunabhängige Geltung, also die erwähnte «Transsubjektivität», und bei Wissenschaften, die Theorien mit Allgemein- oder Gesetzesaussagen formulieren, «Universalität».

In der gegenwärtigen Debatte zur Hirnforschung finden sich Stimmen, die vorgeben, sogar den Perspektivenwechsel vom Menschen als Objekt zum Menschen als Subjekt mit zu vollziehen. Im Schlagwort «das

Gehirn erforscht das Gehirn» sei diese Rückbezüglichkeit der Ergebnisse vom Objekt auf das Subjekt enthalten. Tatsächlich ist sie es nicht. Denn abgesehen vom Fehler, dass ein Teil eines Systems, wie es ein menschlicher Organismus ist, niemals dieselben Funktionen ausfüllen kann wie das Gesamtsystem, ist hier der nur interpersonal mögliche Status der Wissenschaft als kriterien- und normenabhängig übersehen. Nicht das Gehirn, sondern der Mensch forscht. Und nur Menschen können Geltungsansprüche an Menschen richten. Und nur Menschen können Ansprüche anderer Menschen anerkennen, erfüllen oder ablehnen. Die Perspektivenumkehr vom Menschen als Objekt naturwissenschaftlicher Forschung zu deren Subjekt ist nur aus einem Symmetrieprinzip heraus, d. h. aus einer Vorschrift gegenseitiger Gleichbehandlung, zu verstehen. Symmetrieprinzipien sind keine Fakten, und sie sind schon gar kein besonderes Zeichen der belebten Natur.

Zusammenfassend ist festzustellen, dass die These «alles ist Natur» bei Anwendung auf den Menschen zwar die umfassendste, aber zugleich die schwächste, am wenigsten haltbare Interpretation erfährt. Außerhalb von Naturalisierungsprogrammen wird tatsächlich das Gegenteil anerkannt, wie der – ja auch Naturalisten rechtlich und moralisch verpflichtende – Unterschied in der Bewertung von Tier und Mensch zeigt. Gar ein Bild zu propagieren, wonach der Mensch primär und letztlich Naturgegenstand ist, ist weder für das Leben des individuellen Organismus noch für das Geschäft von Fortpflanzung und Vererbung, noch für die naturgeschichtliche, evolutionäre Entstehung des Menschen verträglich mit seiner eigenen wissenschaftlichen Erforschung.

Natur und Philosophie

Hier sollte es weder um Naturphilosophie noch um die Philosophiegeschichte der Naturbegriffe gehen. Es ging vielmehr um die Grenzen des Prinzips «Alles ist Natur». Selbstverständlich hat auch jeder Philosoph natürliche Eigenschaften. Und wenn er natürlicherweise ermüdet, erkrankt oder stirbt, ist es aus mit Reflektieren und Sprechen, Erheben und Einlösen von Geltungsansprüchen.

Aber dass die Naturwissenschaften Naturalisierungsprogramme nicht befolgen können, ohne sich selbst zu widersprechen, also ad absurdum zu führen, von einer Rechtfertigung des Naturalismus ganz zu schweigen, ist eine philosophische These, die nur philosophisch diskutiert werden kann.

Literatur

Birnbacher, D.: Natürlichkeit. Berlin/New York 2007.

Hertz, H.: Die Prinzipien der Mechanik. Leipzig 1894 (Nachdruck Darmstadt 1963).

Janich, P.: Grenzen der Naturwissenschaft. Erkennen als Handeln. München 1992.

—: Kultur und Methode. Philosophie in einer wissenschaftlich geprägten Welt. Frankfurt/M. 2006.

— (Hg.): Naturalismus und Menschenbild. Dt. Jahrbuch für Philosophie I. Hamburg 2008.

Keil, G./Schnädelbach, H.: Naturalismus. Philosophische Beiträge. Frankfurt/M. 2000.

Heiner Hastedt
10. Alles Ökonomie?
Grenzen des wirtschaftlichen Denkens

Wird das humane Leben immer mehr dem Geld geopfert? Muss ich vollständig zum Manager meines Selbst werden, um mich von der Ausbildung über die Sicherung des Arbeitsplatzes bis hin zur Gesundheits- und Altersversorgung zu organisieren? Steigert die Globalisierung die negativen Auswirkungen einer ohnehin schon übermächtigen Wirtschaft? Krankenhäuser, Theater, Universitäten – sind dies die nächsten Opfer? Die Furcht vor einer totalen Ökonomisierung unseres Lebens breitet sich immer mehr aus.

Nach der Wende in Osteuropa 1989 war die Welt gedanklich zunächst übersichtlich geworden: Die Außerkraftsetzung von Märkten im real existierenden Staatssozialismus war sowohl wegen der fehlenden Massenloyalität als auch wegen ihrer offensichtlichen Ineffektivität gescheitert, sodass die Meinung vorherrschte, dass eine freie Wirtschaft und Freiheit überhaupt zusammengehören und dass ökonomische Effizienz einen eigenen Wert verkörpert. Zwei Jahrzehnte später verbreitet sich erneut ein fundamentales Unbehagen an einer Ökonomie, die das Leben restlos in den Griff zu nehmen scheint. In den osteuropäischen Transformationsländern machen sich neben der Wachstumseuphorie und einem neuen Reichtum harte Erfahrungen der Entbehrung und der Ungleichheit bemerkbar. Angesichts der Globalisierung gibt es zunehmend Wohlstandsverlierer auch in den ehemals reichen Ländern, sodass soziale Dämme gegen die Allmacht der Ökonomie gefordert werden. Angesichts von Bankenzusammenbrüchen, Wirtschaftskrisen und Finanzierungsproblemen staatlicher Leistungen kehren die Kontroversen um die Grenzen der Ökonomie in voller Wucht zurück. Nach einer Begriffsklärung wird im Folgenden umrissen, weshalb eine ökonomische Orientierung nicht grundsätzlich zu verachten ist, aber im sozialen und individuellen Leben gleichwohl nicht zum einzigen Maßstab werden sollte.

Ökonomie – Was heißt das überhaupt?

Da das Reden über Ökonomie starke Elemente des Weltanschaulichen enthält, mag es hilfreich sein, die gedankliche Arbeit mit einer Begriffsklärung zu beginnen. Mindestens die fünf folgenden Begriffsverwendungen lassen sich unterscheiden:

1. Ökonomie$_1$ steht für die gesellschaftliche Organisation durch Märkte (im Gegensatz zur Bürokratie des Staates).

2. Ökonomie$_2$ steht für das Wirken des Geldes (wonach dann staatliches Haushalten auch der Ökonomie unterliegt).

3. Ökonomie$_3$ steht für eine kalkulierende Rentabilitätsrechnung und – noch allgemeiner – für Leistungsorientierung.

4. Ökonomie$_4$ steht für die instrumentelle Vernunft und deren Zweck-Mittel-Rationalität.

5. Ökonomie$_5$ steht für Profit und Gewinnmaximierung.

Keiner dieser fünf Ökonomie-Begriffe kann von vornherein eine sachliche Priorität beanspruchen. Im Vergleich zu der Deutung der Ökonomie von den Märkten her setzt der Begriff der Geldwirtschaft abstrakter an, so wie ihn beispielsweise Georg Simmel in seiner *Philosophie des Geldes* verwendet hat. Auch die von Max Weber (2004) untersuchte protestantische Ethik entfaltet indirekt einen weiten Begriff von Ökonomie$_3$, der sich an der kalkulierenden Rentabilität des Kapitalismus und am Leistungsprinzip einer innerweltlichen Askese orientiert. Neben dem Markt-, Geld- und Leistungsbezug des Ökonomiebegriffes gibt es in der Tradition der Frankfurter Schule der Philosophie bei Max Horkheimer und Theodor W. Adorno eine Begriffsverwendung, die Ökonomie und instrumentelle Vernunft geradezu gleichsetzt. Eine normativ stark aufgeladene Variante des Begriffes der Ökonomie deutet diesen gesellschaftlichen Begriff von vornherein in Richtung auf Profit als einen abschätzig gemeinten Bereich. Insofern Märkte als Effizienzmaschinen wirken, gibt es fließende Übergänge zwischen verschiedenen Begriffen der Ökonomie.

Anders als im Kontext der Frankfurter Schule zu erwarten ist, wirft die instrumentelle Vernunft in ihrer Bewertung mehr Fragen als Eindeutigkeiten auf. Es ist in der Philosophie verbreitet, gelingende Zweck-Mittel-Rationalität verächtlich zu machen. Aber stellt die Effektivität der instrumentellen Vernunft nicht selbst doch einen Wert dar? Wie häufig mag sich schon mancher in einer von einem unfähigen Schulleiter geleiteten Konferenz oder in einer sich lange hinquälenden Sitzung des Fakultätsrates die Frage gestellt haben, ob man in anderen Berufen – sei es im Krankenhaus oder bei den Elektrizitätswerken – auch so viel Zeit zu ineffektivem Herumsitzen hat. Instrumentell-vernünftige Effektivität scheint nicht von vornherein kritikwürdig zu sein. Instrumentelle Vernunft führt erst dann auf Abwege, wenn die Effektivität zum Selbstzweck wird (also die gut organisierte Schule oder Universität überhaupt Fragen der Bildung und der Erkenntnis gar nicht mehr zulassen). Auch bei gesellschaftlichem Engagement – sei es für den Tierschutz oder in der Globalisierungskritik – dürfte es hilfreich sein, im Sinne der Ökonomie$_4$ effektiv handeln zu können, selbst wenn damit die Ökonomie im Sinne der Begriffe$_{1,2,3,5}$ gerade eingedämmt werden soll. Diese allgemeine Bemerkung gilt ebenso für Krankenhäuser, Theater und Universitäten: Auch wenn der Daseinszweck dieser Institutionen nicht in der Effektivität liegt, so ist ihnen doch zu wünschen, dass sich ihre Organisation effektiv am Ziel der Gesundheit und der (bildenden und vielleicht vergnüglichen) Horizonterweiterung ihrer Patienten und Besucher orientiert. Kritik daran ist manchmal nur eine verkappte Verteidigung von Besitzstandswahrern, die den alten Schlendrian beibehalten wollen. Besonders in Deutschland besteht darüber hinaus ein Spannungsverhältnis von Marktorientierung (Ökonomie$_1$) und der Orientierung an Geld (Ökonomie$_2$): Marktorientiert sind Krankenhäuser, Theater und Universitäten in Deutschland nur zögerlich, aber über das allzu knappe Geld (beispielsweise im Rahmen der Absurditäten des Sozialversicherungssystems) wird fast besessen geredet (vielleicht weil so kompensatorisch die Ineffizienz seiner Organisation überdeckt werden soll).

Die Begriffsreflexion kann verdeutlichen, dass man der Ökonomie gar nicht entkommen kann: Märkte, Geld, Rentabilität und Effektivität spielen eine fundamentale Rolle, selbst wenn sie einem unsympathisch sein mögen; sachlich stellt sich die Frage der Grenzziehung und nicht die Frage der Abschaffung von Märkten, Geld, Rentabilität und Effektivität. An jedem Einzelfall ist tagesaktuell und kontrovers genauer zu diskutieren, in welchem Maße eine Orientierung an der Ökonomie in den unterschiedlichen Bedeutungen sinnvoll ist. Dies gilt im Prinzip auch für Krankenhäuser, Theater und Universitäten.

Märkte, Börsen und andere Orte der Gesinnungslosigkeit

Als Institutionen, die unter Bedingungen von Angebot und Nachfrage Preise zum Zweck des Warenaustauschs nutzen, sind Märkte im Sinne der Ökonomie vielfältiger als der räumlich präsente Wochenmarkt: Konsummärkte, Dienstleistungsmärkte, Märkte für Investitionsgüter und Rohstoffe sind weltweit etablierte Größen, die ihren Akteuren viel Flexibilität zumuten. Börsen sind eine besondere Erscheinungsform von Märkten, an denen Eigentumsansprüche wie Aktien direkt oder abgeleitet als Derivate ebenso gehandelt werden wie Schuldansprüche. Märkte und Börsen werden nicht über Gesinnungen reguliert, es gehört zum Charakter des Geschäftes, dass Absichten und moralische Perspektiven bei der Preisbildung zurücktreten. Grundsätzlich gibt es keine Einschränkungen, wer am Warenverkehr teilnehmen darf; Märkte überwinden prinzipiell Grenzen und schließen im Eigeninteresse der Akteure niemanden grundsätzlich aus. Wenn es weltweit immer noch Handelsbeschränkungen wie Zölle gibt, dann sind diese jedenfalls nicht in der Gesinnung der Akteure begründet, sondern meist in Partikularinteressen der Staaten oder Staatenbünde.

Nach Georg Simmels Beobachtungen führt die Geldwirtschaft (Ökonomie₂) zur Verbreitung von Gleichgültigkeit und Distanz als Stil des Lebens und begünstigt Verstandesleistungen gegenüber Gefühlen. Nicht mehr die befreiende rationale Gestaltung der Lebensverhältnisse ist das tatsächliche Ziel, sondern der von Distanz getragene Versuch der täglichen Lebensbewältigung:

«Gewiss hat die rein verstandesmäßige Behandlung der Menschen und Dinge etwas Grausames; aber sie hat dies nicht als positiven Impuls, sondern als einfache Unberührtheit ihrer bloß logischen Konsequenz durch Rücksichten, Gutmütigkeit, Zartheiten; weshalb denn auch entsprechend der rein geldmäßig interessierte Mensch es gar nicht zu begreifen pflegt, wenn man ihm Grausamkeit und Brutalität vorwirft, da er sich einer bloßen Folgerichtigkeit und reinen Sachlichkeit seines Verfahrens, ohne irgend einen bösen Willen, bewusst ist» (1989, S. 599).

Ohne Distanz funktionieren Märkte nicht. Börsenentscheidungen fallen oft in Sekunden, so bleibt keine Zeit zu einer wirklichen Beschäftigung mit den nichtintendierten Nebenwirkungen in nahen oder fernen Teilen der Welt.

Kapitalismus, Marktwirtschaft oder was sonst?

Diagnosewörter wie Kapitalismus, Industriegesellschaft oder Marktwirtschaft transportieren eine Vielzahl von empirischen Annahmen und darüber hinaus verkappte normative Einschätzungen: Während im Begriff des Kapitalismus die Marx'sche Deutung von Entfremdung und Ausbeutung mitschwingt, kommt im Begriff der Industriegesellschaft der Unterton des Fortschritts und des Produkts von Fleiß zum Tragen. Wenn Soziologen heute diese Begriffe vermeiden und von Erlebnisgesellschaft, Dienstleistungsgesellschaft und Risikogesellschaft sprechen, unterstützen sie Deutungen, die anders als Kapitalismus und Industriegesellschaft ‹weiche› Merkmale gegenüber dem Ökonomischen stark machen. Indirekt stützen diese Deutungsvokabeln eine Aversion gegen das Ökonomische. Während «Kapitalismus» heute fast zu einem Tabuwort geworden ist und gerne vermieden wird, hat im Gegensatz dazu das Wort «Marktwirtschaft» (gleichgültig, ob mit dem oder ohne das Adjektiv ‹sozial› verwendet) den Charakter des Sonntagsrednerischen angenommen.

Übereinstimmend arbeiten Autoren wie Max Horkheimer, Theodor W. Adorno und Niklas Luhmann heraus, dass es in der Moderne mit ihrer funktionalen Differenzierung keine Zentren der Steuerung mehr gibt. Horkheimer und Adorno kommen zu dieser Einsicht noch in mühsamen Schritten, weil sie sich mit an Karl Marx geschulten Voraussetzungen auseinandersetzen. Doch auch ihr Ergebnis ist eindeutig: Es herrscht keine intrigante Kapitalistenklasse aus den Hinterzimmern der Macht, und das Proletariat – sofern es dieses überhaupt noch gibt – ist kein Garant für die Befreiung der Menschheit. Stattdessen dominiert ein technischer Apparat:

«Die Steigerung der wirtschaftlichen Produktivität, die einerseits die Bedingungen für eine gerechtere Welt herstellt, verleiht andererseits dem technischen Apparat und den sozialen Gruppen, die über ihn verfügen, eine unmäßige Überlegenheit über den Rest der Bevölkerung. Der Einzelne wird gegenüber den ökonomischen Mächten vollends annulliert. Dabei treiben diese die Gewalt der Gesellschaft über die Natur auf nie geahnte Höhe. Während der Einzelne vor dem Apparat verschwindet, den er bedient, wird er von diesem besser als je versorgt» (1969, S. 4).

Heute sind Deutungen besonders verbreitet, die mit Niklas Luhmann Ökonomie als Subsystem der Gesellschaft auffassen, in der Einsicht, dass es auch andere Subsysteme neben der Wirtschaft gibt und in der Moderne kein übergreifendes Supersystem existiert, das die funktionale Differenzierung aufhebt. Luhmanns Ökonomie-Begriff steht zwischen Ökonomie$_1$ und Ökonomie$_2$, insofern einerseits die funktionale Differenzierung historisch für die frühneuzeitliche Ausbildung von Märkten steht und andererseits über das Medium Geld definiert wird. Im Rahmen der funktionalen Differenzierung ist die Wirtschaft zwar als eines der Subsysteme bedeutsam, aber nicht der einzige zentrale Faktor der Moderne, an dem alles andere hinge. Zugleich folgt aus der These der funktionalen Differenzierung, dass kein einzelnes Subsystem die Dominanz über alle anderen übernehmen kann. Luhmanns Einsicht wird ähnlich wie in Horkheimers und Adornos *Dialektik der Aufklärung* als tendenzielle Steuerlosigkeit der Moderne verstanden: Es gibt keine Instanz der Welt, die den Weltenlauf mit Aussicht auf Erfolg bestimmen kann. Der Ökonomie kommt ein bedeutsamer Platz in der Moderne zu, sie bildet aber kein alleiniges Zentrum.

Luhmann setzt sich ausdrücklich mit der Sehnsucht nach Steuerung auseinander, weil viele Menschen für ihn naiverweise noch immer der Vorstellung folgen, es müsse doch etwas geschehen, wenn ein Missstand festgestellt wird. Luhmann trägt diesem Impuls durchaus Rechnung: «Es fällt schwer, ja ist so gut wie unmöglich, den Begriff der Steuerung ganz aufzugeben und die Zukunft einfach kommen zu lassen, wie sie kommt»

(1988, S. 324). Doch tatsächlich kollidiert der Wunsch nach Steuerung hart mit dem Faktum der funktionalen Differenzierung: «Keine Politik kann die Wirtschaft, kann Teilbereiche der Wirtschaft, kann auch nur einzelne Betriebe sanieren; denn dazu braucht man Geld, also Wirtschaft» (S. 325). Er arbeitet heraus, dass viel zu naive Steuerungsvorstellungen von Gesellschaften verbreitet sind, als ob eine Gesellschaft eine Heizung wäre, die auf eine direkte Kausalität reagiert und die Wohnung wärmt. Demgegenüber ist im Zustand der funktionalen Differenzierung die Möglichkeit der gutgemeinten Außensteuerung von Systemen beschränkt. Wer beispielsweise Banken verstaatlicht, ist anschließend Banker und muss sich auf die Ökonomie der Kreditmärkte einlassen (oder gerät auf die schiefe Ebene, die funktionale Differenzierung und damit die Eigenständigkeit auch des Bankenwesens ganz zugunsten einer vormodernen Quasi-Tauschwirtschaft ohne Zins und Kredit abzuschaffen).

Globalisierung und das neue «Empire»

Den Gedanken der begrenzten Steuerbarkeit der Ökonomie und der ganzen modernen Gesellschaft haben die Autoren Michael Hardt und Antonio Negri aufgegriffen und als einen neuen Leviathan unter dem Titel *Empire* dargestellt. Anders als der alte Leviathan, der am Anfang des neuzeitlichen Aufstieges eines zunehmend mächtiger werdenden Staates steht, ist «Empire», ganz unpersönlich formuliert, gerade der Inbegriff eines ungreifbaren Aktionsnetzes, in dem verantwortliche Akteure kaum noch auszumachen sind.

Das «Empire»-Konzept von Hardt und Negri ist missverständlich; sie meinen gerade nicht die Rolle US-Amerikas als neue imperialistische Herrschaft im Zeitalter der Globalisierung, sondern die Transformation des alten Imperialismus. Das Machtgeflecht, das die Autoren «Empire» nennen, lässt sich charakterisieren in seiner Mischung aus Macht und Recht. Dies wird von beiden auf den Spuren von Michel Foucaults Kritik der Macht herausgearbeitet, für den Recht und selbst Gerechtigkeit besonders wirksame Erscheinungsformen von Macht sind, das heißt, auch legitime Macht bleibt Macht. Im üblichen Sprachgebrauch werden (bloße) Macht und Recht gerade voneinander abgesetzt. Mit Foucault, der an dieser Stelle die Philosophie Nietzsches fortsetzt, lernt man zu sehen, inwiefern auch das Recht in der Perspektive der Macht verstanden werden kann. Diese Unentrinnbarkeit der Macht gilt unabhängig von der Frage, ob man selbst normativ die Inhalte des Rechtes überzeugend findet oder nicht, zumal Macht immer weniger ‹pur› auftritt, sondern zunehmend in der Gestalt des Rechts.

Das schwer greifbare Gebilde «Empire», das selbst nicht als Subjekt verstanden werden darf, agiert im Medium der Handelnden weltweit, wie Hardt und Negri als Globalisierungstheoretiker betonen. Ganz klassisch wie bei Marx, der auch ein glühender Verteidiger des Kapitalismus war (als notwendiges Durchgangsstadium vom Feudalismus zum Sozialismus), finden wir auch bei Hardt und Negri eine erstaunliche Verteidigung der Globalisierung, die für die beiden Autoren erst die Voraussetzungen für eine Befreiung weltweit schafft. Deshalb legen sie Wert darauf, dass Globalisierungskritiker, als deren Leitfiguren sie sich offensichtlich sehen, nicht rückwärtsgewandte und illusionäre Provinzialität an den Tag legen. Der durch die Globalisierung zunehmend überwundene Nationalstaat wird als wichtige Instanz eines überholten Stadiums der kapitalistischen Ausbeutung gedeutet.

Hardt und Negri kritisieren die jetzige Erscheinungsform der Globalisierung, aber nicht die Globalisierung als solche. Konkret setzen die Autoren Hoffnung auf die «One Big Union!» und verkennen dabei, dass Gewerkschaften als Vertretung der Arbeitsplatzbesitzer gerade im globalen Kontext oft die Einsicht nicht berücksichtigen, wonach Macht und Verantwortung in der globalisierten Welt kaum noch greifbar und auch Akteure der Befreiung nicht auszumachen sind. Die Autoren betonen in Anknüpfung an Walter Benjamin die Notwendigkeit eines barbarischen Dagegenseins, auch wenn der Adressat der Gegnerschaft nicht identifiziert werden kann. So münden die vielen Beobachtungen der beiden Autoren in eine gewaltbereite Happeningkultur faktisch ohne politische Zielsetzung. Hardt und Negri haben in ihrer Theorie einen weiten Weg zurückgelegt: Während sie zunächst das Problemniveau einer linken Globalisierungskritik stark anheben, indem sie darauf bestehen, dass Globalisierungskritik kein rückwärtsgewandter Lokalismus sein sollte, enden sie mit ziemlich vagen Widerstandsandeutungen, die in Forderungen münden, die das bereits erreichte Problemniveau nicht halten.

Freiheit, Ausbeutung und soziale Sicherheit

Ein starkes Motiv für eine Orientierung an staatlichen Interventionen liefert das politische Ziel, gerechte Lebensverhältnisse herzustellen und zu garantieren. Wenn faire Chancen als Maßstab der Gerechtigkeit gelten können, dann geht es nirgendwo auf der Welt gerecht zu. Das Zielen auf Gerechtigkeit ist ein honoriges Motiv für staatliches Handeln. Weniger eindeutig ist allerdings, ob staatliches Handeln tatsächlich Gerechtigkeit bewirkt oder ob auf dem Weg hierzu ein Wust von nicht intendierten Nebenfolgen das Streben nach Gerechtigkeit konterkariert, insofern staatliches Handeln oft viel zu indirekt und gleichzeitig zu ineffizient ist, um Gerechtigkeit wirksam zu realisieren. Führt so die Abschaffung von Privilegien unter Umständen nicht zu einer Gesellschaft, die zu einer für alle schlechteren (weil weniger freien und weniger wohlständigen) Gesellschaft führt? Friedrich A. Hayek ist einer der Theoretiker, der dies als den *Weg zur Knechtschaft* beschrieben hat, da das Zielen auf Gerechtigkeit immer mit Elementen einer staatlichen Planwirtschaft verbunden sei, sodass «letzten Endes die Launen der Machthaber» über unsere Bedürfnisse entscheiden (1991, S. 129). Deshalb weist Hayek staatliche Interventionen, die aus dem Bedürfnis nach Sicherheit erfolgen, grundsätzlich als kontraproduktiv zurück. Gleichzeitig akzeptiert er, dass eine Grundsicherheit für alle zu gewährleisten ist, die nicht mit der von ihm abgelehnten weitergehenden Sicherheit verwechselt werden sollte, die «eine Planwirtschaft zum Schutze von Individuen oder Gruppen gegen Einkommensminderungen» und «gegen schmerzliche Verluste» darstellt, die «mit dem Wettbewerbssystem untrennbar verbunden sind» (S. 159). Die von ihm abgelehnte Sicherheit nennt Hayek die der Kaserne: «Entweder hat das Individuum sowohl die Entscheidung und das Risiko, oder beides ist ihm abgenommen» (S. 164 f.). Im Rahmen der politischen Auseinandersetzung – nicht zuletzt in Deutschland – sieht Hayek «die bewusste Verunglimpfung jeder mit einem Risiko verbundenen Tätigkeit und die moralische Stigmatisierung der Gewinne, ohne die sich Risiken nicht lohnen» (S. 169).

Auch wenn die Deutschen in ihrer Geschichte oft keine besonders guten Erfahrungen mit dem Staat gemacht haben, ist ihr gesellschaftliches Denken nach wie vor meist staatsorientiert: Mit dem provinziellen Kleinstaat in Geschichte und Gegenwart oder dem übermächtigen totalitären Staat, der mit Geheimdiensten allgegenwärtig ist, als Muster müsste in Deutschland eigentlich ein Negativbild des Staates selbstverständlich und im allgemeinen Bewusstsein verankert sein. Stattdessen sind immer noch Haltungen verbreitet, die vom «Vater Staat» Aufmerksamkeit und Sicherheit verlangen. Bei jedem öffentlichen Missstand wird als Erstes nach dem Staat gerufen, und Forderungen werden an das politische Personal als den vermeintlichen Drahtziehern staatlichen Handelns gerichtet. Mit dieser Staatsorientierung geht für den Soziologen Wolfgang Sofsky eine innere Abneigung gegenüber der Freiheit einher, die «weit weniger populär» sei, «als es die übliche Rhetorik vermuten» ließe: «Der Wunsch, unbehelligt zu bleiben, erfährt viel weniger Zustimmung als das Bedürfnis nach Anerkennung, Versorgung, Schutz und geselliger Eintracht»; denn es «regiert die Sehnsucht nach Gleichheit und Sicherheit», sodass sich nach «Jahrhunderten staatlicher Obhut (...) viele ein Leben in eigener Regie nicht einmal mehr vorstellen» können (2005, S. 148). Im Kern versprechen sich Deutsche vom Staat allgemeine und soziale Sicherheit. Dies rückt in den Hintergrund, dass jede staatliche Sicherungsleistung auch eine Freiheitseinschränkung darstellt. Neben dem Sicherheitsbedürfnis wirkt das mangelnde Selbstbewusstsein des deutschen Bürgertums nach, das das Politische lange dem Staat überlassen musste. Ein Philosoph wie Hegel lieferte wirkungsmächtig den Überbau hierzu, indem er jedenfalls in den Augen vieler Leser den preußischen Staat als den Zielpunkt der Sittlichkeit auszeichnete.

In Deutschland dominiert eine Koalition von Etatismus und Moralisierung bei gleichzeitiger Diffamierung des Ökonomischen und des Nützlichkeitsdenkens als egoistisch, neoliberal und unmoralisch. Es besteht eine Neigung, einen idealisierten, auf das Gemeinwohl bedachten Staat mit einer schlechten Realität des Ökonomischen zu konfrontieren. Fairerweise müsste man aber entweder beide Seiten auf der Konzeptebene miteinander vergleichen oder die Realitäten von Staat und Ökonomie. Etatismus und Verachtung der Ökonomie gehen so Hand in Hand, sodass die Welt der Ökonomie als egoistische Interessenvertretung abgelehnt und oft aus dem kulturellen Kanon ausgegrenzt bleibt. All dies steht für den Ökonomen Hans-Werner Sinn schon in einer historischen Dimension:

«Wir Deutschen neigen dazu, Handelsgewinne eher herabzuwürdigen, und lassen nicht zu, dass sie auf die gleiche Stufe wie die unmittelbaren Früchte fleißiger menschlicher Arbeit gestellt werden. Das sind Reste überkommener Ideologien, die sich in der Nazizeit und auch schon vorher in unseren Köpfen eingenistet haben. Aber Handelsgewinne sind die Quelle des menschlichen Wohlstandes an sich. Die Erfindung der Märkte, auf denen Waren getauscht werden konnten, war wahrscheinlich die größte kulturelle Leistung der Menschheit» (2004, S. 86).

Wenn man Ökonomie als ein Subsystem versteht und die Moderne zugleich als funktional differenziert deutet, dann ist es illusionär zu glauben, dass der Staat als zentrale Ordnungsinstanz gesellschaftliche Gerechtigkeit realisieren kann. Staatliches Handeln markiert selbst ein eigenes Subsystem, das von Bürokratie, Recht und (hoffentlich) von Demokratie geprägt wird und damit nicht ohne weiteres gestaltungsfähig ist für Ökonomie. Gerechtigkeit gehört dementsprechend in die Rahmenordnung der Wirtschaft und sollte nicht als Aushebelung der Ökonomie gedacht werden. Die Eigendynamik von Ökonomie und Recht lässt sich nicht so einfach diskursiv bändigen. Die deutsche Konsenssehnsucht erhofft aber genau dies – die Zurückführung des Ökonomischen und Rechtlichen in die Gemeinschaft der Wohlmeinenden.

Im Hintergrund von Gerechtigkeitsdebatten steht oft das Ausbeutungstheorem, das suggeriert, dass einige weltweit oder innerhalb einer Nation reich sind, weil andere arm sind. Armut wäre demnach die Folge eines verkappten Diebstahls. Gerechtigkeit heißt auf der Basis dieser empirischen Implikation dann primär Umverteilung und politisch veranlasste Verhinderung des Diebstahls. Hinter dem Ausbeutungstheorem steht gedanklich das Modell des bereits in einer fixierten Größe gebackenen Kuchens: Reichtum und Wohlstand sind dann wie ein Kuchen als eine feststehende Summe zu verstehen, die möglichst gerecht zu verteilen ist. In Wirklichkeit sind Reichtum und Wohlstand jedoch variable Größen, sodass Reichtum im Prinzip auf Kosten von niemandem zugleich allen zugutekommen kann. Die Herausforderung besteht darin, harte Umverteilungsdebatten von Kuchenstücken zu vermeiden, indem an einer produktiven Vergrößerung des Kuchens gearbeitet wird, und sich so dem Ideal der Gerechtigkeit anzunähern, ohne dabei ökonomische Dynamik und Freiheit abzuwürgen.

Auch die Verteilung von Erwerbsarbeit ist kein Nullsummenspiel, die als fixe Größe einfach nur gerecht verteilt werden müsste. Deshalb lassen sich Arbeitszeitverkürzungen nicht direkt in neue Arbeitsplätze umrechnen. Hannah Arendts Diagnose aus dem Jahre 1958 kann heute auf verbreitete Zustimmung setzen: «Was uns bevorsteht, ist die Aussicht auf eine Arbeitsgesellschaft, der die Arbeit ausgegangen ist, also die einzige Tätigkeit, auf die sie sich noch versteht» (1981, S. 11 f.). Aus dieser Diagnose resultiert für Hannah Arendt eine doppelte Tragik: Zum einen ist die Arbeit in der Neuzeit fälschlicherweise in den Mittelpunkt der Existenz gerückt, und zum anderen gibt es dann in dieser Arbeitsgesellschaft noch nicht einmal mehr genug Arbeit. Auf den Spuren von Hannah Arendt gedacht, müsste man dann anstreben, die neuzeitliche Umwertung der Werte zugunsten der Arbeit wieder rückgängig zu machen, um auf diese Weise dem Ende der Arbeit nicht schutzlos ausgeliefert zu sein. Unter ökonomischen Aspekten ist allerdings ihre Diagnose fragwürdig und begünstigt die kritikwürdige Vorstellung von Arbeit als einer fixierten Größe, die nur auf Verteilung wartet. Nicht nur in Deutschland besteht jedoch ein Mangel an qualifizierten Arbeitskräften (zum Beispiel bei Ingenieuren, im Handwerk und in der Gastronomie) bei gleichzeitiger Arbeitslosigkeit besonders von gering oder nicht marktgängig qualifizierten Menschen. Dies wird sich in den nächsten Jahren durch die demographische Entwicklung noch verschärfen. Die Stärke von Hannah Arendts Überlegungen liegt eher in der Reflexion des Verhältnisses von Arbeit und Lebenssinn für den Einzelnen als in einer Anweisung zur Reform des Arbeitsmarktes.

«Staatsphobie» und die Chancen der Wirtschaftsethik

Michel Foucault hat bei seiner Beschäftigung mit der Geschichte der Gouvernementalität den Ausdruck der Staatsphobie geprägt (2004, S. 113). In seinen Analysen wehrt sich Foucault dagegen, staatliches Handeln ausschließlich in der Tradition des Totalitarismus des 20. Jahrhunderts zu sehen (den er weniger als Ausdruck staatlichen Überschwangs sieht, sondern als Ausdruck ideologischer Parteien). Stattdessen arbeitet er in Übereinstimmung mit der Freiburger Schule der Nationalökonomie heraus, dass gerade eine freie Ökonomie enorm viel staatliche Wachsamkeit und ein geschicktes staatliches Rahmenhandeln benötigt; denn «der Wettbewerb ist» ein «Ziel der Regierungskunst» (S. 173). Anders als eine Planwirtschaft, die es aufgrund ihrer permanenten Eingriffe in die Entscheidungsfreiheit «nicht vermeiden» kann, «politisch kostspielig zu sein», begünstigt die staatliche Ermöglichung des Wettbewerbs eine «Neuformierung der Gesellschaft nach dem Modell des Unternehmens» (S. 250 und 334).

Auch wenn es in vielen gesellschaftlichen Feldern große Vorteile bringt, staatliches Handeln zurückzudrängen, ist damit nicht impliziert, dass die staatliche Gesamtverantwortung schwindet. Der Staat als Verantwortungsträger für die Rahmengestaltung bleibt gefordert, auch wenn der Staat diese Verantwortung nicht mit eigenem Handeln untersetzt, sondern private Träger mit der Durchführung beauftragt. Foucault analysiert in überraschender Übereinstimmung mit den Freiburgern geschickte «Disziplinartechniken» zur Gestaltung der Ökonomie (S. 102). Gerade wenn direkte Eingriffe in die Ökonomie wie zum Beispiel bei der Subventionierung maroder Wirtschaftszweige ein Tabu bilden, kommt es umso mehr auf geschickte Spielregeln an. In Gefahr und größter Not sind viele Akteure an den Märkten auch froh, wenn der Staat als letzter Retter fungiert und bei Marktversagen den Kollaps des Systems verhindert.

In der Ökonomie wird oft ein bestimmtes Bild, das den Menschen als kurzfristigen und egoistischen Nutzenmaximierer sieht, begünstigt. Doch gibt es den Homo oeconomicus auch im realen Leben? Etzioni (1996) hat herausgearbeitet, dass Menschen sich in ihren Handlungsorientierungen viel stärker am Altruismus orientieren, als es ein bestimmtes

Verständnis des Ökonomischen nahelegt. In allen Humanwissenschaften kann man Menschenbilder rekonstruieren und entsprechende Einseitigkeiten diagnostizieren. Heute wird in der Ökonomie aber durchaus thematisiert, dass die meisten realen Menschen nicht dem vermeintlichen Ideal des Homo oeconomicus folgen.

Systemimperative wirken dementsprechend in der Ökonomie nicht ‹pur›, sondern Akteure in der Ökonomie (Individuen, Gemeinschaften) setzen sie um und haben einen prinzipiellen Spielraum für eine gewissenhafte und verantwortliche Auslegung der ökonomischen Zwänge. Es ist einer der technokratischen Mythen, der lange Jahre gerne auch von marxistischen Kritikern des Kapitalismus übernommen worden ist, dass geldorientierte Systemimperative direkt – quasi subjektlos – wirken. Nun wird man freilich einräumen müssen, dass ökonomisches Handeln nicht den Freiraum hat, *alles* zu realisieren (es sei denn um den Preis der Pleite eines Unternehmens oder des internationalen Ruins eines Landes). Doch hieraus folgt keineswegs eine zwangsläufige Alternativlosigkeit, die ökonomischem Handeln allzu oft zugesprochen wird. Es ist eben eine Geschicklichkeit eigener Art, in der Welt des Ökonomischen selbstgesetzte Vorhaben und damit beispielsweise auch ethisch motivierte Ziele zu realisieren: «Erfolgt eine ökonomische Entscheidung unter Ungewißheit, ist es prinzipiell möglich, personal-moralische Normen in der Entscheidung zu berücksichtigen» (Lay 1990, S. 206). In der systemischen Welt der Ökonomie spielt Vertrauen eine erstaunlich große Rolle, da alles in eine Schockstarre verfällt, wenn es fehlt. Auch beim Aushandeln und Schließen von Verträgen hilft Vertrauen zwischen den Partnern, insofern nicht alles minutiös geregelt und nach Vertragsabschluss kontrolliert werden kann (Fukuyama 1995).

Auf der Basis der Wirtschaftsethik (zum Beispiel bei Koslowski 1986, Ulrich 2002; Homann/Blome-Drees 1992 und Steinmann/Löhr 1994) ergibt sich keine grundsätzliche Überwindung der Systemimperative der Ökonomie: Denn einerseits ist eine funktional differenzierte Gesellschaft mit einem starken ökonomischen Sektor und einem freien Markt zunächst mit Absicht ethisch indifferent; andererseits gefährdet eine zentralistische Gesellschaft mit einer dominanten Planungseinrichtung die Freiheit (ganz zu schweigen von den ineffektiven bürokratischen

Nebeneffekten). Es bleibt also für die Realisierung von Gerechtigkeit das immer neu auszutarierende Dilemma, wie Effektivität und Freiheit einer Marktgesellschaft mit der Orientierung an Gerechtigkeit kombiniert werden können.

«Sphären der Gerechtigkeit»

Der Gedanke der funktionalen Differenzierung enthält indirekt bereits eine Grenzziehung des Ökonomischen, insofern Geld das Medium im Subsystem Wirtschaft ist, während es in den anderen Subsystemen prinzipiell keine steuernde Wirkung hat. Dieser von Luhmann rein deskriptiv herausgearbeitete Punkt lässt sich normativ wenden, insofern Ökonomie in all ihren Begriffsbedeutungen nur in einem Teil des gesellschaftlichen und überhaupt menschlichen Lebens zentral sein sollte. Selbst wenn Krankenhäuser, Theater und Universitäten effektiv, marktorientiert und unter Nutzung des Mediums Geld organisiert wären, liegt ihr Daseinszweck immer noch außerhalb der Sphäre des Ökonomischen, und ihre Qualität bemisst sich nicht an der Ökonomie, sondern an der Gesundheit der Patienten, der Zufriedenheit der Besucher und der Bildung ihrer Studierenden.

Michael Walzer hat diesen normativen Aspekt auf den Spuren von Aristoteles als die Eigengesetzlichkeit der Anwendungssphären thematisiert, die zu einer gegenseitigen Relativierung des Einflusses der Sphären führt: «Jedes Gut soll nach den Geltungskriterien seiner eigenen ‹Sphäre› zugeteilt werden» (1992, S. 12). Dies verhindert bei Walzer die Dominanz einer gesellschaftlichen Sphäre, sodass «die besten Politiker, Unternehmer, Wissenschaftler, Soldaten und Liebhaber» zu Recht in den Genuss ihrer Stärken und auch Privilegien kommen, «solange die Güter, die sie besitzen, ihnen keine weiteren Güter eintragen» (S. 50). Selbst andere dominierende Leistungen in einzelnen Sphären bleiben erwünscht, insofern sie nicht dazu führen, dass Bevorzugungen aus einer Sphäre in andere abstrahlen. In Entgegensetzung zur einförmigen Gleichheit setzt Walzer eine pluralistisch verstandene Gerechtigkeitsvorstellung der gleichen Berücksichtigung, die aber in der Anwendung Unterschiede zulässt. Dies verändert den Gerechtigkeitsbegriff selbst: «Gerechtigkeit ist kein absoluter, sondern ein relativer Begriff, dessen je konkreter Inhalt in Relation steht zu bestimmten sozialen Zielen und Sinngehalten» (S. 440).

In der Debatte um soziale Gerechtigkeit ermöglicht Walzers Prinzip der Sphärengerechtigkeit eine Freisetzung ökonomischer Dynamik bei gleichzeitiger Eindämmung des ökonomischen Denkens auf die ihr zukommende gesellschaftliche Sphäre. Wenn beispielsweise ökonomische Kriterien bei der Organisation von Krankenhäusern genutzt werden, so muss dies letztlich – wenn eine solche Ökonomieorientierung legitim sein soll – allein der Gesundheit der Patienten zugutekommen. Für Walzer ist dabei «sicherzustellen, dass die in der Geldsphäre erlittenen Verletzungen nicht todbringend sind, nicht für das Leben und nicht für den sozialen Status» (S. 166 f.). Dahinter steht für Walzer das folgende Prinzip: «Kein soziales Gut X sollte ungeachtet seiner Bedeutung an Männer und Frauen, die im Besitz eines anderen Gutes Y sind, einzig und allein deshalb verteilt werden, weil sie dieses Y besitzen» (S. 50). Wer als Unternehmer oder als Tennisspieler erfolgreich ist, sollte beispielsweise nicht auch noch einen Bonus als Patient erhalten.

In der ethischen Reflexion der Anwendungssphären differenziert Walzer zwischen einem moralischen Minimalismus mit ‹dünnen› und einer maximalistischen Moral mit ‹dichten› Beschreibungen, die jeweils «für unterschiedliche Kontexte geeignet sind und verschiedenen Zwecken dienen» (1996, S. 15). In irgendeiner Weise sind moralische Perspektiven in allen Anwendungssphären präsent; doch Walzer warnt davor, aus moralischer Sicht alle Konflikte aufzuladen. Insbesondere sieht er die Gefahr, dass Fragen der sozialen Verteilungsgerechtigkeit moralisch überfrachtet werden. In Übereinstimmung mit Luhmann plädiert Walzer für Zurückhaltung, was die Moralisierung von Fragen der sozialen Gerechtigkeit angeht, und akzeptiert Interessenverfolgung ebenso wie systemische Eigendynamik.

Zwei-Reiche-Lehre

Ein besonderes Problem der einseitigen Orientierung an der Ökonomie liegt in der Ausbreitung eines Leistungsprinzips auch außerhalb der Sphäre der Märkte und des Geldes. Das Leistungsprinzip, das als Verallgemeinerung der Ökonomie₃ mit einer Orientierung des Lebens an Rentabilität daherkommt, fordert nicht mehr nur eine möglichst erfolgreiche Erledigung der Arbeit, sondern bezieht jetzt Freizeitwerte, die Ästhetik von Kleidung, Körper und Wohnung ebenso ein wie Freundschaftsfähigkeit und Sexualität. Die Allgegenwart des Leistungsprinzips führt tendenziell zu einer Abkapselung der Individuen, weil es immer weniger Schonräume gibt. Schon der Gang zum Bäcker kann sich zum Hindernislauf in Sachen Leistung entwickeln: Sehe ich heute glücklich und attraktiv genug aus? Gelingt es mir, die Erlebnisse des gestrigen Abends euphorisch genug darzustellen (falls ich jemanden treffe)? Bin ich im Dialog mit dem Verkäufer über die Brötchenwahl schlagfertig und witzig genug? Eine solche vom Leistungsprinzip dominierte Lebensform ist auf Dauer nicht zu ertragen, weil sie das ganze Leben als Kampfzone ausgestaltet.

Nicht nur aus normativen, sondern schon aus funktionalen Gründen sind die primären Lebensbeziehungen gegen die Universalität des Geldes und des Leistungsprinzips so gut es geht zu schützen. Deshalb sollte eine Zwei-Reiche-Lehre für die Welt der Ökonomie (nicht nur der Ökonomie₃) leitend sein. Im Neuen Testament heißt es: «So gebet dem Kaiser, was des Kaisers ist, und Gott, was Gottes ist» (Matthäus 22, 21; vgl. Römer 13). Vielleicht lässt sich dies heute übersetzen als: «So gebt dem ökonomischen System, was dem Ökonomischen gehört, und dem menschlichen Leben, was dem Leben gehört.» Martin Luthers· Version der Zwei-Reiche-Lehre gilt zu Recht als Beitrag zugunsten autoritärer Staatsmodelle in Deutschland; deshalb soll dieser sprachliche Ausdruck nicht an diese Tradition erinnern, sondern lediglich dualistische (bzw. pluralistische) Assoziationen wecken, die beispielsweise auch in Jürgen Habermas' Abgrenzung von System und Lebenswelt (1981) tragend geworden sind. Eine Zwei-Reiche-Lehre entspricht zugleich der bei Walzer aufgegriffenen aristotelischen Einsicht, dass auch zur Ökonomie ein richtiges Maß gehört, insofern zu viel und zu wenig Ökonomie gleichermaßen Probleme aufwirft. Gesellschaftlich missachten wir in der Bundesrepublik Deutschland die Dimension des Ökonomischen allzu sehr, indem wir uns nur dem Programm nach an Marktwirtschaft orientieren, aber die Effektivität und die Freiheit der Märkte tatsächlich oft ignorieren. Gleichzeitig können wir feststellen, dass es existentiell ein Zuviel an Ökonomie gerade in Sphären gibt, in denen Ökonomie nichts zu suchen hat. So ist die These, dass unsere Gesellschaft von der ökonomischen Perspektive dominiert wird, einseitig; denn ein Großteil der gesellschaftlichen Institutionen – selbst innerhalb der Wirtschaft – ist ineffizient organisiert (z. B. im staatsorientierten und oft besonders riskant agierenden Landesbankensystem). Die Diagnose, dass es sowohl zu wenig als auch zu viel ökonomische Orientierungen gibt, gilt ebenso in der sozialen als auch der individuellen Perspektive – allerdings in der unterschiedlichen Akzentsetzung, dass jeder Einzelne immer noch für sich eine Grenzziehung versuchen kann, selbst wenn im Gesellschaftlichen eine vollständige Ökonomisierung propagiert wird.

Ökonomie und Flexibilität sind nicht alles

In Arbeitsverhältnissen und Institutionen wird man Loyalität nur in einer symmetrischen Form erwarten können: Wenn anstellende Institutionen die Flexibilität des Menschen (so Sennett 1998) über alles stellen und von ihren Mitgliedern erwarten, dann können sie nicht zugleich die Tugend der hingebungsvollen Loyalität fordern. Corinne Maier hat in ihrer *Entdeckung der Faulheit* die Nichtloyalität des modernen Menschen anarchisch zugespitzt, um ein Widerstandspotenzial von Arbeitnehmern in der globalisierten Arbeitswelt zu erschließen. Weil die heutigen globalisierten Institutionen systemisch nur ihre eigene Effektivität vorantreiben, sieht Maier eine Herausforderung für den Einzelnen darin, das eigene protestantische Arbeits- und Leistungsethos zu vergessen und zum strategischen Interessenmaximierer gegen die eigene Institution zu werden. Wenn Institutionen die Loyalität ihrer Mitglieder erhalten wollen, müssen sie in der Tat etwas dafür tun, um Verpflichtungen als solche in beide Richtungen zu gewährleisten oder wieder neu zu schaffen. Loyalität ist jedenfalls keine einseitige Verpflichtung des Arbeitnehmers.

Eine unbeschränkte Orientierung an größerer Effektivität dürfte allerdings auf die Dauer auch die Effektivität selbst untergraben. Kurzsichtige Strategien der bloßen Effektivitätssteigerung neigen dazu, nach gewisser Zeit umzuschlagen, da sich Menschen innerhalb und außerhalb der Wirtschaft, wenn sie rein auf funktionale Handlungsträger reduziert werden, als entfremdet erleben. Handlungen entgegen den akzeptierten Lebensprinzipien hindern Menschen in ihrem Arbeitseifer, wohingegen ethisch entgegenkommende Strategien Menschen auch zu größerer Effektivität anspornen können. So dürfte es Grenzen der Flexibilisierung geben, die nicht nur ethischer Art sind, sondern in der ökonomischen Effektivität selbst liegen: Es wäre ein Irrglaube, anspruchsvolle Tätigkeiten auf Dauer nur oder überwiegend mit flexiblen Honorarkräften und Arbeitenden mit Fristverträgen leisten zu können. Für viele Menschen ist in ihrem Leben Verlässlichkeit (auch des Arbeitsplatzes in der Zukunft) eine Voraussetzung für Engagement, Kreativität und Verantwortung. Deshalb gehören die Bereitschaft zur Flexibilität aufseiten des Mitarbeiters und Verlässlichkeit aufseiten des Unternehmens auch in der gegenwärtigen Ökonomie zusammen.

Zitierte Literatur

Arendt, H.: Vita activa. Oder: Vom tätigen Leben. München/Zürich 1981.

Etzioni, A.: Die faire Gesellschaft. Jenseits von Sozialismus und Kapitalismus. Frankfurt/M. 1996.

Foucault, M.: Geschichte der Gouvernementalität II: Die Geburt der Biopolitik. Frankfurt/M. 2004.

Fukuyama, F.: Konfuzius und Marktwirtschaft. Der Konflikt der Kulturen. München 1995.

Habermas, J.: Theorie des kommunikativen Handelns. 2 Bde. Frankfurt/M. 1981.

Hardt, M./Negri, A.: Empire. Cambridge/London 2000.

Hayek, F. A.: Der Weg zur Knechtschaft. Landsberg (Lech) 1991.

Hohmann, K./Blome-Drees, F.: Wirtschafts- und Unternehmensethik. Göttingen 1992.

Horkheimer, M./Adorno T. W.: Dialektik der Aufklärung. Philosophische Fragmente. Frankfurt/M. 1969.

Koslowski, P.: Ethik des Kapitalismus. Tübingen 1986 (3. Aufl.).

Lay, R.: Die Macht der Moral. Unternehmenserfolg durch ethisches Management. Düsseldorf/Wien 1990.

Luhmann, N.: Die Wirtschaft der Gesellschaft. Frankfurt/M. 1988.

Maier, C.: Die Entdeckung der Faulheit. Von der Kunst, bei der Arbeit möglichst wenig zu tun. München 2005.

Sennett, R.: Der flexible Mensch. Die Kultur des neuen Kapitalismus. Berlin 1998.

Simmel, G.: Philosophie des Geldes. Frankfurt/M. 1989.

Sinn, H.-W.: Ist Deutschland noch zu retten? München 2004.

Sofsky, W.: Das Prinzip Sicherheit. Frankfurt/M. 2005.

Steinmann, H./Löhr, A.: Grundlagen der Unternehmensethik. Stuttgart 1994.

Ulrich, P.: Der entzauberte Markt. Eine wirtschaftsethische Orientierung. Freiburg (Breisgau) 2002.

Walzer, M.: Sphären der Gerechtigkeit. Ein Plädoyer für Pluralität und Gleichheit. Frankfurt/New York 1992.

—: Lokale Kritik – globale Standards. Zwei Formen moralischer Auseinandersetzung. Hamburg 1996.

Weber, M.: Die protestantische Ethik und der Geist des Kapitalismus. München 2004.

Ergänzende Literatur

Baecker, D.: Womit handeln Banken? Eine Untersuchung zur Risikoverarbeitung in der Wirtschaft. Frankfurt/M. 1991.

—: Die Form des Unternehmens. Frankfurt/M. 1993.

Becker, G. S.: Der ökonomische Ansatz zur Erklärung menschlichen Verhaltens. Tübingen 1993.

Forrester, V.: Der Terror der Ökonomie. München 1997.

Höffe, O.: Wirtschaftsbürger – Staatsbürger – Weltbürger. Politische Ethik im Zeitalter der Globalisierung. München 2004.

Kurbjuweit, D.: Unser effizientes Leben. Die Diktatur der Ökonomie und ihre Folgen. Reinbek 2003.

Priddat, B. F.: Theoriegeschichte der Wirtschaft. München 2002.

Simone Dietz
11. Lügen Bilder?
Das Wahrheitsproblem in der Mediengesellschaft

Sie sitzen in einem dunklen Raum und schauen gebannt auf die bewegten Lichteffekte an der Wand. Sie hören Geräusche und Stimmen, die sie den Figuren auf der Wand zuordnen. Sie sprechen kaum miteinander und reagieren abwehrend bis aggressiv, als sie aufgefordert werden, den Raum zu verlassen und nach draußen zu gehen, weil das, was sie sehen, bloßer Schein und keine Wirklichkeit sei: Fußballfans, die die Übertragung eines Meisterschaftsspiels verfolgen? Jugendliche vor dem Computer oder Kinder vor dem Fernseher? Akademiker bei einer Power-Point-Präsentation oder Aktienhändler vor den Digitalanzeigen der Börsenkurse? Das Szenarium von Platons Höhlengleichnis (Politeia 514a–517b) ist geeignet, viele Assoziationen zu unserer Gesellschaft herzustellen, sodass die Erzählung wie eine erstaunliche Voraussicht auf die Dominanz der audiovisuellen Massenmedien im 21. Jahrhundert erscheint. Stehen wir nicht, genau wie die Gefangenen in Platons Höhle, im Bann der Bilder, die uns überall umgeben? Ein Leben ohne Massenmedien, ohne die in Windeseile weltweit verbreiteten Bilder und Informationen können wir uns kaum noch vorstellen. Die globale Zirkulation von Waren und Rohstoffen, von Geld und Macht ist abhängig vom System der Kommunikationskanäle. In der eigenen Wohnung zu bleiben und Öffentlichkeit zu erleben, allein zu sein und gleichzeitig mit beliebig vielen anderen zu kommunizieren – das stellt im 21. Jahrhundert kein Paradox mehr dar. Wer die Welt der Massenmedien als täuschende Scheinwelt angreift, aus der wir uns befreien müssten, bringt sich selbst in die Rolle eines Außenseiters, der die moderne Gesellschaft nicht versteht. Reagieren wir also ebenso abwehrend wie die Gefangenen in Platons Höhle auf das Ansinnen, uns dem Bann der bewegten Bilder zu entziehen? Ist die Weigerung, den grundsätzlichen Wert der Massenmedien in Frage zu stellen, Ausdruck eines besseren Wissens oder bloßer Bequemlichkeit?

Seit Walter Benjamin, Theodor W. Adorno und Günther Anders als Theoretiker der Massenkultur zu Beginn des 20. Jahrhunderts Fotografie,

Film und Fernsehen zum Gegenstand der Gesellschaftskritik machten, wurde immer wieder der Zusammenhang zwischen Platons Gleichnis und den Massenmedien hergestellt (Sontag 1978; Meyer 1992). Inzwischen ist ‹Platons Höhle› ein verbreitetes und beliebtes Stichwort der Kultur- und Medienkritik geworden (Fehr u. a. 1995). Der moderne Medienkonsument sei wie Platons Höhlenbewohner auf Bilder fixiert, er hat die wirkliche Welt aus den Augen verloren und verhält sich, als seien Schattenspiele realer als die Realität. Um etwas zu erleben oder um zu erfahren, was geschieht, wendet er sich nicht den Ereignissen selbst zu, sondern dem Bildschirm – so die Kritik.

Gerade weil der Vergleich zwischen den platonischen Höhlenbewohnern und uns so nahe zu liegen scheint und gerade weil er so häufig zitiert wird, empfiehlt es sich, ihn etwas genauer zu betrachten. Platons Erkenntnis- und Bildkritik, die mit der Form des Gleichnisses selbst in einem sprachlichen Bild präsentiert wird, ist vielschichtig. Die Bezüge dieser Kritik zur modernen Medienkritik sind begrenzter, als es auf den ersten Blick scheinen mag. Das Gleichnis vertritt nicht nur eine besondere Auffassung von Wahrheit, es lässt auch viele Aspekte offen, die für eine Thematisierung moderner Massenmedien zentral sind. Wird dies übersehen, führt der Bezug auf Platons Gleichnis dazu, ein zeitgebundenes Thema auf falsche Weise mit der Aura der ‹ewigen Fragen› zu verbrämen. Wenn wir die Wände der Mediengesellschaft also nicht mit einem verkitschten Höhlenpanorama tapezieren möchten, sondern philosophisch darüber nachdenken wollen, was die Bedeutung der massenmedialen Botschaften in unserer Gesellschaft ausmacht, müssen wir die Analogie zu Platons Gleichnis genauer bestimmen. In welcher Hinsicht könnte die Bilderwelt der Massenmedien eine täuschende Scheinwelt sein? Um welche Art der Täuschung handelt es sich, wie wird Realität dadurch verstellt? Wie kommt die Täuschung zustande und welche Rolle spielen die Medien dabei? Liefern sie gefälschte Bilder? Lenken sie von den wahren Gegenständen ab, denen wir uns zuwenden sollten? Bedienen sie die falschen, ‹niederen› Vermögen und verhindern auf diesem Weg Aufklärung und Erkenntnis?

Platons Höhle

In Platons Gleichnis werden die Schatten an der Höhlenwand hervor-
gerufen durch Gegenstände, die im Rücken der Gefangenen an einem
Feuer vorbeigetragen werden. Von dort stammen auch die Geräusche
und Stimmen, deren Echo die Gefangenen hören. Wer die Menschen sind,
die dort Gegenstände herumtragen, und warum sie es tun, beantwortet
Platon nicht. Auch die Frage, wie es dazu kommt, dass ein Gefangener
die Höhle verlassen kann, bleibt offen. Der Weg aus der Höhle, der den
Geblendeten vom Bann der Schatten befreien soll, führt zunächst zu den
Gegenständen der wirklichen Welt, die im Sonnenlicht außerhalb der
Höhle sichtbar werden, aber er endet dort nicht. Die Gegenüberstellung
von scheinhaften Lichtreflexen und empirischen Gegenständen, von ir-
regeführter und zutreffender Sinneserfahrung ist nicht die Aufklärung,
die Platon im Sinn hat. Die vergängliche Welt des Irdischen draußen vor
der Höhle ist nur eine Zwischenstation auf dem Weg zum Ideenhimmel.
Das Ziel der Suche ist die Idee des Guten, die sich nicht in sinnlicher Anschauung zeigt und auch nicht über formale Begriffe erschließen lässt,
sondern sich in intuitiver Einsicht erst demjenigen offenbart, der auch
noch die empirische und mathematisch-logische Welt hinter sich gelassen hat.

Mit diesem Ausgang, der nach den bewegten Bildern an der Wand
auch die Gegenstände der direkten empirischen Erfahrung als Schein
entlarvt, wirkt Platons Geschichte weit weniger modern, als es die As-
soziation von Höhlenwand und Bildschirm zunächst nahelegt. Die Auffassung, empirische Erfahrung sei keine Erkenntnis, sondern bloßes Vermuten, das Wahre zeige sich durch reine Geisteskraft und Ideenschau,
wirkt wenig überzeugend in einer Gesellschaft, die sich zutraut, durch
empirisches Wissen und technisches Können die ganze Welt neu zu gestalten, und die sich dabei weniger auf die Stabilität ewiger Wahrheiten
verlassen will als auf die Dynamik der Korrigierbarkeit von Irrtümern.
Was wahr ist, können wir vielleicht nicht nur durch sinnliche Wahrnehmung erfahren, aber auch nicht ohne sie. Die Wahrheit, auf die wir
es abgesehen haben, wenn wir davon sprechen, dass wir wissen wollen,
wie etwas wirklich ist, stützt sich auf Begriffe und sinnliche Anschau-

ung. Die grundsätzliche Fehlbarkeit der Sinnlichkeit wird dabei in Kauf genommen, solange wir über Kriterien zur Korrektur von Irrtümern verfügen. Gerade dies wird von Platons Höhlengleichnis jedoch unter den Vorbehalt des Scheinhaften gestellt. Seine Kritik richtet sich nicht gegen die Form der Anschauung überhaupt, sondern gegen die Sinnlichkeit. Das Verhältnis von künstlichem Abbild und natürlichem Gegenstand bleibt aus seiner Sicht im Bereich der Vergänglichkeit und des Scheins, deshalb entfernt jedes weitere künstliche «Nachbild» uns nur weiter von der Wahrheit (Politeia 597). Erst der Rückgang vom Abbild auf das Urbild, das Platon zufolge aller menschlichen Erfahrung zugrunde liegt, führt zu einer Erkenntnis des Wahren und Guten mit Ewigkeitswert.

Der zentrale Anknüpfungspunkt, der die Kritik der modernen Mediengesellschaft mit Platons Gleichnis verbindet, ist nicht seine Idee der Wahrheit, sondern vielmehr das Misstrauen gegen die Suggestivkraft der Bilder, gegen ihren Illusionscharakter und den besonderen sinnlichen Reiz, mit dem sie uns in ihren Bann schlagen (Belting 2001, S. 173). Der Kontext, in dem diese Bildkritik jeweils steht, unterscheidet sich in wichtigen Hinsichten. Vor allem die Rolle der Personen, die in Platons Höhle die Schatten hinter dem Rücken der Gefangenen erzeugen, kann von einer Kritik der modernen Massenmedien nicht außer Acht gelassen werden. Der Unterschied zwischen natürlichen und künstlichen Bildern, zwischen Zeichen als bloßen Symptomen kausaler Vorgänge oder als Bedeutung tragenden kulturellen Symbolen ist grundlegend für die Bestimmung des medialen Scheins. Massenmedien gehören zur sozialen Welt, die durch Kommunikation zwischen Personen gestiftet wird. Die Täuschung, mit der wir es in der Mediengesellschaft zu tun haben, bezieht sich nicht auf unsere Wahrnehmung im Allgemeinen, sondern auf einen besonderen Bereich, den Bereich der durch Massenmedien erzeugten Bilder. Dabei ist vorausgesetzt, dass wir auch über eine Wahrnehmung jenseits dieser Bilder verfügen und die Medienbilder als künstliche Bilder grundsätzlich von anderen Gegenständen unserer Wahrnehmung unterscheiden können. Wenn trotzdem eine Parallele gezogen wird zu der umfassenden Täuschung der gefangenen Höhlenbewohner, die gar nichts anderes kennen als die Schatten an der Wand, dann muss begründet werden, wie das Wissen um die Differenz zwischen der natürlichen und der künstlichen Welt in der Mediengesellschaft unwirksam werden kann. Dafür müssen wir zwischen verschiedenen Arten der Täuschung unterscheiden, die den Bildern der Massenmedien zugeschrieben werden können. Es geht hier nicht allein um Erkenntnisfragen, sondern auch um Fragen der Lebensform – die Täuschung kann eben auch darin liegen, dass wir vom Wesentlichen abgelenkt werden, obwohl wir genau wissen, dass es künstlich erzeugte Bilder sind, die uns in ihren Bann schlagen.

Der Illusionscharakter der Bilder

Wodurch täuschen Bilder? Können Bilder überhaupt lügen, ohne in Worte übersetzt zu werden? Sicher ist: Bilder können uns täuschen. Ob diese Täuschung auch als Lüge bezeichnet werden kann, hängt nicht zuletzt davon ab, was wir unter einer Lüge verstehen. Im engeren Sinn sind Lügen eine sprachliche Form der Täuschungshandlung. Wer lügt, behauptet etwas, das seiner eigenen Überzeugung widerspricht, wobei er den Widerspruch bewusst und vor den Adressaten verdeckt zu bestimmten Zwecken einsetzt. Ob ein Bild lügt, hängt nach dieser Definition davon ab, ob es etwas behauptet. Das Bild selbst handelt aber nicht. Liegt die Täuschung also im Betrachter selbst, der den symbolischen Gehalt eines Bildes als Behauptung auffasst? Wir sehen Bilder von einem wunderschönen Palmenstrand und glauben, es handele sich um eine paradiesische Gegend. Sind wir dort, stellen wir fest, dass sich direkt neben dem Strand eine laute, hässliche Autostraße befindet. Wir haben uns also geirrt und die Bilder falsch gedeutet oder doch zumindest falsche Schlüsse daraus gezogen. Wenn es sich nun aber um Werbung für Reisen in fremde Länder handelt, ist es weniger abwegig, von einer Lüge zu sprechen. Auch dann sind es allerdings nicht die Bilder selbst, die gelogen haben, sondern der Reiseveranstalter, der sie aus Verkaufsinteresse bewusst zur Täuschung eingesetzt hat. Genauer müssen wir also sagen: Man kann mit Bildern lügen, indem man sie als Mittel der Behauptung verwendet. Das Beispiel verdeutlicht auch, warum Bilder zum Lügen und Betrügen sogar besser geeignet sein können als die Sprache. Ein Bild kann den Betrachter dazu verleiten, falsche Schlüsse zu ziehen, ohne dass der Betrüger selbst direkt etwas behaupten muss. So wird es schwieriger, ihn für den entstandenen Irrtum zur Verantwortung zu ziehen.

Entscheidend für die Frage, ob es sich um einen täuschenden Gebrauch in betrügerischer Absicht handelt oder um einen Irrtum, der dem Betrachter unterlaufen ist, sind Konventionen der Bildverwendung. Diese Konventionen können informelle Üblichkeiten des Alltags sein oder juristisch streng geregelte Verfahren. In beiden Fällen dienen sie unserer Orientierung bei der Bilddeutung. Ein Bild kann als Abbildung eines realen Gegenstandes, also wie eine Beschreibung oder Existenzbehauptung eingesetzt werden; es kann wie eine fiktive Geschichte der Unterhaltung dienen und als erwünschter ästhetischer Reiz wirken. Es kann als Anklage, als Aufruf, als Wegweiser fungieren und uns zu etwas auffordern. Erst die Kenntnis gemeinsamer Konventionen der Bildverwendung ermöglicht es, die Bedeutung von Bildern als Kommunikationsmittel zu erfassen. Ob es sich um Verkehrsschilder oder Werbeplakate, Kunstwerke oder die Wetterkarte, Fernsehnachrichten oder eine Unterhaltungsserie handelt, können wir normalerweise ohne Schwierigkeiten unterscheiden, weil dies alltäglich vertraute Formen unserer Bildverwendung sind. Dennoch sind wir nicht vor Manipulationen sicher: Das Werbeplakat kann ein schlechtes Produkt als Sensation anpreisen, das Kunstwerk kann eine Fälschung sein, die Fernsehnachrichten können die tatsächlichen Ereignisse verschleiern.

Trotz des grundsätzlichen Wissens um die Möglichkeiten der Manipulation haben Bilder gegenüber verbalen Lügen ein besonderes Täuschungspotenzial, das man als ‹Augenzeugeneffekt› bezeichnen kann (Leifert 2006, S. 19). Auch wenn wir wissen, dass es sich um eine Darstellung von etwas handelt, richtet sich unsere unmittelbare Wahrnehmung nicht auf die Bildfläche als solche, sondern auf das dargestellte Ereignis oder den dargestellten Gegenstand. Wir sehen ihn mit eigenen Augen, er ist hier und jetzt ‹da›. Erst in zweiter Linie reflektieren wir darauf, dass wir es mit einer Darstellung zu tun haben. Dabei ist der Eindruck der unmittelbaren Erfahrung stark genug, um das Bild mit einer eigenen Glaubwürdigkeit auszustatten. So ist es außerdem möglich, dass ein Bild als sinnlicher Reiz Reaktionen auslöst, denen wir uns auch durch Reflexion nur schwer entziehen können. Dieser Effekt wird in vielen Fällen erfolgreich zur Manipulation genutzt: Die Abbildung eines Getränks macht durstig, die Aufnahmen der kraftvollen Politikerin beruhigen, die Bilder der verzweifelten Kriegsopfer alarmieren uns. Ob die gezeigte Politikerin eine klare politische Linie verfolgt, die unsere Interessen berücksichtigt, ob die abgebildeten Menschen tatsächlich Kriegsopfer sind, wo und unter welchen Bedingungen die Aufnahme entstand, können wir durch das Bild selbst meist nicht erkennen. Häufig ist es allein der begleitende Text oder die Bildunterschrift, die den Bedeutungskontext herstellt. Wie können wir wissen, ob das Bild genau das zeigt, was behauptet wird?

Manipulationen durch falsche oder gefälschte Bilder lassen sich ebenso wie verbale Lügen durch geeignete Prüfverfahren aufdecken, wenn die Konventionen der Bildverwendung und der Bildherstellung klar genug sind. Verschönernde Gesichtsretuschen auf den Titelbildern von Zeitschriften sind allgemein bekannt und in dieser Hinsicht nicht als Täuschungshandlung einzuordnen. Andere Manipulationen des Einfügens, Löschens oder Montierens von Bildelementen sind dagegen kennzeichnungspflichtig, um die Unterscheidung zwischen fiktivem und realistischem Bildgebrauch, zwischen künstlicher Bildkomposition und wirklichkeitsgetreuer Dokumentation zu ermöglichen. Werbeanzeigen müssen als solche deklariert werden, ebenso Bildmontagen oder Archivbilder, die zur Illustration aktueller Ereignisse gezeigt werden. Neue Verfahren der Bildherstellung wie die Einführung einer standardisierten digitalen Bildbearbeitung können die gängigen Unterscheidungen zwischen tolerierbaren und deklarierungspflichtigen Manipulationen allerdings unterlaufen und eine Grauzone der Missbrauchsmöglichkeiten eröffnen, die neue institutionelle Festlegungen erfordert (Schicha 2007). Der Unterschied zwischen ‹echten› und ‹manipulierten› Bildern lässt sich nicht allein durch einen Bezug auf den Gegenstand bestimmen, er erfordert immer auch den Bezug auf die gesellschaftliche Bildpraxis und ihre Regeln, die festlegen, welche Verfahren bei einem behauptenden Bildgebrauch zulässig sind.

Die Flut der Bilder und Informationen, denen Mitglieder der Mediengesellschaft alltäglich ausgesetzt sind, macht es unmöglich, jedes einzelne Bild und jede einzelne Information auf Echtheit oder Wahrheit zu prüfen. Zudem verhindert die Reichweite der Massenmedien, die uns mit Nachrichten von entfernten Orten und Ereignissen versorgen, eine Überprüfung durch direkten Vergleich zwischen Bild und Abgebildetem, fremder Behauptung und eigener Wahrnehmung von Ereignissen. Für persönliches Vertrauen in die Zuverlässigkeit und Wahrhaftigkeit der Informationsquellen haben wir in den meisten Fällen kaum Anhaltspunkte, denn es handelt sich um anonyme Instanzen, um Firmen, Verlage oder Sender, zu denen keine persönlichen Vertrauensbeziehungen bestehen. Sind wir also doch wie in Platons Höhle den Schatten an der Wand ausgeliefert, ohne ihre Wahrheit beurteilen zu können? Was nützt uns das bloße Wissen darum, dass es sich um Bilder, Deutungen und Behauptungen handelt, wenn uns der Vergleich mit dem Abgebildeten, dem Gedeuteten und Behaupteten unmöglich ist? Ob echt oder gefälscht, wahr oder unwahr – allein durch die Tatsache ihrer massenhaften Verbreitung entfalten mediale Bilder und Informationen eine reale Wirkung. Wird so nicht letztlich auch die Differenz zwischen den künstlich erzeugten Bildern und der realen Welt, zwischen bloßen Behauptungen und Tatsachen außer Kraft gesetzt? – Wäre es so, dann gäbe es keine Möglichkeit mehr, Täuschungen aufzuklären. Die Tatsache aber, dass Aufklärung und Richtigstellung alltäglich geschieht, dass wir über bestimmte Verfahren der Aufdeckung und Sanktionierung von Täuschungen verfügen, die selbst wiederum Gegenstand unserer Kritik und Veränderung sein können, spricht gegen die Deutung eines umfassenden medialen Scheins.

Wenn Zuschauern oder Betrachtern ein direkter Vergleich zwischen medialer Behauptung und unmittelbarer Wahrnehmung nicht möglich ist, wird die Pluralität der Massenmedien selbst, die Vielfalt ihrer Sender, Formen und Formate zur entscheidenden Instanz der Überprüfung von Wahrheit und Wahrhaftigkeit. Der Vergleich zwischen verschiedenen Darstellungen eines Ereignisses ist für die Frage der Wahrheit ebenso wichtig wie die Einordnung von Behauptungen in einen Kontext lebenspraktisch erfahrener Wahrscheinlichkeiten. Dieses Bezugssystem ermöglicht uns gegenüber massenmedialen Botschaften ein begründetes Urteil. Auch wenn wir nicht jede einzelne Information überprüfen können und in der Massenkommunikation über wenig persönliche

Kenntnis der Beteiligten verfügen, vertrauen wir darauf, dass institutionelle Regelungen wirksam sind, die umfassende oder gravierende Täuschungen verhindern oder zumindest verhindern können, dass solche Täuschungen Bestand haben. Unter Stalin, Hitler oder Mussolini gehörte Bildfälschung zur Praxis der Herrschaftssicherung, die neben der Idealisierung des Diktators auch dazu diente, Personen, die in Ungnade gefallen waren, aus dem Bildgedächtnis zu löschen. Ohne diktatorische Maßnahmen wie Zensur, Meinungsäußerungsverbot und die restriktive ‹Gleichschaltung› von Öffentlichkeit sind solche Fälschungen kaum aufrechtzuerhalten. Demokratische Formen der Öffentlichkeit und Pluralität können daher einen wirksamen Schutz gegenüber umfassenden Versuchen der Manipulation bilden. Durch Skandale, bei denen öffentliche Lügen und Fälschungen aufgedeckt werden, kann das Vertrauen in einzelne Instanzen der Massenmedien erschüttert werden. Insgesamt gesehen aber muss die Tatsache, dass Fälle von Manipulation und Lüge öffentlich aufgedeckt und skandalisiert werden können, als Bestätigung für das Funktionieren einer pluralen Öffentlichkeit gewertet werden.

Viele große Medienereignisse wie die Mondlandung im Jahr 1969 oder das Attentat auf das World Trade Center am 11. September 2001 sind Gegenstand von Verschwörungstheorien geworden, die in Abrede stellen, dass die dargestellten Ereignisse wirklich so stattgefunden haben. Solche Zweifel stützen sich auf die Voraussetzung, nur das selbst unmittelbar Erlebte könne man sicher wissen, während das mittelbar Erfahrene, bloß Mitgeteilte immer unter dem Vorbehalt der Täuschung stehe. Dabei wird aber übergangen, dass jede Information in einen Sinn- und Ereigniszusammenhang eingeordnet wird, der durch Einzelne nicht beliebig veränderbar ist. Allein die große Zahl der unmittelbar oder zumindest mittelbar an den genannten Ereignissen und Nachrichten beteiligten Personen und Institutionen mit unterschiedlichen Interessen macht eine solche Täuschungsleistung im großen Stil höchst unwahrscheinlich.

Inszenierte Ereignisse

Gefälschte Bilder oder bewusst falsche Kontextualisierungen von Bildern ebenso wie gezielte Lügen sind mögliche Fälle der Manipulation und Täuschung durch Massenmedien, die Wachsamkeit und institutionelle Kontrolle erfordern. Man könnte sie aber noch als eher harmlose Fälle bezeichnen, mit denen wir vergleichsweise leicht zurechtkommen, weil es hier immer um intendierte Täuschungshandlungen geht, die durch das Aufdecken von Absichten und absichtlichen Handlungen geklärt werden können. Ein grundsätzlich anderer schwierigerer Fall sind strukturelle Täuschungen, die nicht allein der Logik der direkten bewussten Handlungsabsichten folgen, sondern sich aus der Struktur der massenmedialen Kommunikationsprozesse ergeben, ohne dass dies den Beteiligten überhaupt bewusst sein muss. Ein zentraler Begriff der Medienforschung in diesem Zusammenhang sind die «inszenierten Ereignisse» (Kepplinger 1989; Meyer 1992).

In der Fotografie ist das ‹gestellte› Bild, das aufgrund einer eigenen Inszenierungsleistung des Fotografen zustande gekommen ist, eine geläufige Kategorie, die sogar ironisierend im Bild zitiert werden kann. Gruppenfotos sind allein durch das typische Arrangement der abgebildeten Personen, die alle gleichzeitig in die Kamera blicken, als Inszenierungen erkennbar. Ein anderes Bespiel sind die Bilder von Politikern, die mit einem öffentlichen Handschlag ihr Bündnis symbolisieren und dabei fotowirksam innehalten. Spätestens durch die Fernsehberichterstattung, bei der die eingefrorene Bewegung als solche im Blitzlichtgewitter zu beobachten ist, wissen wir, dass es sich um eine Inszenierung für Fotografen handelt. Aber auch bewegte Bilder zeigen Inszenierungen, die nur für die Fernsehkameras zustande gekommen sind, z. B. Pressekonferenzen. Hier scheint allerdings keine Täuschung vorzuliegen, denn die Institution der Pressekonferenz als ein für Massenmedien inszeniertes Ereignis ist allgemein bekannt. Niemand fühlt sich getäuscht davon, dass jemand Journalisten einlädt, um etwas bekannt zu geben. Doch es gibt viele versteckte ‹Pressekonferenzen›, die wir nicht ohne weiteres erkennen: Die streikenden Arbeiter mit Trillerpfeifen vor den Werktoren, die den Bericht über Tarifauseinandersetzungen begleiten, können ebenso dazugehören wie die Umweltaktivisten, die auf dramatische Weise im Schlauchboot die Route eines großen Schiffs kreuzen, das Giftmüll entsorgen soll. Ohne die – sicher nicht zufällig vor Ort befindlichen – Kameras hätten diese Ereignisse nicht nur eine andere, geringere Bedeutung gehabt, sie hätten möglicherweise gar nicht stattgefunden. Dennoch erscheinen sie wie eigenständige Ereignisse, über die von den Medien unabhängig berichtet wird. Für den Bereich der politischen Öffentlichkeit ist in diesem Zusammenhang der Begriff der «symbolischen Politik» geprägt worden (Sarcinelli 1994). Der Minister, der kameratauglich mit Schutzhelm und Warnweste am Unfallort erscheint, signalisiert Problembewusstsein und schnelles Eingreifen, ohne tatsächlich politische Maßnahmen zu ergreifen oder sich für notwendige Regelungen einzusetzen. Politik wird so reduziert auf Politikdarstellung. Symbolische Politik bezeichnet also eine für Mediengesellschaften spezifische Form der vortäuschenden Inszenierung, die politisches Handeln nicht nur durch medienwirksame symbolische Darstellung begleitet, sondern ersetzt.

Massenmedien gehören zum Alltag einer Gesellschaft im 21. Jahrhundert, ihre Botschaften werden jeden Tag von einem großen Publikum gesehen, gelesen und gehört. Sie sind dadurch als Praxis der Präsentation von Ereignissen und Persönlichkeiten, als Möglichkeit der Inszenierung und Veröffentlichung im Bewusstsein und im alltäglichen Verhalten der Gesellschaftsmitglieder gegenwärtig und prägen so selbst wieder bestimmte Handlungsmuster aus. Die Institutionen der Massenmedien sind kein gesellschaftlicher Fremdkörper, der das Verhalten der Menschen nur von außen beobachten und dabei wirklichkeitsgetreue Abbilder unseres Alltags liefern könnte, sondern Teil unserer alltäglichen gesellschaftlichen Praxis. Es ist unvermeidlich, dass die Praxis der Massenmedien auch in das alltägliche Kalkül der Handelnden aufgenommen wird und die Unterscheidung zwischen dem ‹echten› und ‹inszenierten› Verhalten beeinflusst. Wo beginnt die Verstellung im Blick auf die Kamera, wo beginnt die Täuschung, die das Publikum in die Irre führt? Auch hier sind es die Üblichkeiten, die sozialen Konventionen der Inszenierung, die der Unterscheidung zwischen täuschenden und nichttäuschenden Darstellungen zugrunde gelegt werden müssen, auch wenn diese Konventionen selbst einer Dynamik der Veränderung ausgesetzt sind.

Die verhältnismäßig neue Fernsehgattung des Reality-TV ist ein Beispiel für veränderte Darstellungskonventionen, die neue Verfahren und Festlegungen erfordern. Im Reality-TV werden durch das Fernsehen gezielt ‹echte› Ereignisse herbeigeführt und inszeniert, um sie zum Gegenstand der Unterhaltung zu machen. Im Unterschied zum Spielfilm oder der Talk-Show werden nicht professionelle Darsteller, sondern Laien-Akteure vorgeführt, deren Unterhaltungswert gerade darin bestehen soll, dass sie ‹echt› sind: Sie spielen nur sich selbst. Blamage und Peinlichkeit, Verzweiflungsausbruch oder Freudentränen, dies alles wird allein durch die behauptete Authentizität und die gleichzeitige Veröffentlichung vor einem Massenpublikum zum Ereignis. Getäuscht wird hier aber weniger das Publikum, das aus eigener Erfahrung beurteilt, was es unter Bedingungen öffentlicher Beobachtung noch für ‹echt› halten kann. Getäuscht werden hier viel mehr die Laiendarsteller selbst, die sich über die Bedingungen, unter denen sie in Szene gesetzt, und über den Rahmen, in dem sie dem Publikum schließlich präsentiert werden, oftmals nicht wirklich im Klaren sind und damit auch nicht über den Preis, den sie für die schnelle Berühmtheit als Fernsehakteur am Ende zu zahlen haben. In der Diskussion über die Zulässigkeit von Sendungen des Reality-TV geht es daher vor allem um ethische Aspekte wie die Zulässigkeit eines Massen-Voyeurismus, der die systematische Verletzung von Privatsphäre als Abendunterhaltung präsentiert (Weiß/Groebel 2002; Schweer 2002).

Die Macht der Bilder

Die vielfältigen Bemühungen von Akteuren, in das Visier der Medien zu gelangen und auf den Bildschirmen des Publikums zu erscheinen, sind nicht unbedingt ein Beweis dafür, dass Narzissmus zur Massenpathologie geworden wäre. Sie zeigen vor allem, welche gesellschaftliche Macht die Medienbilder erlangt haben. Wirklich ist nicht das, was geschieht, wirklich ist erst das, was öffentlich gezeigt und worüber berichtet wird. Erst wer auf der Bühne der Massenmedien erscheint, existiert wirklich, und wer dort erscheinen darf, entscheidet sich danach, wer in die Schablonen der medialen Inszenierung passt. Der Täuschungsvorwurf, den eine fundamentale Kulturkritik wie die von Anders oder Adorno gegen die Massenmedien, speziell gegen das Fernsehen erhebt, richtet sich nicht gegen gezielte Bildfälschungen oder Lügen im engeren Sinn, sondern gegen das falsche Weltverhältnis, das die Massenmedien aufgrund ihrer alltäglichen Praxis erzeugen.

Nicht das Original zählt für die Mediengesellschaft, sondern die Kopie. Günther Anders hat diese Entwicklung darin zugespitzt, dass die medialen Schablonen, «die künstlichen Modelle von ‹Welt›, als deren Reproduktionen die Sendungen uns erreichen, nicht nur uns und unser Weltbild prägen; sondern die Welt selbst, die wirkliche Welt; dass die Prägung einen bumeranghaften Effekt hat; dass die Lüge sich wahrlügt, kurz: *dass das Wirkliche zum Abbild seiner Bilder wird*» (1956, § 22). Anders' Kritik an der weltprägenden Rolle der Massenmedien bleibt als Täuschungskritik allerdings nur nachvollziehbar, wenn die Dynamik als eine begrenzte verstanden wird, die immer nur einen Ausschnitt unserer Welt oder unserer alltäglichen Praxis betrifft. Kritisiert wird dann vor allem die Selektivität dessen, was in den Massenmedien als Wirklichkeit erscheinen kann und was nicht. Nur wenn es noch einen gesellschaftlich relevanten anderen Alltag gibt, der von den massenmedialen Inszenierungen systematisch ausgeblendet bleibt, weil er sich deren Schablonen nicht fügt, kann die massenmediale Darstellung von Wirklichkeit als Ganze irreführenden Charakter haben. Die systematische Überrepräsentanz besonders erfolgreicher, wohlhabender Personen in Darstellungen der Massenmedien wird nicht dazu führen, dass auch die Mehrheit der Zuschauer zu besonders erfolgreichen, wohlhabenden Menschen wird. Ein derart verzerrtes Bild kann jedoch dazu führen, dass die weniger erfolgreichen und weniger wohlhabenden Menschen sich als Minderheit und ihre Situation als persönliches Ungenügen wahrnehmen, das in der Öffentlichkeit versteckt werden muss.

Eine weitere, bereits von Anders kritisierte Dimension des falschen massenmedialen Weltverhältnisses betrifft das veränderte Verhältnis von Nähe und Ferne. Die ‹frei Haus› gesendeten Bilder erzeugen Scheinvertrautheit und falsche Nähe, sie umgeben uns mit falschen Freunden, die uns anlächeln und sich angeblich auf ein «Wiedersehen» freuen, auch wenn sie uns in Wirklichkeit nie gesehen haben, weil der Blick vom Bildschirm nur scheinbar auf uns, die Zuschauer fällt, während er im Studio allein die Kamera fixiert. Obwohl moderne Medienkonsumenten das alles natürlich wissen, funktioniert das falsche Versprechen der «Wunschmaschinen, deren Benutzung süchtig macht» (Sontag 1978, S. 19). Sie verschaffen das angenehme Gefühl einer jederzeit verfügbaren Kommunikation, die keine Ansprüche stellt, die sich nach Belieben an- und abschalten und deren Stimmung sich frei wählen lässt. Das besondere Reizpotenzial der bewegten Bilder, die uns in ein virtuelles Geschehen hineinziehen, weckt Schaulust und ‹fesselt› die Zuschauer an ein Geschehen, für das sie keine Verantwortung übernehmen müssen. Anstatt sich mühsam dem echten Leben des Alltags oder der intellektuell anspruchsvollen Reflexion zu widmen, lässt sich die Fernsehzuschauerin oder der Computerspieler von einer virtuellen Welt der Kommunikation blenden, in der alles leichtfällt und jedes Problem gelöst werden kann.

Doch das Publikum ist nicht nur wie ein passiver Resonanzkörper den falschen Glücksverheißungen der Massenmedien ausgesetzt. Die audiovisuellen Massenmedien werden von den Nutzern auch bewusst für ein gezieltes «Stimmungsmanagement» eingesetzt, bei dem die Wahl des Programms der Herstellung einer bestimmten Gefühlslage dient (Weiß 2007; Döveling 2008). Sind solche Praktiken Ausdruck der Verdummung und Selbstinstrumentalisierung oder legitimer Gebrauch der Populärkultur zu bestimmten Zwecken? Die Antwort ist abhängig davon, welche Bedeutung man dem Bedürfnis nach leichter Unterhaltung zumisst und wie hoch die Selbständigkeit des Publikums im Umgang mit den Massenmedien eingeschätzt wird:

«In den hochnäsigen Verdammungen des Massengeschmacks, in dem misstrauischen Appell an eine Gemeinschaft der Kenner und Genießer, die allein in der Lage seien, die entlegenen und heimlichen Schönheiten der Botschaft der großen Kunst (...) aufzunehmen, ist kein Platz für den mittleren Konsumenten, der am Ende eines Tages von einem Buch oder einem Film einige Anregung erwartet oder erhofft (den Schauder, das Lachen, das Pathetische), um sein inneres Gleichgewicht wiederherzustellen. Das Problem einer ausbalancierten kulturellen Kommunikation besteht nicht darin, diese Botschaften abzuschaffen, sondern darin, sie zu dosieren – und zu vermeiden, dass sie als Kunst verkauft und rezipiert werden» (Eco 1984, S. 73).

Wo es nicht um Unterhaltung, sondern um Information geht, zeigt sich als eine andere Kehrseite der umfassenden Verfügbarkeit der Fernsehbilder die praktische Ohnmacht der Zuschauer, ihre Entfernung von den Orten des Handelns. Die «Masseneremiten» (Anders 1956) erleben allein in ihren vier Wänden nicht nur die Traumwelt fiktiver Geschichten, sondern auch das, was tatsächlich draußen geschieht. Naturkatastrophen, Börsenkräche, Politikersiege und -niederlagen, Kriege und Kriminalität werden als Bildfolge im Wohnzimmer erlebt, lösen Entsetzen und Jubel, Zustimmung oder Ablehnung aus, ohne eine Situation mitzuliefern, in der diese Reaktionen wirksam umgesetzt werden könnten. Die passiv erlebte Wirklichkeit erfährt dank der Massenmedien eine globale Ausdehnung, während sich die unmittelbare Handlungsmacht der Zuschauer auf das bloße An-Aus der Fernbedienung beschränkt. Die gewohnheitsmäßige Fixierung auf Bilder und auf die eigene Zuschauerrolle kann schließlich auch in der Öffentlichkeit besondere Verhaltensmuster ausbilden: Nicht nur auf Reisen oder bei künstlerischen Darbietungen, sondern auch bei Unfällen werden massenhaft Fotohandys gezückt. Die Teilhabe am Ereignis konzentriert sich darauf, es im Bild festzuhalten und sich auf diese Weise seiner bleibenden Bedeutung zu vergewissern. Die Rolle des Voyeurs, der nur beobachtet, aber nicht eingreift, wird dabei nicht als anstößig empfunden; sie hat mit vielfältigen Amateur-Videoportalen im Internet vielmehr zu einer speziellen Form der Öffentlichkeit geführt.

In anderen Fällen, in denen sich die Medienöffentlichkeit mit Formen der Versammlungsöffentlichkeit verbindet, kann die Macht der Bilder aber auch gesellschaftlich wirksames Handeln erzeugen oder zumindest dazu beitragen, dass solches Handeln entsteht. Die Massenproteste gegen den Vietnamkrieg in den 60er und 70er Jahren des 20. Jahrhunderts wurden nicht zuletzt durch massenmediale Bilder motiviert. Für die Bürgerbewegung der DDR und den dramatischen Zusammenbruch des Regimes fungierten die Medien durch die öffentliche Thematisierung der Massenflucht als wirksamer Prozessbeschleuniger. In vielen Fällen würden wir ohne die Massenmedien gar nicht erfahren, was außerhalb unseres unmittelbaren Wahrnehmungsbereichs geschieht.

Unübersichtlichkeit der Realitäten und Orientierung in der Realität

Mit dem Internet, speziell mit der im Stichwort Web 2.0 zusammenge-fassten «nutzerorientierten Wende», scheint sich eine veränderte Struk-tur der Massenkommunikation entwickelt zu haben, die die Medien-kritik des 20. Jahrhunderts in Frage stellt. An die Stelle einer zentralen einseitigen ‹Ausstrahlung› von Botschaften an ein weitgehend passives Publikum treten massenhafte dezentrale Interaktionen, in denen sich die Rollen von Produzenten und Rezipienten verschränken. «Wer will, wird jetzt zum ‹Filmemacher› oder ‹investigativen Journalisten› und stellt seine Produkte und Beobachtungen auf entsprechenden Plattfor-men oder in Weblogs für eine immer größer werdende Fangemeinde von ‹home-made-products› aus» (Wehner 2008). Das Internet erweitert nicht nur die globale Information zur globalen Kommunikation, es umfasst eine Vielfalt von Nutzungsfunktionen: Nicht alles, was im Internet kom-muniziert wird, ist auch öffentlich, und zur öffentlichen Nutzung zählen so unterschiedliche Formen wie Video- und Nachrichtenportale, Kom-munikationsforen, Weblogs, Homepages, Rollenspiele und e-commerce.

Die Kombination von Massenmedium und dezentraler Interaktions-struktur erweist sich allerdings für die Massenkommunikation in man-chen Hinsichten als Fluch und nicht als Chance: Die unübersehbare Viel-zahl der Veröffentlichungen lässt die einzelnen Botschaften in der Masse verschwinden und bietet keine allgemeine Orientierung. Dies relativiert den Vorteil der dezentralen Kommunikation und erfordert den Rückgriff auf andere, bereits etablierte Massenmedien. Insofern ersetzt das Internet nicht die bisherigen Medien, sondern ergänzt sie eher. Die Selektivität bezüglich der Themen und Personen in zentral strukturierten Massen-medien wie dem Fernsehen erweist sich dabei als eine Bedingung der Gemeinsamkeit öffentlicher Kommunikation, nicht als Verzerrung der Realität. Auch heute noch kann das Fernsehen als Leitmedium gelten, dem eine zentrale Orientierungsfunktion bei der Herstellung von Öffent-lichkeit zukommt, denn es schafft ein gemeinsames Bezugssystem und einen Bereich gemeinsamer Erfahrung, «geteilter Gegenwart», unabhän-gig davon, wie gut oder schlecht, echt oder unecht, wahr oder falsch sei-ne Botschaften im Einzelnen sein mögen. «Gerade weil das Fernsehen im Fluss und in der Fülle seiner Sendungen insgesamt kein realistisches Medium ist, hält es die Frage nach der Wirklichkeit des Wirklichen offen: die Frage danach, worauf es ankommt, wenn das Wirkliche vom Unwirklichen und das Wichtige vom Unwichtigen unterschieden werden soll» (Keppler 2006, S. 316).

Wie weit trägt also der Vergleich zwischen Platons Höhle und der modernen Mediengesellschaft? Ist es die Bequemlichkeit der Gefangenschaft, die uns daran hindert, auf die Allgegenwart der medialen Bilder zu verzichten? Aus der Perspektive einer fundamentalen Kulturkritik, die nur die lebendige Kommunikation im Hier und Jetzt und die hohe Kunst der intellektuellen Anstrengung für wertvoll hält, muss es so scheinen, als bliebe die Mediengesellschaft aus Bequemlichkeit einer Scheinwelt verhaftet. Aus der Perspektive der Mediengesellschaft, zu der alle Rollen gehören, die der Zuschauer vor der ‹Höhlenwand› ebenso wie derjenigen, die im Licht des Feuers Schatten erzeugen, handelt es sich um eine eigene Lebensform, die nicht weniger wirklich ist als eine andere und die eigene Anstrengungen um die Wahrheit erfordert. Massenmedien verstellen nicht grundsätzlich den Blick auf die Wahrheit, sie ermöglichen vielmehr, dass «aus der Gegenwart der Bilder (...) ein öffentliches Bild der Gegenwart» entsteht (Keppler 2006, S. 318). Eine höhere Wahrheit ist in der sozialen Welt nicht zu haben. Das öffentliche Bild der Gegenwart kann allerdings nur der Idee der höheren Wahrheit etwas entgegensetzen, wenn es sich auf eine lebendige Kommunikation stützt, die vielfältige Botschaften, Medien und Öffentlichkeiten miteinander verbindet. Nur dann können die Irrtümer, Fälschungen und Lügen, die in diesem Bild enthalten sind, auch korrigiert werden.

Zitierte Literatur

Anders, G. (1956): Die Welt als Phantom und Matrize. Philosophische Betrachtungen über Rundfunk und Fernsehen. In: Ders.: Die Antiquiertheit des Menschen. 1. Bd.: Über die Seele im Zeitalter der zweiten industriellen Revolution. München 1980.

Belting, H.: Bild-Anthropologie. Entwürfe für eine Bildwissenschaft. München 2001.

Döveling, K.: Powered by emotions: Zur Macht der Emotionen im Reality TV. In: M. Jäckel/M. Mai (Hg.): Medienmacht und Gesellschaft. Zum Wandel öffentlicher Kommunikation. Frankfurt/New York 2008.

Eco, U.: Apokalyptiker und Integrierte. Zur kritischen Kritik der Massenkultur. Frankfurt/M. 1984.

Fehr, M.: Fehr, M./Krümmel, K./Müller, M. (Hg.): Platons Höhle. Das Museum und die elektronischen Medien. Köln 1995.

Keppler, A.: Mediale Gegenwart. Eine Theorie des Fernsehens am Beispiel der Darstellung von Gewalt. Frankfurt/M. 2006.

Kepplinger, M.: Theorien der Nachrichtenauswahl als Theorien der Realität. In: Aus Politik und Zeitgeschichte 15/1989.

Leifert, S.: Professionelle Augenzeugenschaft. Manipulation und Inszenierung als Gegenstand von Selbstkontrolle und Bildethik. In: Zeitschrift für Kommunikationsökologie und Medienethik 1/2006.

Meyer, Th.: Die Inszenierung des Scheins. Voraussetzungen und Folgen symbolischer Politik. Frankfurt/M. 1992.

Platon: Politeia. In: Ders.: Sämtliche Werke Bd. 2. Reinbek bei Hamburg 2004.

Sarcinelli, U.: «Fernsehdemokratie». Symbolische Politik als konstruktives und als destruktives Element politischer Wirklichkeitsvermittlung. In: W. Wunden (Hg.): Öffentlichkeit und Kommunikationskultur. Beiträge zur Medienethik Bd. 2. Hamburg 1994.

Schweer, M./Schicha, Ch./Nieland, J.-U. (Hg.): Das Private in der öffentlichen Kommunikation. Big Brother und die Folgen. Köln 2002.

Schicha, Ch.: Manipulierte Fotos oder ein neues Gesicht für Angela Merkel. Formen der Bildbearbeitung zwischen Information und Verschleierung. In: S. Dietz/T. Skrandies (Hg.): Mediale Markierungen. Studien zur Anatomie medienkultureller Praktiken. Bielefeld 2007.

Sontag, S.: Über Fotografie. München 1978.

Wehner, J.: «Social Web» – Zu den Rezeptions- und Produktionsstrukturen im Internet. In: M. Jäckel/M. Mai (Hg.): Medienmacht und Gesellschaft. Zum Wandel öffentlicher Kommunikation. Frankfurt/New York 2008.

Weiß, R./Groebel, J. (Hg.): Privatheit im öffentlichen Raum. Medienhandeln zwischen Individualisierung und Entgrenzung. Opladen 2002.

Weiß, R.: Der Alltagssinn des Fern-Sehvergnügens. In: S. Dietz/T. Skrandies (Hg.): Mediale Markierungen. Studien zur Anatomie medienkultureller Praktiken. Bielefeld 2007.

Weitere Literatur

Adorno, Th. W.: Prolog zum Fernsehen; Fernsehen als Ideologie (1953). In: Ders.: Kulturkritik und Gesellschaft II: Eingriffe. Stichworte. Frankfurt/M. 2003.

Benjamin, W.: Das Kunstwerk im Zeitalter seiner technischen Reproduzierbarkeit (1939). Frankfurt/M. 2007.

Hörisch, J.: Eine Geschichte der Medien. Von der Oblate zum Internet. Frankfurt/M. 2004.

Scholz, O.: Bild, Darstellung, Zeichen. Philosophische Theorien bildhafter Darstellung. Frankfurt/M. 2004.

Herbert Schnädelbach
12. Mit oder ohne Gott?
Religion im Streit der Meinungen

Religion als philosophisches Thema

In den letzten Jahren hat das Thema ‹Religion› eine ganz neue Aktualität angenommen, nachdem es zumindest hier im Westen so scheinen konnte, als sei es durch die Aufklärung und die Verweltlichung aller Lebensbereiche, die man als Säkularisierung bezeichnet, im Wesentlichen abgetan. Das Religiöse schien sich endgültig in die Privatsphäre zurückgezogen zu haben, während neuerdings überall von seiner Wiederkehr die Rede ist. Es waren vor allem die islamistischen Terroranschläge, die uns bewusstmachten, dass der Rückgang der kulturellen Bedeutung der Religion, der sich seit dem 19. Jahrhundert ständig beschleunigte, offenbar eine westeuropäische Sonderentwicklung war, die nicht einmal die europäisch geprägten USA betraf. So wurde die Gretchenfrage auch hierzulande wieder aktuell: «Wie hältst du es mit der Religion?» Der explodierende Büchermarkt, auf dem es einschlägige Titel sogar zu Bestsellern schaffen, zeigt eindringlich, wie stark das neue Interesse am Thema ‹Religion› inzwischen gewachsen ist, wobei es sicher zu einfach wäre, dies nur auf die religiös verbrämten Attacken auf unsere profanen Selbstverständlichkeiten zurückzuführen. Es ist unsinnig, hier schon von einem «Krieg der Kulturen» zu sprechen, aber um fühlbare und konfliktgeladene Kontraste handelt es sich schon, zumal die Zahl der Muslime und ihre religiöse Präsenz bei uns weiter zugenommen haben. So wurde uns, was das Religiöse betrifft, in der Tat der Spiegel vorgehalten.

Dass die Philosophie sich hier überhaupt für zuständig hält, ist ein ziemlich modernes Phänomen. In unser Tradition galt immer: Religion ist das, was man hat, glaubt und lebt, und die Theologie ist das, was man darüber denkt, also der Bereich der rationalen Selbstverständigung über das Geglaubte. Unter den drei «abrahamitischen» Offenbarungsreligionen hat nur das Christentum Theologie in diesem Sinn hervorgebracht, während im Islam diese Entwicklung schon früh verhindert wurde und das Judentum erst in der Moderne die Grenzen der reinen Schriftgelehrsamkeit überschritt. Es dauerte bis ins Hochmittelalter, bis Theologie und Philosophie überhaupt als verschiedene Disziplinen unterscheidbar wurden, während zuvor alles Philosophische, das durch die Kirchenväter in die *scientia christiana* eingewandert war, durchweg theologisch war. Die selbständig gewordene Philosophie wird freilich im Katholizismus bis heute als «Magd der Theologie *(ancilla theologiae)*» oder als propädeutisches Fach im Theologiestudium betrieben, während die protestantische Tradition immer dazu tendierte, das Theologische möglichst unabhängig von philosophischen Voraussetzungen zu erhalten; wenn es um theoretische Grundfragen des Glaubens geht, spricht die katholische Kirche heute von ‹Fundamentaltheologie› und schließt sich somit der protestantischen Abgrenzung teilweise an.

Religionsphilosophie ist aber auch nicht mit philosophischer Theologie zu verwechseln. Die wurde schon von Aristoteles begründet und verstand sich als die Bemühung, mit den Mitteln unserer natürlichen Vernunft und unabhängig von aller Offenbarung Gott zu erkennen; deswegen wurde sie auch als ‹natürliche Theologie *(theologia naturalis)*› und im Fall der Einschränkung auf «reine», erfahrungsunabhängige Vernunft als ‹rationale Theologie *(theologia rationalis)*› bezeichnet. Die Religionsphilosophie hingegen setzt nicht wie die Theologie den Glauben voraus, und sie versucht auch nicht, ihn erst zu begründen, sondern sie wechselt von der Perspektive des am Religiösen Teilnehmenden zu der des neutralen Beobachters und beschäftigt sich mit der Religion bloß als Phänomen. Diese Sicht der Dinge teilt sie mit verwandten Disziplinen wie der Religionsgeschichte, Religionspsychologie, -soziologie oder -ethnologie. Gemeinsam ist ihnen, dass sie einen Freiraum voraussetzen, in dem sie sich wertfrei und ohne Bedrohung durch die jeweiligen Autoritäten mit den Erscheinungen des Religiösen beschäftigen können, ohne dass ihnen sofort der Vorwurf der Gottlosigkeit oder gar der Gotteslästerung droht; im Abendland wurde dies allmählich in der neuzeitlichen Aufklärungsbewegung durchgesetzt. Darum ist es nicht zufällig, dass die Religionsphilosophie und die übrigen Religionswissenschaften erst im 19. Jahrhundert überhaupt Kontur gewinnen und als besondere Disziplinen auftreten. Es ist nicht ganz einfach, beides voneinander abzugrenzen;

wichtig ist nur, dass die Religionsphilosophie nicht primär historisch oder empirisch vorgeht, sondern sich auf die Gehalte und Strukturen religiöser Gedankensysteme konzentrieren muss.

Wie in der Philosophie überhaupt kann man auch im religionsphilosophischen Bereich explikative, normative und deskriptive Aufgaben unterscheiden (vgl. ähnlich Fischer, S. 38 f.). Zunächst muss es um die Klärung des Religionsbegriffs gehen, was zuweilen in gegenständlicher Rede mit der Frage nach dem «Wesen» der Religion gleichgesetzt wird. Begriffe kann man nur klären, indem man sich die Verwendungsweisen der Begriffswörter klarmacht, die wir oder andere für korrekt halten; man benötigt somit hier eine Analyse religiöser Rede, und es liegt auf der Hand, dass dies wegen der zahlreichen Unterschiede, wie Religion jeweils verstanden wird, niemals zu einer allgemein befriedigenden Definition führen kann. Wichtig ist dabei auch die Klärung der Religionsbegriffe, die in den verschiedenen Religionswissenschaften bestimmend sind und deren implizite Philosophie ausmachen.

Das Normative kommt ins Spiel, wenn es darum geht, religiöse Phänomene mit Gründen zu beurteilen. Das normative Geschäft der Religionsphilosophie ist zusammenfassend als Religionskritik zu bezeichnen, wobei ‹Kritik› im Wortsinn des griech. *krineîn* nicht einfach als Kampf gegen die Religion, sondern als ein Unterscheiden ihrer rationalen von ihren irrationalen Elementen anzusehen ist (vgl. Löffler, S. 27).

Was das Deskriptive betrifft, so gab es im letzten Jahrhundert Ansätze einer Religionsphänomenologie, die sich neben den historischen und empirischen Religionswissenschaften als rein philosophisches Unternehmen behaupten wollte. Ob dies möglich ist, bleibt auch heute umstritten. Sonst muss sich die Religionsphilosophie von diesen Disziplinen belehren lassen, denn durch bloßes Nachdenken bekommt man nicht heraus, was in religiöser Hinsicht der Fall war und ist. Damit das Philosophieren in diesem Bereich nicht im Fiktiven und damit im Leeren landet, bleiben die Philosophierenden hier auf die interdisziplinäre Zusammenarbeit mit den Religionswissenschaften angewiesen.

‹Religion›

Eine allgemein befriedigende Definition ist hier unmöglich, deswegen müssen wir uns zunächst am Sprachgebrauch und dann an der Begriffsgeschichte orientieren. Dieses Wort wird in mindestens dreierlei Weise verwendet. Zunächst ist von Religion als einem Teilsystem fast aller Kulturen die Rede, dem man jeweils bestimmte Phänomene als für das Religiöse wesentlich zuordnet. Zugleich wird heute davon ausgegangen, dass ‹Religion› in diesem objektiven Wortsinn nur als Plural existiert, nämlich als Sammelbegriff für sehr verschiedene Religionen wie Christentum, Buddhismus oder Islam. Schließlich wird damit auch der Inbegriff der Glaubensüberzeugungen einer Gruppe oder einzelner Individuen als Subjekte von Religion gemeint. Dieses subjektive Religionsverständnis hat sich, wie die Begriffsgeschichte zeigt, erst allmählich herausgebildet. Das lateinische Wort ‹religio›, für das es weder im Griechischen noch im Hebräischen ein genaues Äquivalent gibt, bedeutet bei Cicero die gewissenhafte Erfüllung der kultischen Pflichten und religiösen Gesetze, und er leitet es von lat. ‹relego – wieder durchgehen, wieder durchlesen› ab; gemeint ist somit ein bestimmter kultureller Handlungsbereich, und das subjektive Gegenstück ist ihm zufolge die Frömmigkeit *(pietas)*. Laktanz und Augustinus hingegen beziehen sich auf lat. ‹religo – zurückbinden, festbinden› und geben der *religio* die Bedeutung von Bindung und Gebundenheit der Seele an Gott; im Mittelalter erscheint deswegen die Religion selbst als Tugend. So nimmt in der christlichen Tradition die *religio* die Stelle ein, die Cicero der *pietas* zugewiesen hatte, was bedeutet, dass hier eine durchgreifende Subjektivierung des Religiösen vor sich geht, die dann vor allem das protestantische Religionsverständnis durchweg bestimmt.

Dieser Prozess setzt sich im 18. Jahrhundert mächtig fort, denn hier wird es üblich, zu unterscheiden zwischen der wahren Religion, die eine Sache des inneren Menschen sei, und dem äußeren Herkommen der Dogmen, Riten und Gebräuche. Der Gegensatz zwischen dem antiken und dem christlichen Religionsbegriff wird hier also noch einmal kritisch gegen die christliche Überlieferung selbst gewendet. Die Religion der Innerlichkeit ist der Pietismus, der im 18. Jahrhundert in kaum zu

überschätzender Weise auf die gesamte Kultur einwirkt. Vorläufige End-
punkte dieser Entwicklung lassen sich bei Kant und Schleiermacher
ausmachen. Nach Kant ist «Religion ... (subjektiv betrachtet) das *(sic!)* Erkenntnis aller unserer Pflichten als göttlicher Gebote» (Religion B 229),
und *«alles, was, außer dem guten Lebenswandel, der Mensch noch tun zu können vermeint, um gottgefällig zu werden, (...) bloßer Religionswahn und After-
dienst Gottes»* (B 261 f.). Da es nach Kant nur auf Religion im subjektiven
Sinn ankommt, wird sie hier reduziert auf eine Fußnote zur Moral – eine
Deutung, die die liberale protestantische Theologie bis ins 20. Jahrhundert bestimmte. Schleiermacher sieht hingegen das Wesen der Religion
im «Sinn und Geschmack fürs Unendliche» (Reden 101) und darin, «daß
wir uns unsrer selbst als schlechthin abhängig bewußt sind, das heißt,
daß wir uns abhängig fühlen von Gott (Glaubenslehre § 9; vgl. auch 36 f.);
dies wird meist zitiert mit der Formel «Gefühl der schlechthinnigen Abhängigkeit», die sich aber bei Schleiermacher so nicht findet. Er treibt
überdies die Subjektivierung weiter bis zur strikten Individualisierung,
also zu der These, dass die wahre Religion immer die Sache einer Person
oder einer Gemeinschaft von Personen sei (vgl. Glaubenslehre §§ 12 f.).
Auch wir sind davon überzeugt, wenn wir das Gefühl haben, Grenzen
der Intimität zu verletzen, wenn wir andere nach ihren religiösen Überzeugungen fragen. Inzwischen ist diese Individualisierung weiter fort-
geschritten bis zur Privatisierung der Religion, was bedeutet, dass viele
Zeitgenossen sich auf dem riesigen Markt religiöser Angebote bedienen
und sich so ihre jeweilige Privatreligion zusammenfügen; man spricht
hier von Patchwork-Religion.

Diese fortschreitende Subjektivierung zeigt sich begriffsgeschicht-
lich in der Verbreitung des Ausdrucks ‹Religiosität› seit ca. 1800 (HWP 8,
Sp. 774 ff.), womit nicht nur die Eigenschaft bestimmter kultureller Phänomene wie etwa die der religiösen Kunst gemeint ist, sondern eine subjektive Haltung, die sich vor allem in der Empfänglichkeit für religiöse
Erfahrungen zeigt – ähnlich wie ‹Musikalität›: Manche Philosophen behaupten überdies, dass Religiosität eine Basiseigenschaft des Menschen
schlechthin sei, also eine anthropologische Konstante, was dann von
Theologen gern aufgegriffen wird, um der Religion ein sicheres subjektives Fundament zu verschaffen. Problematisch an dieser Lehre ist die

damit verbundene These, dass Menschen, denen dies abgeht, an einem bedauerlichen Defizit leiden.

Das Subjektivwerden der Religion eröffnete zudem die Möglichkeit, sich zu ihr wie zu einem neutralen Objekt zu verhalten, die die Religionsphilosophie ebenso wie die modernen Religionswissenschaften nutzen. Vorbereitet wird dies bereits im Spätmittelalter, wo die Rede von *religio* im Plural aufkommt; Cusanus unterscheidet zwischen der eigenen Religion und anderen Religionen, die damit nicht mehr wie bei Augustinus als Aberglauben abgetan, sondern ebenfalls als Religionen anerkannt werden; dies ermöglicht es, auch über die Einheit aller Religionen nachzudenken. Damit rückt das Religiöse aus der Teilnehmerperspektive zugleich in die des Beobachters, und so wird der fremde Blick aufs Eigene möglich – eine wesentliche kognitive Voraussetzung für religiöse Toleranz. Bis dahin war es freilich noch ein weiter Weg, und es bedurfte noch einer starken Abschwächung der lebensweltlichen Macht des Christentums, bis der Hass auf Juden und Moslems und die Verachtung der «wilden Heiden» der Fähigkeit wichen, diese Andersheiten zumindest zu ertragen. Die Subjektivierung der Religion in ihren verschiedenen Stadien wie auch ihre objektivierende Vergegenständlichung zu einem interessanten Phänomen unter anderen Phänomenen sind Ergebnisse des abendländischen Aufklärungsprozesses, der notwendig auch die christliche Theologie erfasste.

Die kulturelle Grundlage dieser Vorgänge ist die spezifisch westliche Form kultureller Modernisierung, die Max Weber als Ausdifferenzierung und Autonomisierung von Weltbildern und Lebensformen beschrieben hat; in diesem Sinn spricht Niklas Luhmann von «funktionaler Differenzierung» moderner Gesellschaften, durch die sich soziale Subsysteme herausbilden und relativ unabhängig voneinander werden. Dieser Pluralismus ist für uns eine Selbstverständlichkeit, denn wir bestehen darauf, dass in unserer Kultur die verschiedenen Lebensbereiche jeweils ihren eigenen Gesetzen folgen dürfen, freilich im Rahmen einer für alle verbindlichen Rechtsordnung. Politische Bevormundung der Wirtschaft, Wissenschaft, Kunst oder der öffentlichen Meinungsbildung lehnen wir prinzipiell ab, weil wir vor allem durch die totalitären Systeme des 20. Jahrhunderts erfahren haben, dass dies letztlich unsere persönliche

Freiheit bedroht, und die ist ja nichts anderes als das Resultat jener «Freiheiten» der verschiedenen Kulturbereiche gegenüber der politischen Macht. Die Religionsfreiheit in diesem Sinn musste in Europa besonders mühsam erkämpft werden, weil die Konfessionen besonders eng mit dem politischen System verknüpft waren und vor allem als Legitimitätsquellen der Herrschaft dienten. Noch im 19. Jahrhundert genügte der Verdacht, Atheist zu sein, um aus allen öffentlichen Ämtern entfernt zu werden. Das Gottesgnadentum verschwand in Deutschland erst 1918 durch die Weimarer Verfassung.

Die moderne Pluralisierung bedeutet aber auch relative Autonomie der verschiedenen kulturellen Teilsysteme voneinander. So muss sich die Politik der Justiz unterordnen, die Freiheit von Wissenschaft und Forschung betrifft auch ihre Unabhängigkeit von ausschließlich ökonomischen Interessen, und wir bestehen auf der «Wertfreiheit» der Wissenschaft, was so viel bedeutet, dass sich die Wissenschaftler auf die Grenzen ihrer Kompetenz besinnen und nicht glauben, mit ihrer Fachkompetenz allein politische, moralische oder ästhetische Urteile fällen zu können. Diese Selbstbeschränkung ist der Preis der Wissenschaftsfreiheit, und Ähnliches gilt für die Religionsfreiheit. Niemand bestreitet den religiösen Autoritäten das Recht, Überzeugungen zu haben und Meinungen zu allgemein interessierenden Fragen zu äußern, aber ihr Einfluss ist begrenzt, denn sie sind nur Einzelstimmen im kulturellen Konzert. Dies zeigt, dass moderne Kulturen dezentriert sind, dass sie kein alle Lebensbereiche bestimmendes Zentrum mehr besitzen wie in geschlossenen, durchweg religiös oder ideologisch geprägten Gesellschaften. In Europa mussten darum Meinungs-, Wissenschafts- oder Kunstfreiheit vor allem auch gegen den Widerstand des verfassten Christentums erkämpft werden, was zur Folge wurde, dass die Religion selbst aus dem kulturellen Zentrum herausgerückt wurde, das sie bis dahin zumindest dem Prinzip nach besetzt hielt. Das Autonomwerden der Religion in der Moderne hatte somit für sie einen bedeutenden Preis, den andere Religionen wie der Islam nicht zu zahlen bereit sind. Dieser Vorgang bedeutete für sie aber auch eine Chance, denn nun konnte sie sich auf ihr Eigenstes besinnen. Schleiermachers Bedeutung für die Religionsgeschichte besteht vor allem darin, dass er die Religion sowohl von der Metaphysik wie von der Moral unterschieden und sie damit von der Aufgabe entlastet hat, zur wissenschaftlichen Erklärung der Welt und zur Moralbegründung beitragen zu müssen. Wenn auch heute noch radikale Kritiker meinen, die Religion als unwissenschaftlich entlarven zu müssen, oder wenn nach der Religion gerufen wird, weil angeblich alles erlaubt sei, wenn Gott tot ist, dann sind sie hinter dem Stand theologischer Aufklärung zurückgeblieben, den Schleiermacher definierte.

Glaube

Wenn somit für uns das Besondere der Religion weder in metaphysischer Welterklärung noch in moralischen Grundhaltungen bestehen kann, stellt sich die Frage, wie es positiv zu beschreiben ist. Hier bietet sich der Begriff ‹Glaube› an, denn religiöse Menschen halten wir für «Gläubige». Was aber ist das Spezifische des religiösen Glaubens? Wir verwenden den Ausdruck ‹ich glaube› in verschiedener Weise, so im Sinne von ‹ich meine›, ‹ich vermute›, ‹ich nehme an›, wobei stets mehr oder weniger kräftige Formen des subjektiven Fürwahrhaltens gemeint sind; immer wird hier die Ergänzung durch einen mit ‹dass› eingeleiteten ganzen Satz erwartet: ‹Ich glaube, dass p›. Dann aber sagen wir auch ‹Ich glaube dir› oder ‹Ich glaube an das Gute im Menschen›. In der ersten Bedeutung gehört ‹glauben› zu den kognitiven, das Wissen betreffenden Verben, die stets eine propositionale Fortsetzung verlangen, damit daraus ein vernünftiger Satz wird. Im anderen Fall der glaubenden Bezugnahme auf eine Person oder ein Objekt ist dies nicht der Fall; stattdessen bedeutet ‹ich glaube› hier ‹Ich vertraue auf ...› oder ‹Ich verlasse mich auf ...›, worauf ein singulärer Terminus erwartet wird. Verwirrend ist freilich, dass wir das, worauf wir glaubend vertrauen, zuweilen in der Form von ‹... dass p› präsentieren, also sagen: ‹Ich glaube, dass man dir vertrauen kann› oder ‹dass das Gute im Menschen sich letztlich durchsetzt›, wobei wir den nach dem ‹dass› angeführten Sachverhalt wie einen glaubwürdigen Gegenstand behandeln. Dieser Tatbestand ist somit geeignet, den Unterschied zwischen beiden Bedeutungen von ‹ich glaube› zu verwischen und den religiösen Glauben als eine bloße Wissensform erscheinen zu lassen.

Dass wir im Deutschen dafür nur ein einziges Wort haben, führt immer wieder zu systematischen Missverständnissen des religiösen Glaubens, bis hin zu Kalauern wie «Ich habe eine Glaubenskrise; ich glaube, ich muss noch einen trinken» (Otto Waalkes). Die Angelsachsen können an dieser Stelle zwischen *belief* und *faith* (lat. *opinio* und *fides*) unterscheiden, also zwischen einer Überzeugung und einem Vertrauensverhältnis, und wenn auf den amerikanischen Dollarnoten steht *«In God we trust»*, dann ist klar, dass damit mehr gemeint ist als irgendeine Form des kognitiven Überzeugtseins. Gleichwohl wird dieser Unterschied immer wieder übersehen, auch an höchst prominenter Stelle: Wenn Kant definiert, Glauben sei ein Fürwahrhalten, das «nur subjektiv zureichend und (…) zugleich für objektiv unzureichend gehalten» werde, dann spricht er von einer bloßen Vorstufe des Wissens, bei dem dann das Fürwahrhalten auch «objektiv zureichend» sei. Er nennt dies selbst «Überzeugung» (KrV B 850), was genau dem englischen ‹*belief*› entspricht. Es liegt auf der Hand, dass das zunächst nichts mit dem spezifisch religiösen Sinn von ‹*fides*› bzw. *‹faith›* zu tun hat. Das hat aber Kant und viele weitere Philosophen nicht daran gehindert, den religiösen Glauben im Sinn eines subjektiv zureichenden Fürwahrhaltens zu traktieren. Berühmt ist hier vor allem William James' *The Will to Belief* (James, S. 128 ff., insbes. S. 138), wo auf Situationen hingewiesen wird, in denen es aus praktischen Gründen gerade darauf ankommt, sich zwischen objektiv unentscheidbaren Alternativen des möglichen Wahrseins zu entscheiden und eine davon entschlossen zu wählen; nach James kann es sich dabei ebenso um moralische wie religiöse Hypothesen handeln. In der Tat ist es Sache des Subjekts, darüber zu befinden, ob die Gründe für das Fürwahrhalten subjektiv zureichend sind oder nicht, denn man kann sich dazu entschließen, überzeugt zu sein und auf weitere Gründe zu verzichten. Überträgt man dies aber in den Bereich des religiösen Glaubens, dann wird der zu einem «guten Werk», und man gelangt dann zur Behauptung älterer katholischer Katechismen, Glauben sei das gehorsame Fürwahrhalten der Kirchenlehre. Der Unglaube gerät so zur Sünde, der mit Höllenstrafen bedroht ist, und darum sagt Gretchen im *Faust*: «Man muss dran glauben».

Es handelt sich hier um ein kognitivistisches Missverständnis des religiösen Glaubens *(fides, faith)*, denn wäre der von der Art des *belief,* dann wären Existenz und Eigenschaften Gottes Hypothesen, die man wie in Pascals Wette aus Gründen der Wahrscheinlichkeit als wahr unterstellen könnte oder auch nicht. Tatsächlich aber kennt der religiöse Glaube keine Grade, denn niemand betet zu einer Gottheit, von deren Wirklichkeit er nur zu 51 Prozent überzeugt ist. Hier gilt das «Ganz oder gar nicht», was man daran sieht, dass für den wahrhaft Gläubigen der Satz «Gott ist die Liebe» nicht wirklich falsifizierbar ist: Momente des Glücks versteht er als Gnade und Erfahrungen des Leids als Prüfung. Der religiöse Glaube kann nicht schrittweise durch Argumente entkräftet werden, aber er kann als ganzer verloren gehen, und dieser Unglaube aus Glaubensverlust ist schon in der Bibel der schwarze Schatten des Glaubens: «Ich glaube, lieber Herr; hilf meinem Unglauben!», heißt es da (Mark 9,24). Das bedeutet nicht, dass hier kognitive Elemente keine Rolle spielten, aber was ist das für ein Wissen? Glauben *(fides, faith)* und Wissen verhalten sich wie Gewissheit und Gewusstes, also wie ein subjektiver Zustand und ein objektiver Besitz zueinander. Von unserem Wissen, von dem wir annehmen, dass es aus wahren und gerechtfertigten Überzeugungen *(beliefs)* besteht, können wir nur in seltenen Fällen erwarten, dass es gewiss ist; in der Regel müssen wir uns mit wahrscheinlichem und fehlbarem Wissen zufrieden geben. Der religiöse Glaube hingegen besteht aus Gewissheiten, die kein Wissen bereitzustellen vermag. Wissen allein kann den Glauben nicht begründen; denn noch nie ist jemand durch Argumente fromm geworden, und sei es durch Gottesbeweise, wie umgekehrt die Frömmigkeit deren Widerlegung durch Kant überlebt hat.

Hilfreich ist hier die alte Unterscheidung zwischen dem Glauben, der geglaubt wird *(fides quae creditur)*, und dem Glauben, mit dem oder durch den geglaubt wird *(fides qua creditur)*. Dieses spezifische Medium der Religion, in dem das Geglaubte überhaupt erst zu etwas Religiösem wird, hat Schleiermacher mit dem heute missverständlichen Terminus ‹Gefühl› bezeichnet. Damit war in Übereinstimmung mit der Begrifflichkeit um 1800 nicht einfach Emotionalität oder gar Gefühligkeit gemeint, sondern ein Zustand des Bewusstseins, der die ganze Person betrifft und bestimmt, und damit auch alles, was die Person zu wissen glaubt. Dieses Erfasstsein des individuellen Menschen durch ein umfassendes Unendliches war das, was Schleiermacher in *Über die Religion. Reden an die Gebildeten unter ihren Verächtern* (1799) als das Spezifische des religiösen Glaubens zu verteidigen unternahm. Dies hinderte ihn nicht daran, eine umfangreiche und einflussreiche Glaubenslehre zu verfassen, in der expliziert wird, was der Glaubende weiß oder wissen kann, wenn er evangelischer Christ ist. Aber nur im Medium der *fides qua creditur* ist dieses Wissen mehr als Religionsgeschichte oder Religionswissenschaft, nämlich Theologie.

Damit machte er aber auch klar, dass es irreführend wäre, *opinio* und *fides*, *belief* und *faith* als einfache Gegensätze zu behandeln, denn wenn ich jemandem vertraue, muss ich auch von bestimmten Sachverhalten, die ihn betreffen, überzeugt sein. Umgekehrt pflegen wir uns auf Sachverhalte, von denen wir überzeugt sind, auch zu verlassen. Wer somit an Gott glaubt und ihm vertraut, muss zumindest auch für wahr halten, dass er existiert und vertrauenswürdig ist. Es ist irreführend, den religiösen Glauben *(faith)* auf kognitive Überzeugungen *(beliefs)* zu reduzieren; aber es macht auch keinen Sinn, aus ihm alle *belief*-Elemente ausscheiden zu wollen, weil dann nur noch Religiosität im Sinne eines inhaltslosen Gestimmtseins übrig bliebe. Somit kann es sich bei den beiden Glaubensformen nur um eine typologische Unterscheidung handeln, und wie sich *belief* und *faith* in einer bestimmten Religion tatsächlich zueinander verhalten, muss dort entschieden werden.

Diese Differenz setzt sich auch im jeweiligen Gegenteil des Glaubens durch. Wer nicht glaubt, dass es mit der Konjunktur bald wieder aufwärtsgeht, den werden wir nicht als Ungläubigen einstufen, hingegen den, der nicht an Gott glaubt, sehr wohl. Die religiös Ungläubigen heißen allgemein ‹Atheisten›, was aber irreführend ist, weil es auch nichttheistische Religionen gibt, die ohne einen bestimmten Gottesglauben auskommen, etwa der Buddhismus. Dem Atheismus wird immer wieder vorgeworfen, er sei selber ein religiöser Glaube, also ein Unglaube als Gegenglaube, und diese Form eines konfessionellen Atheismus ist uns aus der Geschichte der Aufklärung und vom Marxismus-Leninismus als kommunistischer Staatsreligion bekannt. In der Tat kann sich der Atheismus auch als religiöser Glaube präsentieren. Wenn jemand bekennt: «Ich glaube, dass es Gott nicht gibt», vertraut und verlässt er sich auf eine negative Tatsache. Aber es gibt auch einen Atheismus, der nur sagt:

«Ich glaube nicht, dass es Gott gibt», und damit einen Sachverhalt auf sich beruhen lässt, auf dessen Bestehen Gläubige vertrauen und sich verlassen. Der bekennende Atheismus ist in jüngster Zeit lautstark auf die publizistische Bühne zurückgekehrt, und es sind vor allem naturwissenschaftliche Argumente, mit denen hier die Religion als «Gotteswahn» und als intellektuelle Verirrung entlarvt werden soll (vgl. Dawkins; auch Dennett). Dies mag für den modernen religiösen Fundamentalismus zutreffen, wobei nicht nur die Islamisten, sondern vor allem die Evangelikalen in den USA gemeint sind. In Westeuropa hingegen sind solche Argumente historisch schlicht überholt, weil jener konfessionelle, kämpferische Atheismus im 19. Jahrhundert steckengeblieben ist. Atheismus ist hierzulande schon lange nicht mehr primär Gegenglaube oder Antikonfession, sondern das, was das Wort besagt: ein Leben ohne Gott, Gottlosigkeit als ein Nichtglauben, als Irreligiosität. Hinzu kommt, dass viele Zeitgenossen gar nicht wissen, dass sie Atheisten sind, denn Religion, der Glaube oder Gott sind für sie gar kein Thema, und dies gilt auch für den Atheismus selber.

Religionskritik

Kritik der Religion im Sinne einer begründeten Unterscheidung zwischen ihren rationalen und irrationalen Elementen gehört ohne Zweifel zu den philosophischen Aufgaben, aber nicht alle Religionskritik ist philosophisch. Vor allem in der neuzeitlichen Aufklärungsbewegung konzentrierte sie sich auf die Kritik an den sozialen und politischen Funktionen der religiösen Institutionen, also auf deren Bedeutung für die Legitimation und Stabilisierung der jeweiligen Herrschaftsverhältnisse, sei es durch «Priestertrug» oder als «Opium des Volks». Sigmund Freud fügte dem eine psychologische Funktionsbeschreibung hinzu, indem er die Religion als eine kollektive neurotische Illusion fasste, die dem Individuum die Ausbildung einer Individualneurose erspart. Auch das Projekt einer Kriminalgeschichte des Christentums (vgl. Deschner) mag man der Religionskritik zuordnen, aber dies ist wohl nur von geringem philosophischem Interesse. Wichtig ist vor allem immanente Kritik, denn es führt in die Irre, hier sofort unsere eigenen Maßstäbe anzulegen, was vor allem in der Vergangenheit zu grotesken Missverständnissen und Verurteilungen fremder Religiosität führte; es geht vielmehr darum, sie zunächst an den Standards und Normen zu messen, denen zu entsprechen sie selbst beanspruchen. Dies entlastet uns aber nicht davon, aufzuzeigen, wo Dinge nicht mit unseren eigenen Vorstellungen von Richtig und Falsch zu vereinbaren sind – etwa die Abwertung der Frauen im Islam. In unserer Kultur geht es zudem auch um die Kritik an Grenzüberschreitungen, die dann vorliegen, wenn die Schöpfungstheologie glaubt, die moderne Kosmologie kritisieren und bevormunden zu können; ähnlich verhält es sich mit Übergriffen in den Bereich der Medizin wie im Fall des katholischen Exorzismus oder mit Versuchen, bestimmte moralische und politische Zielvorstellungen einer einzelnen Konfession für die gesamte säkulare Gesellschaft verbindlich zu machen. Gleichwohl führen solche Argumente über die Grenzen der im engeren Sinn philosophischen Religionskritik hinaus.

Auch die grammatische Berichtigung des Gebrauchs zentraler religiöser Begriffswörter mag man hier dazurechnen, aber sie gehört eben doch primär in den explikativen Aufgabenbereich der Philosophie. Die normative These, die Religion sei wesentlich irrational, weil in sich widersprüchlich, ist ein wesentlich härterer Einwand als einer, der den bloßen Sprachgebrauch betrifft; vorausgesetzt ist dabei freilich, dass der Gegenstand solcher Kritik selbst Rationalitätsansprüche erhebt, an dem er gemessen sein will.

Das historisch wirksamste religionskritische Argument ist wohl das der Projektion, das bis auf die griechische Antike zurückgeht und seitdem immer wieder vorgebracht wurde; ihm zufolge meint der religiöse Glaube, es mit einem Jenseitigen zu tun zu haben, während es sich dabei in Wahrheit um selbstgemachte anthropomorphe Bilder handelt. In diesem Sinn sagt schon der Vorsokratiker Xenophanes (um 540 v.Chr.): «Die Äthiopen stellen sich ihre Götter schwarz und stumpfnasig vor, die Thraker hingegen blauäugig und rothaarig (...) Wenn Kühe, Pferde oder Löwen Hände hätten und damit malen und Werke wie die Menschen schaffen könnten, dann würden die Pferde pferde-, die Kühe kuhähnliche Götterbilder und solche Gestalten schaffen, wie sie selbst haben»

(Fragmente 16 und 15). Xenophanes geht es aber nicht um die Abschaffung des Götterglaubens, sondern nur um seine Reinigung: «Alles haben Homer und Hesiod den Göttern angedichtet, was nur immer bei den Menschen Schimpf und Schande ist: stehlen, ehebrechen und sich gegenseitig betrügen», und dann darauf zu bestehen, dass «nur ein einziger Gott (herrscht) unter Göttern und Menschen der Größte, weder an Aussehen den Sterblichen ähnlich noch an Gedanken» (Fr. 11 und 24). Das jüdische und islamische Verbot, sich von Gott ein Bild zu machen, welches hier bereits anklingt, muss man in diesem Sinn als Zurückweisung des Projektionsvorwurfs verstehen, den beide Religionen gemeinsam mit dem Christentum gegen den «heidnischen» Götzendienst erhoben. Dies verhinderte freilich nicht, dass jener Einwand auch gegen sie selber vorgebracht wurde – vor allem durch Ludwig Feuerbach, dem zufolge alle Religionen darauf beruhen, dass die Menschen ihre eigenen Wesenseigenschaften und -kräfte vergegenständlichen und an den Himmel projizieren, um dann vor ihnen niederzufallen und sie anzubeten.

Dem Judentum, Christentum und dem Islam ist gemeinsam, dass sie sich als Offenbarungsreligionen verstehen und damit als «Gegenreligion» gegen den Polytheismus, der in Wahrheit ein Kosmotheismus im Sinne einer mythischen Weltfrömmigkeit war (vgl. Assmann, insbes. S. 49 ff.). Mose erscheint in den biblischen Berichten ein ganz anderer Gott, unsichtbar und mit einem rätselhaften Namen, und an ihn ergeht wie schon Abraham der Auftrag, mit seinem Volk alles Bekannte und Vertraute zu verlassen mit einem verheißenen, aber unbekannten Ziel. Jan Assmann zufolge bedeutete dies zugleich die «Mosaische Unterscheidung» zwischen der richtigen und falschen Religion, die dem kosmotheistischen Umfeld ganz fremd war, und sie bildete die normative Basis für die Religionskritik, die das alte Israel vor allem intern übte, d. h. gegen die zahlreichen Rückfälle in die «Abgötterei», für die die Geschichte vom Goldenen Kalb als prominentes Beispiel steht.

Für Judentum und Islam besteht das Richtige der Religion primär im Gehorsam gegenüber den göttlichen Weisungen, die die Thora und der Koran enthalten; das Christentum hingegen brachte zusätzlich die Wahrheitsfrage ins Spiel. In seiner Frühzeit versuchte es, sich im hellenistischen Markt der Religionen durch den Nachweis zu behaupten, dass es die beste Philosophie sei, und so nahmen die Apologeten und Kirchenväter sehr viel philosophisches Gedankengut auf, um die höhere Rationalität des christlichen Glaubens plausibel zu machen. Hinzu kommt, dass das Neue Testament den christlichen Glauben selbst als die Wahrheit versteht, die sie in Jesus verkörpert sieht, und ihn von vornherein der Konkurrenz mit anderen Wahrheiten aussetzte. Die Konsequenz war die Ausbildung von Theologie im Sinne einer rationalen Durchdringung und Rechtfertigung des in der christlichen Religion Geglaubten, für die es in den beiden anderen Offenbarungsreligionen keine Parallele gibt. Die Parole der Scholastik seit Augustinus war «*Fides quaerens intellectum* (der Glaube, der die Vernunft einfordert)*»*, und sie setzte im Christentum eine lange Tradition interner Religionskritik in Gang, durch die die christliche Theologie selbst bis in die Gegenwart zu einem Motor der abendländischen Aufklärung wurde – oft genug im Widerstand gegen die Dogmatik der Amtskirche. Umgekehrt wurde die aufgeklärte Religionskritik häufig genug von Leuten vorgetragen, die sich gleichwohl als gute Christen verstanden (vgl. Schnädelbach 2006).

Das Kernstück des christlichen Vernunftglaubens waren die Gottesbeweise, die bei Anselm von Canterbury ebenso wie bei Thomas von Aquin dazu dienen sollten, die Rationalität des religiös vorausgesetzten Gottesglaubens nachzuweisen. Dass man die Existenz Gottes als eines vollkommenen, allmächtigen und allgütigen Wesens unabhängig von der Offenbarung, also durch bloße Vernunftargumente einsehen könne, war das Fundament der natürlichen oder rationalen Theologie, die auch mehrheitlich von den neuzeitlichen Aufklärungsphilosophen vertreten wurde. Die Religionskritik nahm eine neue Qualität an durch Kants berühmte Kritik aller Gottesbeweise, die er in der *Kritik der reinen Vernunft* vorbrachte und deren religionsgeschichtliche Wirkung kaum zu überschätzen ist; sie wirkte hier wie ein Erdbeben. Die Versuche Hegels und des Neuthomismus, Kant an dieser Stelle zu revidieren, blieben in ihrer kulturellen Breitenwirkung weitgehend erfolglos, auch wenn vor allem der Katholizismus eine natürliche Gotteserkenntnis verteidigt.

Der protestantische Gegenentwurf dazu führt dagegen die Offenbarung ins Feld. Martin Luther hatte der menschlichen Vernunft jede religiöse Kompetenz abgesprochen, ja sie in dieser Hinsicht sogar als

«Hure» beschimpft; damit sollte der christliche Glaube sowohl vom Gelingen der Gottesbeweise wie von der natürlichen Theologie unabhängig werden. Wie kein anderer hat im letzten Jahrhundert Karl Barth den Unterschied zwischen Vernunft und Offenbarung betont, wobei er alle Formen des Vernunftglaubens unter den Begriff ‹Religion› subsumierte und behauptete, dass die christliche Theologie mit der Religionskritik zu beginnen habe. So erscheint hier der Ausdruck ‹Offenbarungsreligion› als ein hölzernes Eisen, was all unseren sprachlichen Intuitionen widerspricht, aber eine Differenz zwischen Glauben im christlichen Sinn und Religion im Allgemeinen markieren soll. Die Religionskritik vermag freilich ebenso wie vor den Gottesbeweisen nicht vor dem Offenbarungsbegriff haltzumachen. Darunter wird die Offenlegung von bis dahin unbekannten Tatsachen oder Wahrheiten verstanden, die den menschlichen Erkenntniskräften allein nicht zugänglich sind, aber dann zum Glauben im Sinn von *belief* und *faith* motivieren. Der katholischen Kirchenlehre zufolge handelt es sich dabei nur um die die Grenzen menschlicher Vernunft überschreitenden Mysterien, wie das der Weltschöpfung, der Inkarnation, des Kreuzes oder der Trinität, während der Protestantismus tendenziell den gesamten Glauben als Offenbarung versteht.

Die Crux aller Offenbarungsreligionen, also auch des Judentums wie des Islam, ist freilich das Offenbarungsmodell selber (zum Folgenden vgl. Klausnitzer, insbes. S. 144 ff.). In der Regel wird es informationstheoretisch verstanden, also als ein Vorgang einer Mitteilung von Wahrheiten und Richtigkeiten, die Annahme und Gehorsam einfordert. Die Frage ist freilich: Wer oder was legitimiert die sich offenbarende Instanz zu dieser Mitteilung? Immer wieder sind falsche Propheten aufgestanden und haben ihre Offenbarungen unter die Leute zu bringen versucht, aber wie unterscheidet man hier zwischen dem Authentischen und dem Trügerischen? Die Katholiken pflegen an dieser Stelle nach dem Vorbild des Thomas von Aquin die natürliche Theologie wieder ins Spiel zu bringen. Bei ihm findet sich das Bild des Siegels auf einem Brief, der den Absender samt seinen Mitteilungen als glaubwürdig ausweist; wenn man somit schon über den Vorbegriff von Gott als einem vollkommenen und gütigen Wesen verfügt, vermag man seine Offenbarung als glaubwürdig anzusehen (vgl. Klausnitzer, S. 149). Ohne diese Voraussetzung bleibt nur die Selbstlegitimierung der Offenbarungsinstanz, die indessen erhebliche Probleme aufwirft und deswegen in der protestantischen Tradition tendenziell in den Bereich religiöser Subjektivität verlegt wurde – in das Feld der persönlichen Glaubenserlebnisse und des Schleiermacher'schen «Gefühls».

Das Projektionsargument, die Kritik der Gottesbeweise und die Schwierigkeiten des Offenbarungsbegriffs sind Beispiele für immanente Religionskritik, die hier zu ergänzen sind durch einen weiteren Einwand, den gegen die Theodizee. Darunter versteht man die Rechtfertigung Gottes als eines allmächtigen und gütigen Wesens angesichts der Schrecklichkeiten und des Elends in der Welt. Dieses Thema hatte bereits die Philosophie und Theologie des 18. Jahrhunderts lebhaft beschäftigt, gewann aber nach den Gräueln des 20. Jahrhunderts unter dem Stichwort ‹Auschwitz› erneute Aktualität. Auch der stalinistische Terror, das Massaker von Srebrenica, die zahllosen Opfer des großen Tsunami vom Dezember 2004 oder das sinnlose Morden in Darfur sind geeignet, die Nachdenklichen an der herkömmlichen Gottesvorstellung verzweifeln zu lassen: Sitzt da nicht doch ein Täuschergott im Regiment, der sich am Leiden der Menschen delektiert? Warum versuchen wir nicht, ohne Gott mit solchen Erfahrungen fertig zu werden?

‹Wiederkehr der Religion›?

Was es mit dieser immer häufiger bemühten Parole wirklich auf sich hat, kann die Philosophie mit ihren eigenen deskriptiven Mitteln nicht allein feststellen; sie ist nicht zuletzt auf religionswissenschaftliche Untersuchungen angewiesen. Dass sich hier und heute ein neues Interesse regt, ist unbestreitbar; die Frage ist nur, was hier nachgefragt wird über bloße Informationen hinaus (zum Folgenden vgl. Schnädelbach 2005). Wenn es zutrifft, dass wir in der modernen Welt in einer dezentrierten und deswegen pluralen Kultur leben, in der die Religion nur mehr ein kulturelles Subsystem abdeckt, das offensichtlich immer mehr an den Rand gedrängt wird, dann ist zu erwarten, dass auch in den Individuen das Religiöse keinen zentralen Stellenwert mehr ausmacht, sondern als ein Lebensbereich unter anderen wahrgenommen und genutzt wird. Dem entspricht die Beobachtung, dass Religion heute vor allem als Religiosität im Sinn einer besonderen Erlebnisqualität nachgefragt wird, sei es im Zusammenhang religiöser Großevents wie Kirchen- oder Katholikentage oder im Umgang mit bedeutenden religiösen Kunstwerken, seien es Bilder, Kirchenbauten oder konzertante Aufführungen bedeutender Messen oder Passionen. Religion in prämodernen Zeiten war hingegen eine Macht, die das gesamte Leben bestimmte, und davon finden sich heute nur noch Spuren bei kleinen Minderheiten, die wie Ordensleute bereit sind, ein durch und durch geistliches Leben zu führen. So scheint das Religiöse in der modernen Welt nur als Nachfrage nach Spiritualität wiederzukehren, als eine Facette individueller *wellness*, die auf dem religiösen Markt in sehr verschiedener Form erhältlich ist. Diese Reduktion von Religion auf Religiosität steht der These entgegen, wir lebten bereits in einer «postsäkularen» Gesellschaft (vgl. Habermas, S. 12 f.); sie spricht eher dafür, dass wir uns bereits in einer postreligiösen Phase der kulturellen Entwicklung befinden.

Zitierte Literatur

Assmann – Jan Assmann: Die mosaische Unterscheidung. München 2003.

Dawkins – Richard Dawkins: Der Gotteswahn (aus dem Amerik). Berlin 2007 (2. Aufl.).

Dennett – Daniel C. Dennett: Den Bann brechen. Religion als natürliches Phänomen (aus dem Amerik.). Frankfurt/M. 2008.

Deschner – Karlheinz Deschner: Kriminalgeschichte des Christentums. 9 Bde. Reinbek 1996 ff.

Fischer – Peter Fischer: Philosophie der Religion. Göttingen 2007.

Glaubenslehre – Friedrich D. E. Schleiermacher: Der christliche Glaube nach den Grundsätzen der evangelischen Kirche im Zusammenhang dargestellt (1821/22).

Habermas – Jürgen Habermas: Glauben und Wissen. Friedenspreis des Deutschen Buchhandels 2001. Frankfurt/M. 2001.

HWP – Historisches Wörterbuch der Philosophie. Basel/Darmstadt 1971 ff.

James – William James: The Will to Belief. Dt. Übers. in: Ekkehard Martens: Texte der Philosophie des Pragmatismus. Stuttgart 1975, S. 128 ff.

Klausnitzer – Wolfgang Klausnitzer: Glaube und Wissen. Lehrbuch der Fundamentaltheologie. Regensburg 1999.

KrV – Immanuel Kant: Kritik der reinen Vernunft (1787).

Löffler – Winfried Löffler: Einführung in die Religionsphilosophie. Darmstadt 2006.

Mark – Evangelium nach Markus.

Reden – Friedrich D. E. Schleiermacher: Über die Religion, Reden an die Gebildeten unter ihren Verächtern (1799), zit. nach: Ders.: Schriften. Hg. von Andreas Arndt. Frankfurt/M. 1996.

Schnädelbach 2005 – Herbert Schnädelbach: Die Wiederkehr der Religion. In: DIE ZEIT vom 11. 8. 2005; demnächst in: Schnädelbach 2009.

Schnädelbach 2006 – Herbert Schnädelbach: Aufklärung und Religionskritik. In: Zeitschrift für Philosophie 54 (2006), S. 331 ff.; demnächst in Schnädelbach 2009.

Schnädelbach 2009 – Herbert Schnädelbach: Religion in der modernen Welt. Frankfurt/M. 2009.

Weitere Literatur

Beck, U.: Der eigene Gott. Über Friedensfähigkeit und Gewaltpotential der Religionen. Frankfurt/M. 2008.

Dahl, E.: Brauchen wir Gott? Moderne Texte zur Religionskritik. Stuttgart 2005.

Gabriel/Höhn (Hg.): Religion heute – öffentlich und politisch. Paderborn 2007.

Graf, F. W.: Die Wiederkehr der Götter. Religion in der modernen Kultur. München 2007.

Habermas, J.: Zwischen Naturalismus und Religion. Philosophische Aufsätze. Frankfurt/M. 2005.

Hoff, G. M.: Religionskritik heute. Kevelaer, Regensburg 2004.

Höhn, H.-J.: Postsäkular. Gesellschaft im Umbruch – Religion im Wandel. Paderborn 2007.

Joas, H. (Hg.): Was sind religiöse Überzeugungen? Göttingen 2003.

Kissler, A.: Der aufgeklärte Gott. Wie die Religion zur Vernunft kam. München 2008.

Kutschera, F. von: Was vom Christentum bleibt. Paderborn 2008.

Reder/Schmidt (Hg.): Ein Bewusstsein von dem, was fehlt. Eine Diskussion mit Jürgen Habermas. Frankfurt/M. 2008.

Schnädelbach, H.: Der fromme Atheist. In: NEUE RUNDSCHAU 118 (2007), S. 112 ff.; demnächst in Schnädelbach 2009.

Schneider, H. J.: Religion. Grundthemen Philosophie. Berlin/New York 2008.

Striet, Magnus (Hg.): Wiederkehr des Atheismus. Fluch oder Segen für die Theologie? Freiburg/Basel/Wien 2008.

Weyel/Gräb (Hg.): Religion in der modernen Lebenswelt. Erscheinungsformen und Reflexionsperspektiven. Göttingen 2006.

Über die Verfasser

Dietz, Simone (Jg. 1959), seit 2003 Professorin für Philosophie an der Heinrich-Heine-Universität Düsseldorf, Studium und Promotion an der Universität Hamburg, Wissenschaftliche Assistentin und Habilitation an der Universität Rostock.

Publikationen (Auswahl): Lebenswelt und System. Widerstreitende Ansätze in der Gesellschaftstheorie von Jürgen Habermas. Würzburg 1993; Die Kunst des Lügens. Eine sprachliche Fähigkeit und ihr moralischer Wert. Reinbek bei Hamburg 2003; Der Wert der Lüge. Über das Verhältnis von Sprache und Moral. Paderborn 2002; Weltverlust und Medienwirklichkeit. Zur Aktualität von Günther Anders' Fernsehkritik. In: S. Dietz / T. Skrandies (Hg.): Mediale Markierungen. Studien zur Anatomie medienkultureller Praktiken. Bielefeld 2007; Die Menschenwürde der Rampensau. In: F. Kannetzky / H. Tegtmeyer: Personalität. Studien zu einem Schlüsselbegriff der Philosophie. Leipzig 2007.

Hastedt, Heiner (Jg. 1958), seit 1992 Professor für Praktische Philosophie an der Universität Rostock. Studium in Göttingen, Hamburg und Bristol (GB); anschließend Promotion und Habilitation sowie Wissenschaftlicher Mitarbeiter und Assistent in Hamburg und Paderborn.

Publikationen (Auswahl): Das Leib-Seele-Problem. Frankfurt/M. 1988; Aufklärung und Technik. Frankfurt/M. 1991; Der Wert des Einzelnen. Eine Verteidigung des Individualismus. Frankfurt/M. 1998; Gefühle. Philosophische Bemerkungen. Stuttgart 2005; Moderne Nomaden. Erkundungen. Wien 2009.

Horster, Detlef (Jg. 1942), Professor für Sozialphilosophie an der Leibniz Universität Hannover; zuvor Lehrtätigkeit an den Universitäten Utrecht (Niederlande), Kassel, Berlin (Humboldt-Universität), Port Elizabeth (Südafrika) und Zürich; Visiting Fellow am «Institut für die Wissenschaft vom Menschen» in Wien.

Jüngste Publikationen: Rechtsphilosophie zur Einführung. Hamburg 2002; Was soll ich tun? Moral im 21. Jahrhundert. Leipzig 2004; Sozialphilosophie. Grundwissen Philosophie. Leipzig 2005; Jürgen Habermas und der Papst. Glauben und Vernunft, Gerechtigkeit und Nächstenliebe im säkularen Staat. Bielefeld 2006; Ethik. Grundwissen Philosophie. Stuttgart 2009.

Janich, Peter (Jg. 1942), Professor für Philosophie an der Philipps-Universität Marburg; Studium Physik, Philosophie, Psychologie in Erlangen und Hamburg; Promotion Erlangen 1969; 1971 Wissenschaftlicher Rat, 1973 Professor an der Universität Konstanz, 1980 bis 2007 Lehrstuhl 1 Universität Marburg. Gastprofessuren/Forschungsaufenthalte in USA, Norwegen, Italien, Österreich.

Publikationen (Auswahl): Kultur und Methode. Philosophie in einer wissenschaftlich geprägten Welt. Frankfurt/M. 2006; Was ist Information? Kritik einer Legende. Frankfurt/M. 2006; Logisch-pragmatische Propädeutik. Weilerswist 2001; Was ist Wahrheit? München 2006 (3. Aufl.; chines. 2001); Grenzen der Naturwissenschaft. München 1992 (ital. 1996, japan. 2004); Was ist Erkenntnis? München 2000; Wissenschaftstheorie der Biologie (mit M. Weingarten). Paderborn 1999; Das Maß der Dinge. Protophysik von Raum, Zeit und Materie. Frankfurt/M. 1997; Euklids Erbe. Ist der Raum dreidimensional? München 1989.

Keil, Geert (Jg. 1963) ist Professor für Theoretische Philosophie an der RWTH Aachen; Studium an den Universitäten Bochum und Hamburg; 1991 Promotion in Hamburg; 1992 bis 1999 Wissenschaftlicher Assistent an der Humboldt-Universität Berlin; 1999 Habilitation; 2000 bis 2005 Heisenberg-Stipendiat der DFG; Forschungs- und Lehraufenthalte an den Universitäten Trondheim, Stanford und Basel.

Publikationen (Auswahl): Kritik des Naturalismus. Berlin/New York 1993; Handeln und Verursachen. Frankfurt/M. 2000; Naturalismus (Hg. mit Herbert Schnädelbach). Frankfurt/M. 2000; Quine zur Einführung. Hamburg 2002; Phänomenologie und Sprachanalyse (Hg. mit Udo Tietz). Paderborn 2006; Willensfreiheit. Berlin/New York 2007; Der Ort der Vernunft in einer natürlichen Welt (Hg. mit Wolf-Jürgen Cramm). Weilerswist 2008.

Mieth, Corinna (Jg. 1972), Wissenschaftliche Assistentin am Lehrstuhl für Antike und Praktische Philosophie (Ch. Horn) an der Universität Bonn; Studium und Promotion an der Universität Tübingen (MA 1999, Promotion 2002), 2007/08 Research Fellow am Forschungsinstitut für Philosophie in Hannover; WS 2008/09 Vertretungsprofessur an der TU Darmstadt.

Publikationen (Auswahl): John Rawls. In: M. Düwell/Ch. Hübenthal/M. Werner (Hg.): Handbuch Ethik. Stuttgart 2002; John Rawls. Eine Einführung in Werk und Wirkung. PolitikON 2004, unter: www.politikon.org/ilias2; Sind wir zur Hilfe verpflichtet? Zur Dialektik von Hilfe und Gerechtigkeit. In: K. Hirsch/K. Seitz (Hg.): Zwischen Sicherheitskalkül, Interesse und Moral. Frankfurt/M. 2005; Sinn für Ungerechtigkeit: Eine kritische Perspektive. In: I. Kaplow/G. Kruip (Hg.): Sinn für Ungerechtigkeit. Baden-Baden 2005; World Poverty as a Problem of Justice? A Critical Comparison of Three Approaches. In: Ethical Theory and Moral Practice 11/1 (2008).

Schnädelbach, Herbert (Jg. 1936), Professor für Philosophie an der Humboldt-Universität zu Berlin; Studium, Promotion und Habilitation an der J. W. Goethe-Universität Frankfurt am Main; 1971 Professur in Frankfurt/M., 1978 in Hamburg und 1993 in Berlin; 2002 emeritiert.

Publikationen (Auswahl): Philosophie in Deutschland 1831–1933. Frankfurt/M. 1983; Philosophie in der modernen Kultur. Vorträge und Abhandlungen 3. Frankfurt/M. 2000; Analytische und postanalytische Philosophie. Vorträge und Abhandlungen 4. Frankfurt/M. 2004; Erkenntnistheorie zur Einführung. Hamburg 2008 (3. Aufl.); Vernunft. Grundwissen Philosophie. Stuttgart 2007.

Thyen, Anke (Jg. 1956), Professorin für Philosophie an der Pädagogischen Hochschule Ludwigsburg; Studium, 1. und 2. Staatsexamen für das Lehramt an Gymnasien und Promotion in Hamburg; Habilitation in Stuttgart.

Publikationen (Auswahl): Negative Dialektik und Erfahrung. Zur Rationalität des Nichtidentischen bei Adorno. Frankfurt/M. 1989; Moral und Anthropologie. Untersuchungen zur Lebensform ‹Moral›. Weilerswist 2007. – *Aufsätze:* Moral und Anthropologie. Ethik im Lichte der vierten Frage Kants ‹Was ist der Mensch?›.

In: S. Dietz/H. Hastedt/G. Keil/A. Thyen (Hg.): Sich im Denken orientieren. Frankfurt/M. 1996; Vom Sachverhalt zum Sprachspiel. Eine Transformation in praktischer Absicht nach Reinach und Wittgenstein. In: G. Keil/U. Tietz (Hg.): Phänomenologie und Sprachanalyse. Paderborn 2006; Nachwort zu: Jürgen Habermas: Erkenntnis und Interesse. Neuausgabe. Hamburg 2008.

Eine Auswahl

Aristoteles
Metaphysik (55544)
Nikomachische Ethik (55651)
Politik (55545)

Doris Bachmann-Medick
Cultural Turns
Neuorientierungen in den Kulturwissenschaften (55675)

Sabina Becker
Literatur- und Kulturwissenschaften
Ihre Methoden und Theorien (55686)

Hartmut Böhme
Fetischismus und Kultur
Eine andere Theorie der Moderne (55677)

Hartmut Böhme / Peter Matussek / Lothar Müller
Orientierung Kulturwissenschaft
Was sie kann, was sie will (55608)

Klaus Michael Bogdal / Kai Kauffmann / Georg Mein
BA-Studium Germanistik
Ein Lehrbuch (55682)

Eberhard Braun / Felix Heine / Uwe Opolka
Politische Philosophie
Ein Lesebuch. Texte, Analysen, Kommentare (55700)

Manfred Brauneck / Gérard Schneilin (Hg.)
Theaterlexikon 1
Begriffe und Epochen, Bühnen und Ensembles (55673)
Manfred Brauneck / Wolfgang Beck (Hg.)
Theaterlexikon 2
Schauspieler und Regisseure, Bühnenleiter, Dramaturgen und
Bühnenbildner (55650)

André Breton
Die Manifeste des Surrealismus (55434)

Jonathan Culler
Dekonstruktion
Derrida und die poststrukturalistische Literaturtheorie (55635)

rowohlts enzyklopädie

Simone Dietz
Die Kunst des Lügens
Eine sprachliche Fähigkeit
und ihr moralischer Wert (55652)

Martin Esslin
Das Theater des Absurden
Von Beckett bis Pinter (55684)

James George Frazer
Der Goldene Zweig
Das Geheimnis von Glauben und Sitten der Völker
(55483)

Hugo Friedrich
Die Struktur der modernen Lyrik
Von der Mitte des neunzehnten Jahrhunderts bis zur Mitte
des zwanzigsten Jahrhunderts (55683)

Gunter Gebauer / Christoph Wulf
Mimesis
Kultur – Kunst – Gesellschaft (55497)

Manfred Geier
Das Sprachspiel der Philosophen
Von Parmenides bis Wittgenstein (55500)
Fake
Leben in künstlichen Welten
Mythos, Literatur, Wissenschaft (55632)

Sabine Hake
Film in Deutschland
Geschichte und Geschichten seit 1895 (55663)

Walter Hess
Dokumente zum Verständnis der modernen Malerei
(55410)

Anton Hügli / Poul Lübcke (Hg.)
Philosophie im 20. Jahrhundert
Band 1: Phänomenologie, Hermeneutik, Existenzphilosophie
und Kritische Theorie (55455)
Band 2: Wissenschaftstheorie und Analytische Philosophie (55456)

rowohlts enzyklopädie

Johan Huizinga
Homo Ludens
Vom Ursprung der Kultur im Spiel (55435)

Hans-K. und Susanne Lücke
Antike Mythologie
Ein Handbuch (55600)
Helden und Gottheiten der Antike
Ein Handbuch (55641)

Ekkehard Martens / Herbert Schnädelbach (Hg.)
Philosophie
Ein Grundkurs. 2 Bde. (55457)

Reiner Matzker
Ästhetik der Medialität
Zur Vermittlung von künstlerischen Welten
und ästhetischen Theorien (55703)

Maurice Nadeau
Geschichte des Surrealismus (55437)

Nicolas Pethes / Jens Ruchatz (Hg.)
Gedächtnis und Erinnerung
Ein interdisziplinäres Lexikon (55636)

Platon
Sämtliche Werke
Band 1 (55561), Band 2 (55562), Band 3 (55563), Band 4 (55564)

Manfred Pohlen
Freuds Analyse
Die Sitzungsprotokolle Ernst Blums
von 1922 (55695)

Robert von Ranke-Graves
Griechische Mythologie
Quellen und Deutung (55404)

Siegfried J. Schmidt
Geschichten & Diskurse
Abschied vom Konstruktivismus (55660)

Hansgeorg Schmidt-Bergmann
Futurismus
Geschichte, Ästhetik, Dokumente (55705)

04 / 2009

rowohlts enzyklopädie

Erhard Schütz u. a. (Hg.)
Das BuchMarktBuch
Der Literaturbetrieb in Grundbegriffen (55672)

Roberto Simanowski
Digitale Medien in der Erlebnisgesellschaft
Kultur – Kunst – Utopien (55696)

Stefan Lorenz Sorgner/H. James Birx/Nikolaus Knoepffler (Hg.)
Wagner und Nietzsche
Kultur – Werk – Wirkung
Ein Handbuch (55691)

Benjamin Lee Whorf
Sprache – Denken – Wirklichkeit
Beiträge zur Metalinguistik und Sprachphilosophie (55403)

Ursula Wolf
**Die Philosophie und die Frage nach
dem guten Leben** (55572)

Christoph Wulf
Anthropologie
Geschichte – Kultur – Philosophie (55664)

Siegfried Zielinski
Audiovisionen
Kino und Fernsehen als Zwischenspiele in der Geschichte
(55489)
Archäologie der Medien
Zur Tiefenzeit des technischen Hörens und Sehens (55649)

Rolf Zimmermann
Moral als Macht
Eine Philosophie der historischen Erfahrung (55693)
Philosophie nach Auschwitz
Eine Neubestimmung von Moral in Politik und Gesellschaft
(55669)